歴史BESTシリーズ

地形と海路から読み解く

古代史の深層

グレイル◎編

※時代区分、年代などについては、諸説あります。遺跡の情報については、市町村のHPなどを参考にしましたが、その後の発見や研究などで変わる場合もあります。

辰巳出版

はじめに

地形や立地を観察し 海と陸の道を辿れば 古代史の謎が 見えてくる！

縄文人が定住先として選んだのは、どのような場所だったのか。弥生時代に小規模の集落から大きなクニへと発展を遂げたのは、どのような土地だったのか。そして、朝廷が全国支配を進める拠点とした歴代の都には、どのような選定基準があったのか。そして、古代の戦争の勝敗を分けた要因は何だったのか。発見された遺跡や出土品などもともとにしながら、その立地や地形、古代道や海路などとの関係も織り交ぜて検証。新たな視点で古代史の謎に挑む。

大《おお》湯《ゆ》環状列石

写真提供＝鹿角市教育委員会

もくじ

はじめに …… 2

原始

1 海水面の上昇により大型動物と人類が渡来 …… 10

2 温暖化で安定した旧石器時代の人々の暮らし …… 13

3 定住化した縄文時代には遠隔地貿易が始まっていた …… 16

4 縄文時代の大集落三内丸山遺跡の発展の背景 …… 19

5 丸木舟の出土が物語る縄文人の暮らし …… 22

6 大陸から九州に伝わった弥生時代の水稲耕作 …… 25

7 近畿・九州とも関係が深い古代出雲の青銅器 …… 28

8 戦争の激化がもたらした環濠集落の痕跡 …… 31

9 軍事要塞的な側面を持つ吉野ヶ里遺跡の形成と発展 …… 34

10 「魏志倭人伝」に記された邪馬台国への道 …… 36

11 天孫降臨と神武東征神話はどこまでが史実なのか …… 39

12 オホクニヌシ神話が語る日本海沿岸地域の交流 …… 41

13 ヤマトタケルが辿った九州・関東への道 …… 44

14 アマテラス信仰と伊勢神宮立地からさぐる起源 …… 46

祭祀遺構からわかる古代人の生活と信仰心 …… 48

古墳

15 巨大墳丘墓にみられる地域交流の痕跡 …… 52

16 ヤマト王権はなぜ三輪山麓で発生したのか …… 55

17 古墳が語るヤマト王権の関東への勢力拡大 …… 58

18 古代葛城氏の強大さを示す飛鳥と紀水門をつなぐ道 …… 61

19 葛城氏を滅ぼした雄略天皇政権交代と道路政策の変換 …… 64

20 先進技術をもたらした渡来人の本拠地とは …… 67

21 朝鮮半島と九州勢力が継体天皇の即位を支援か …… 69

22 海運と製鉄技術で栄えた古代丹後王国の衰退 …… 72

23 古代九州の最大の反乱筑紫国造・磐井の乱の背景 …… 74

24 屯倉の設置に貢献し勢力を拡大させた蘇我氏 …… 77

25 飛鳥から3つの直線道路が築かれた理由とは …… 79

飛鳥

26 物部氏と蘇我氏の対立 朝廷を二分した仏教の伝来 …… 82
27 神功皇后や中大兄皇子が 突き進んだ戦いの航路 …… 85
28 唐帝国の侵攻経路を予測し 築かれた防衛拠点 …… 88
29 歴代天皇が都建設を望んだ 難波の地形と重要性 …… 91
30 旧都・飛鳥を制圧した 大海人皇子の作戦とは …… 93
31 不破道・瀬田の確保が 大海人軍の勝利を決めた …… 95
32 飛鳥の王宮が場所を 遷して建てられた背景 …… 97
33 中央に宮城がある藤原京は 長安がモデルではない？ …… 100
物部氏vs.蘇我氏 勝因をさぐる …… 103

奈良

34 長安城の宮城に近づいた 平城京建設の背景 …… 108
35 鑑真を乗せた遣唐使船は 遭難ルートを辿っていた …… 111
36 聖武天皇の行幸の背景と 水運・防衛に長けた新都造成 …… 114
37 蝦夷討伐と柵の建設で 東北支配を進めた朝廷 …… 116
38 全国をつなぐ道路網 七道駅路と駅制の整備 …… 119

39 現代の道路工法と ほぼ同じだった七道駅路 …… 122

40 『万葉集』の歌に見る 防人の赴任経路と境遇 …… 125

41 流刑地に定められた 立地の条件とは？ …… 127

独自の鉄器文化が栄えた 北海道・東北の古代史 …… 129

平安

42 四神相応の理想の都 平安京の地形をさぐる …… 134

43 反乱を起こした平将門は 騎馬ではなく船で進軍した …… 136

44 大陸の政情不安で拡大した 日朝の海賊による掠奪被害 …… 139

45 朝廷から離れた地で 武士が台頭していった背景 …… 142

46 平泉を拠点として 貿易で栄えた奥州藤原氏 …… 145

47 平家一門の繁栄を支えた 海の道と港の整備 …… 147

48 環日本海交易と 貿易港として栄えた十三湊 …… 150

49 「道」を塞ぎあった源平合戦 富士川・壇ノ浦の敗因とは …… 153

50 東国の首都・鎌倉の誕生と 新たな交通網の整備 …… 155

元寇まで利用した 北条氏の海上独占計画 …… 157

図版資料・参考文献

『山川 詳説日本史図録』山川出版社／『図説日本史通覧』帝国書院／『ビジュアル日本史』東京法令出版／『日本古典文学大系 日本書紀』岩波書店／『道が語る日本古代史』近江俊秀、朝日新聞出版／『古代道路の謎』近江俊秀、祥伝社／『日本の古代道路』近江俊秀、KADOKAWA／『なぜ、地形と地理がわかると古代史がこんなに面白くなるのか』千田稔監修、洋泉社／『古代史の謎は「海路」で解ける』長野正孝、PHP研究所／『よみがえる日本の古代』金関恕監修・早川和子画、小学館／『改訂版 詳説日本史研究』山川出版社／『奈良県の歴史散歩 下』奈良県高等学校教科等研究会歴史部会編、山川出版社／『古代を考える 雄略天皇とその時代』佐伯有清編、吉川弘文館／『全現代語訳 日本書紀』宇治谷孟、講談社／『古代豪族』洋泉社編集部編、洋泉社／『地図から読む歴史』足利健亮、講談社／『葛城と古代国家』門脇禎二、講談社／『地形からみた歴史』日下雅義、講談社／『古代日本の軍事航海史 中巻』松枝正根、かや書房／『白村江』遠山美都男、講談社／『史跡で読む日本の歴史 3』森公章編、吉川弘文館／『東アジアの動乱と倭国』森公章、吉川弘文館／『古代の都市と条里』条里制・古代都市研究会編、吉川弘文館／『古代を考える 吉備』門脇禎二他編、吉川弘文館／『天皇と歴代遷宮の謎』関裕二、PHP研究所／『鑑真』東野治之、岩波書店／『古代の都はどうつくられたか』吉田歓、吉川弘文館／『平泉への道』工藤雅樹、雄山閣／『奥州藤原氏四代』高橋富雄、吉川弘文館／『新版 世界各国史1 日本史』宮地正人編、山川出版社／『もういちど読む山川日本史』五味文彦・鳥海靖編、山川出版社／『縄文人からの伝言』岡村道雄、集英社／『道路の日本史』武部健一、中央公論新社／『地形で読み解く古代史』関裕二、ベストセラーズ／『総図解 よくわかる古代史』瀧音能之編、新人物往来社／『謎多き古代史をめぐる』瀧音能之監修、笠倉出版社／『あなたの知らない福岡県の歴史』山本博文監修、洋泉社／『街道の日本史48 博多・福岡と西海道』丸山雍成・長洋一編、吉川弘文館／『別冊宝島 完全図解 日本の古代史』瀧音能之監修、宝島社／『別冊宝島 古代史再検証 蘇我氏とは何か』瀧音能之監修、宝島社／『別冊宝島 古代史再検証 邪馬台国とは何か』瀧音能之監修、宝島社／『新編日本古典文学全集 日本書紀』小島憲之他校注、小学館／『新編日本古典文学全集 古事記』山口佳紀他校注、小学館／『出雲の考古学と「出雲国風土記」』古代出雲王国の里推進協議会編、学生社／『古代出雲を知る事典』瀧音能之、東京堂出版／『島根県の歴史』松尾寿他、山川出版社／『茨城県の歴史』長谷川伸三他、山川出版社／『岐阜県の歴史』松田之利他、山川出版社／『岡山県の歴史』藤井学他、山川出版社／『道路誕生』近江俊秀、青木書店／『日本交通史』児玉幸多、吉川弘文館／『日本古代の交通・交流・情報』舘野和己他編、吉川弘文館／『伊勢神宮の成立』田村圓澄、吉川弘文館／『記紀の考古学』森浩一、朝日新聞社／『日本神話の考古学』森浩一、朝日新聞社／『古事記講義』三浦佑之、文藝春秋／『古事記注釈』西郷信綱、筑摩書房／『直木孝次郎古代を語る』直木孝次郎、吉川弘文館／『網野善彦著作集』網野善彦、岩波書店／『戦争の日本史』吉川弘文館／『ヤマト王権』吉村武彦、岩波書店／『倭国大乱と日本海』甘粕健編、同成社／『海と水軍の日本史』佐藤和夫、原書房／『古代の日本』角川書店／『東北の古代史』吉川弘文館 ／『動乱の東国史』吉川弘文館／『岩波講座日本歴史』岩波書店／『日本の歴史』講談社／『日本の歴史』小学館／『敗者の日本史』吉川弘文館／『天皇の歴史』講談社

写真協力

秋田城跡歴史資料館（秋田県）／朝倉市教育委員会（福岡県）／飛鳥寺（奈良県）／明日香村教育委員会（奈良県）／アフロ／糸島市立伊都国歴史博物館（福岡県）／恵庭市郷土資料館（北海道）／王塚装飾古墳館（福岡県）／大湯ストーンサークル館（秋田県）／岡山県立博物館／沖縄県立博物館・美術館／隠岐の島町教育委員会（島根県）／隠岐ユネスコ世界ジオパーク推進協議会（島根県）／小矢部市教育委員会（富山県）／橿原市教育委員会（奈良県）／鹿角市教育委員会（秋田県）／上郡町教育委員会（兵庫県）／かみつけの里博物館（群馬県）／九州国立博物館（福岡県）／九州歴史資料館（福岡県）／京丹後市教育委員会（京都府）／熊本市教育委員会（熊本県）／国立国会図書館／国立歴史民俗博物館（千葉県）／五所川原市教育委員会（青森県）／御所市教育委員会（奈良県）／佐賀県教育委員会／桜井市教育委員会（奈良県）／三内丸山遺跡センター（青森県）／滋賀県埋蔵文化財センター／静岡県埋蔵文化財センター／島根県出雲市／島根県古代文化センター／島根県松江市／島根県立古代出雲歴史博物館／関ケ原町歴史民俗資料館（岐阜県）／仙台市教育委員会（宮城県）／高岡市万葉歴史館（富山県）／高崎市教育委員会（群馬県）／高槻市教育委員会（大阪府）／太宰府市教育委員会（福岡県）／地底の森ミュージアム（宮城県）／つがる市教育委員会（青森県）／東京大学史料編纂所（東京都）／東北歴史博物館（宮城県）／鳥取県とっとり弥生の王国推進課／鳥取県立むきばんだ史跡公園／奈良県高市郡明日香村／奈良県立橿原考古学研究所／奈良県立橿原考古学研究所附属博物館／奈良産業大学藤原京CG再現プロジェクト（奈良県）／奈良文化財研究所（奈良県）／八戸市埋蔵文化財センター是川縄文館（青森県）／PIXTA／フォトライブラリー／福岡県福岡市／福岡市埋蔵文化財センター（福岡県）／船の科学館（東京都）／不破関資料館（岐阜県）／松浦市教育委員会（長崎県）／松阪市教育委員会（三重県）／三次市教育委員会（広島県）／武蔵国分寺跡資料館（東京都）／宗像大社（福岡県）／盛岡市教育委員会（岩手県）／八女市教育委員会（福岡県）／米子市教育委員会（鳥取県）

●本書の図版で特に出典のないものは、『山川 詳説日本史図録』（山川出版社）、『図説日本史通覧』（帝国書院）、『ビジュアル日本史』（東京法令出版）を参考にしています。

原始

1

原始

大陸とつながっていた日本列島

海水面の上昇により大型動物と人類が渡来

Point

◆**更新世**（約250万年前～約1万年前）

日本列島と大陸が地続き

↓

大型獣を追いかけて人類が日本列島へ

↓

人類が日本列島に住みつくようになる

↓

旧石器時代の始まり

◆**日本人の人種**

南方アジア人（古モンゴロイド）

➡東南アジア経由で移住

特徴

目は二重で大きく、顔立ちは彫りが深くて顎ががっしりとしている

北方アジア人（新モンゴロイド）

➡氷期の高緯度地方から移住

特徴

胴長で手足が短く、顔の凹凸が少ない。目は一重まぶた

人類が地球上に現れたのは約７００万年前で、地質学では中新世～鮮新世《せんしんせい》初期にあたる。その後、人類は着実に進化し、現生人類ホモサピエンスは、４万～１万年前の更新世《こうしんせい》の時代には、日本列島にも住みつくようになった。

更新世の地球は氷河期にあたり、年間平均気温は今より７度ほど低かった。また高緯度地域で大きな氷河が発達し、そのせいで海水面も現在より低かった。日本列島と大陸は地続きだったが、最近では「対馬《つしま》海峡は陸続きではなかった」ともいわれる。

北方の宗谷《そうや》海峡と間宮海峡が陸続きで、マンモスやヘラジカなどが南下してきた。南方からはナウマンゾウやオオツノジカが北上し、これらの大型獣を追いかけて人類も日本列島にやってきたと考えられている。長野県信濃《しなの》町の野《の》尻《じり》湖遺跡からは４万～１万年前のナウマンゾウやオオツノジカの骨が石器や骨角器と一緒に見つかっており、人類が狩猟を行っていたことがうかがえる。

最古の日本人でなかった兵庫県の「明石原人」

日本人は、人種的に南方ア

ジア人（古モンゴロイド）と北方アジア人（新モンゴロイド）の2系統からなる。アフリカを起源とする人類はユーラシア大陸からアジアにもやってきたが、東南アジア経由で移住してきたのが南方アジア人である。目は二重で大きく、顔立ちは彫りが深くて顎ががっしりとしている。縄文人の祖先はこの南方アジア人の特徴を有していたといわれる。日本列島では更新世の人骨が発見されているが、静岡県浜松市で発見された「浜《はま》北《きた》人」や沖縄本島の「港川《みなとかわ》人」は、南方アジア人の系統だったとされる。

　一方、北方アジア人は氷期の高緯度地方からやってきた人たちで、寒冷地域に対応した体型になっている。身体の体積は体温を維持するために大きくなっており（胴長）、体温を逃さないよう皮膚面積が小さい（手足が短い）のが特徴である。顔の凸凹は少なく、水分が多い目を凍らせないよう目は一重まぶたになっている。北方アジア人は縄文時代末期に日本列島へ渡来し、縄文人と混血を重ねて現在の日本人を形成した。

　人類は猿人↓原人↓旧人↓新人の順に進化した（厳密には直線的に進化したわけではない）。港川人も浜北人も新人段階の人骨である。昭和6年（1931）、考古学者の直良信夫《なおらのぶお》が兵庫県明石市で発見した人骨「ニッポナントロプス・アカシエンシス（明石の日本原人）」が、最古の日本人として注目された。だがその後の調査で、骨片が縄文時代以降の新人である可能性が高まった。化石人類はほかにも牛川《うしかわ》人、三ケ日《みっかび》人、葛生《くずう》人などが旧石器時代のものとされてきたが、現在は縄文時代以降という説が濃厚になっている。

人類の移動・拡散ルート

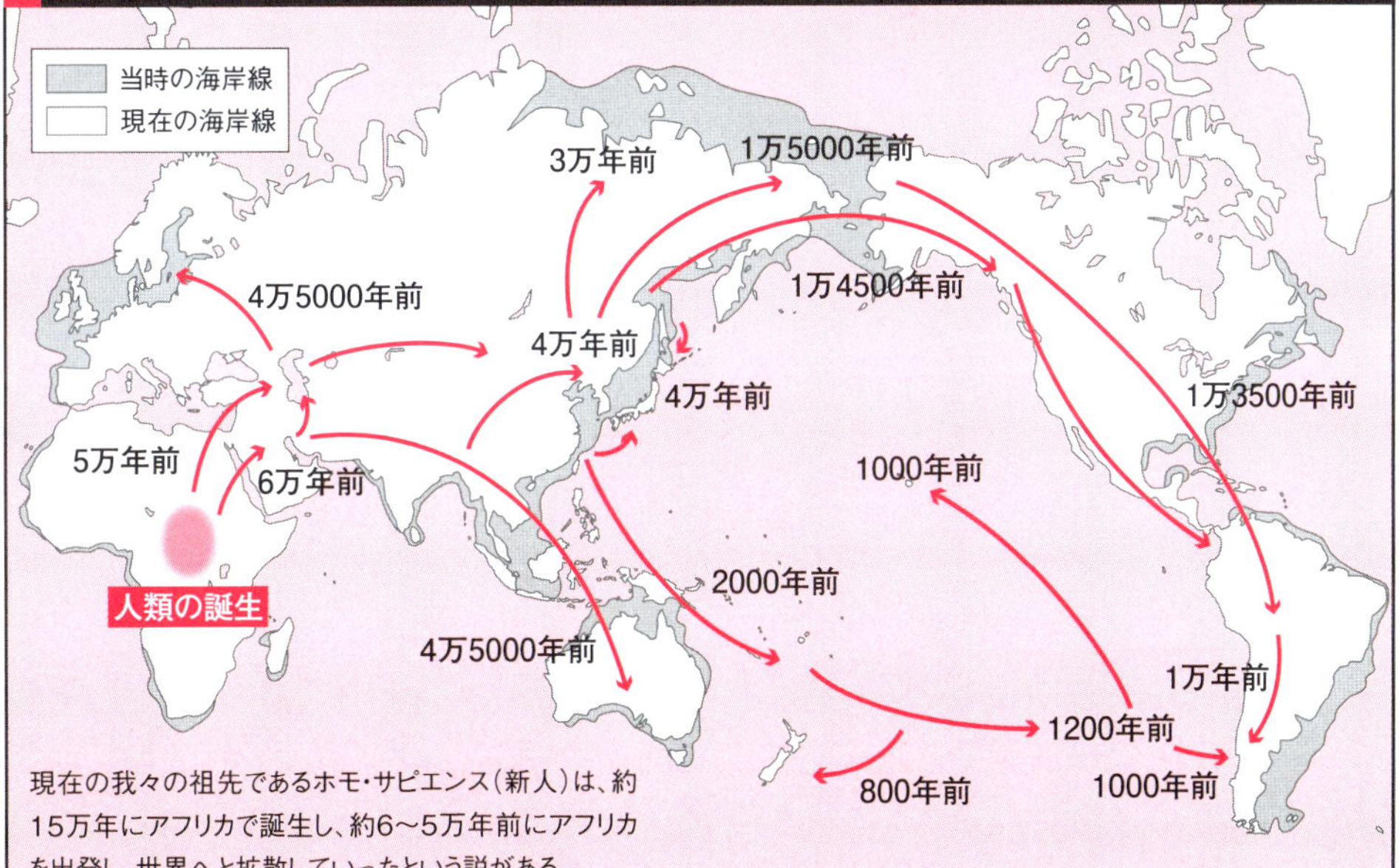

現在の我々の祖先であるホモ・サピエンス（新人）は、約15万年にアフリカで誕生し、約6〜5万年前にアフリカを出発し、世界へと拡散していったという説がある。

日本人の形成

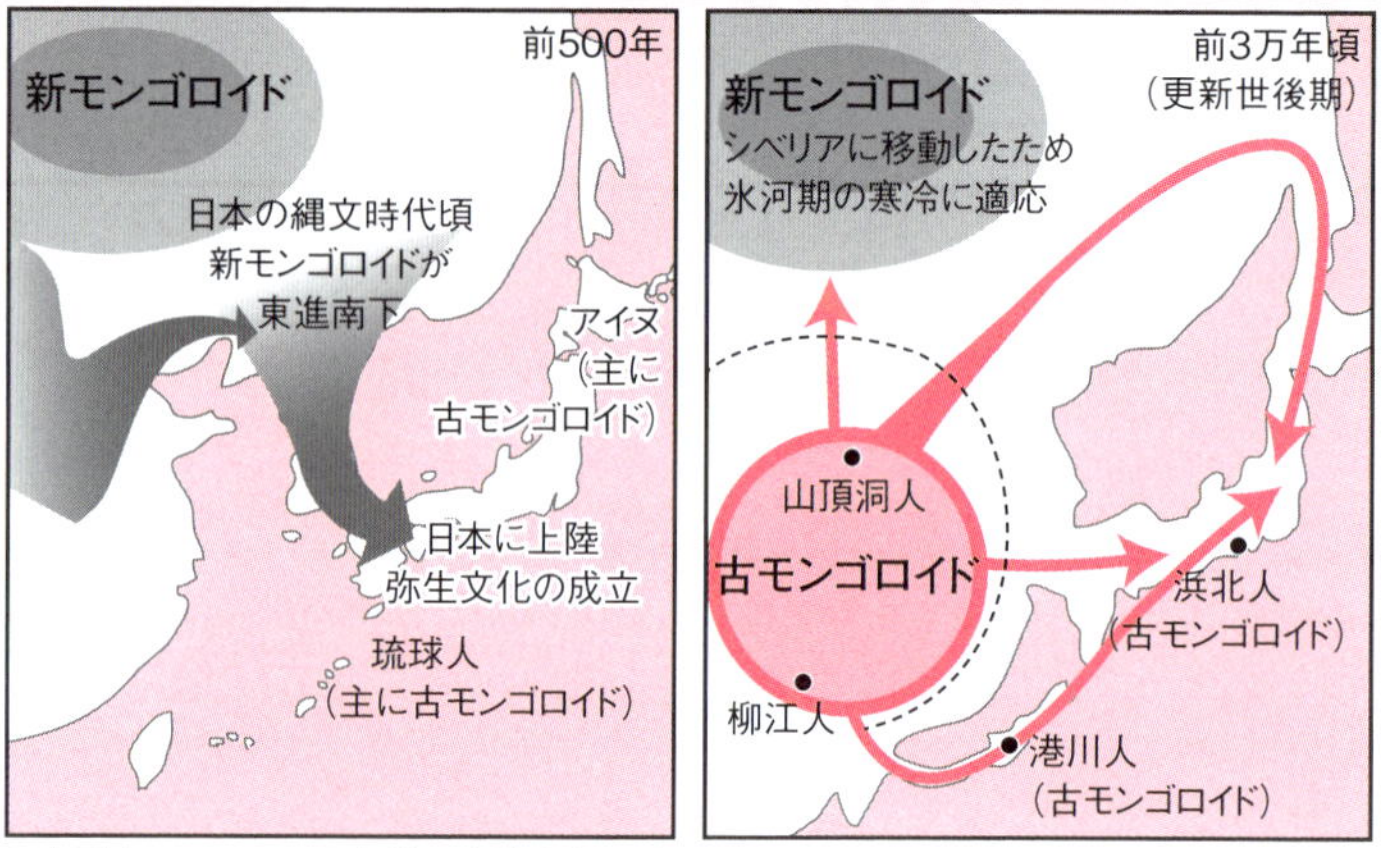

日本列島には、4〜3万年前に大陸南部の古モンゴロイド(縄文人型)が渡来し、弥生時代に大陸北部の新モンゴロイド(渡来人型)が渡ってきたと考えられている。

「日本人はどこから来たか。日本人の起源展」(国立科学博物館)ほか参照

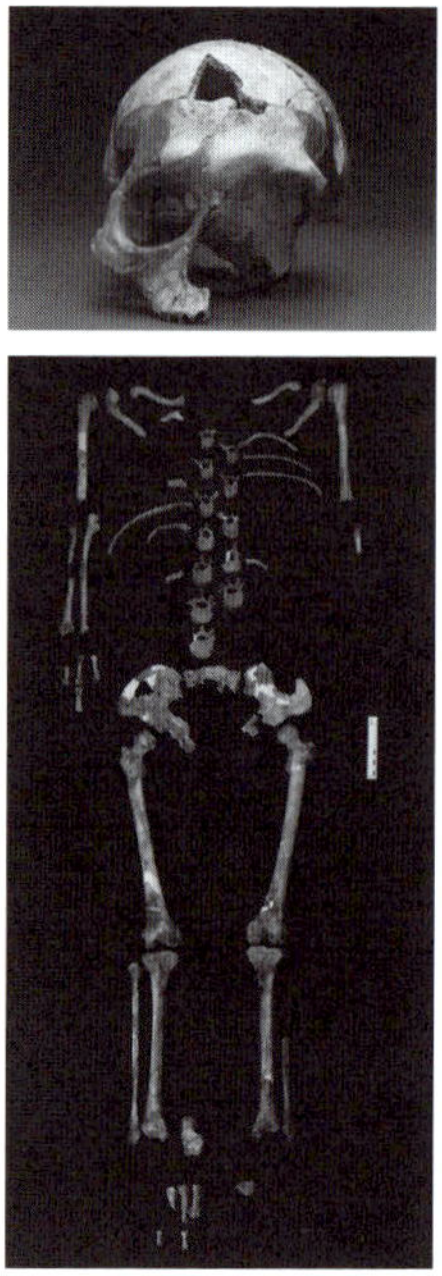

港川人の骨格

推定年代は1万8000年前。現代人より小柄で上半身が華奢だが、手足は頑丈。頭骨は東南アジア人に共通する特徴がみられる。

「港川人3号骨格」、「4号頭骨」
沖縄県立博物館・美術館蔵

大型動物の渡来

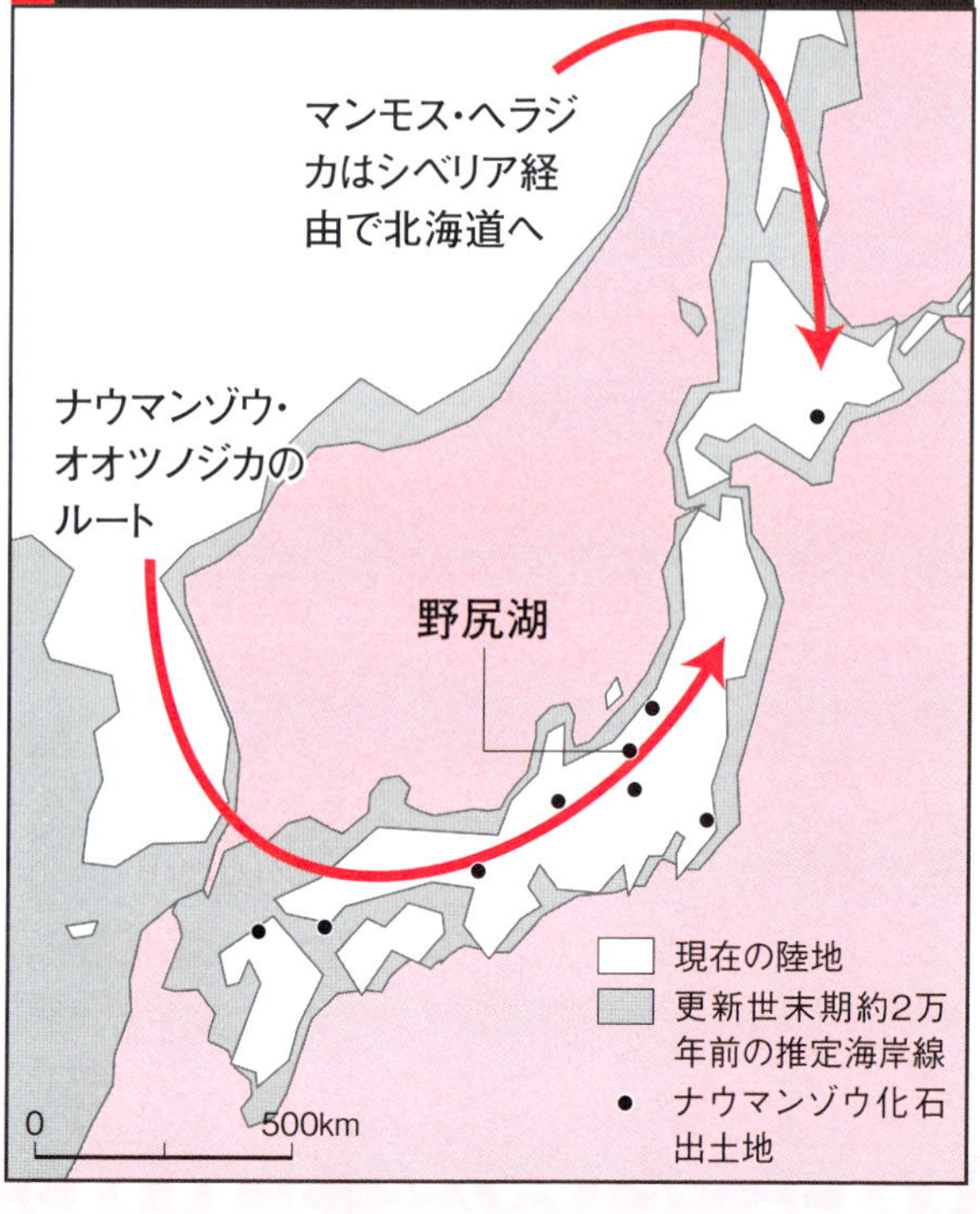

寒冷化により大陸と日本列島が地続きになると、ナウマンゾウなどの大型動物が北と南の両方のルートから渡来した。日本人の祖先もこの頃、日本列島に渡ってきたとみられる。

旧石器時代の遺跡と環境

温暖化で安定した旧石器時代の人々の暮らし

Point

◆日本の旧石器時代

相沢忠洋が岩宿遺跡の関東ローム層から打製石器を発見

↓

「日本列島に人が住みついたのは縄文時代に入ってから」という従来の定説を覆し、日本列島にも旧石器文化が存在したことが明らかに

◆旧石器時代の特徴

打製石器を使用

➡細石器や尖頭器が出土

➡石器製作技術が北方ユーラシア大陸と共通

狩猟や漁労を行って生活

➡獲物を求めて移住を繰り返す

更新世（旧石器時代）の日本列島に人類が住んでいたことが確認されたのは、戦後に入ってからだった。それ以前の日本では、「日本列島に人が住みついたのは縄文時代に入ってから」というのが考古学上の定説だった。しかし、次の出来事がきっかけで歴史が塗り替えられた。

昭和21年（１９４６）、民間の考古学者だった相沢忠洋《あいざわただひろ》が、群馬県岩宿《いわじゅく》（みどり市）にあった切通《きりどおし》の赤土層から打製石器を見つけた。この地層は更新世後期の関東ローム層で、日本にも旧石器文化（先土器文化・無土器文化）が存在していたことが明らかになった。

その後、ほかの更新世の地層からも旧石器時代の石器が出土した。特に立川《たちかわ》ローム層（約4万または3万５０００〜1万年前）からの発見が多かったため、日本の考古学では3万５０００年前よりも古い時代を旧石器時代の前期、3万５０００〜1万年前を後期と区分けしている。

日本列島で見つかった旧石器時代の遺跡は、ほとんどが後期のものである。

１９８０〜１９９０年代には、旧石器時代前中期の遺跡が相次いで発見され注目され

文＝常井宏平

たが、平成12年（２０００）、それらは一人の発掘調査担当者による捏造であることが明らかになった。この事件で、旧石器時代前中期の研究は完全に振り出しに戻ってしまった。

大陸と同等の技術を有した旧石器時代末期の北海道

　岩宿で見つかった打製石器は、石を砕いて作った磨きをともなわないものである。動物を突き刺す尖頭器《せんとうき》や小型で刃の機能を有する細石器《さいせっき》などが見つかっており、狩猟や漁労に用いていたことがうかがえる。

　ほかにも旧石器時代の遺跡からは石器製作のための作業場、狩りで手に入れた獲物の解体場とみられる遺構も見つかっている。

　この時代の石器製作技術は北方ユーラシア大陸と共通する点が多いが、これは３万〜２万年前の日本列島が北と陸続きだったことをうかがわせている。また旧石器時代の末期には細石器が使われ始めたが、この時代の遺跡は置戸安《おけとあ》住《ずみ》遺跡や樽岸《たるぎし》遺跡など、北海道で多くみられる。これは、当時の北海道が大陸と密接につながっていたことの証ともいえる。

　２万年前ぐらいからは地球規模で温暖化が進み、徐々に海水面が上昇していく。日本列島は大陸から分離し、一方で生態系にも変化が生じる。ナウマンゾウやオオツノジカといった大型の動物が絶滅し、代わりにウサギやイノシシ、ニホンジカなどの小型動物が増えていった。

　それまでは人々は獲物を求めて各地を移動しながら暮らしていたが、気候が温暖になったことで生活が安定化する。人々は定住するようになり、土器を使用した縄文文化が到来した。

細石刃《さいせきじん》の分布図

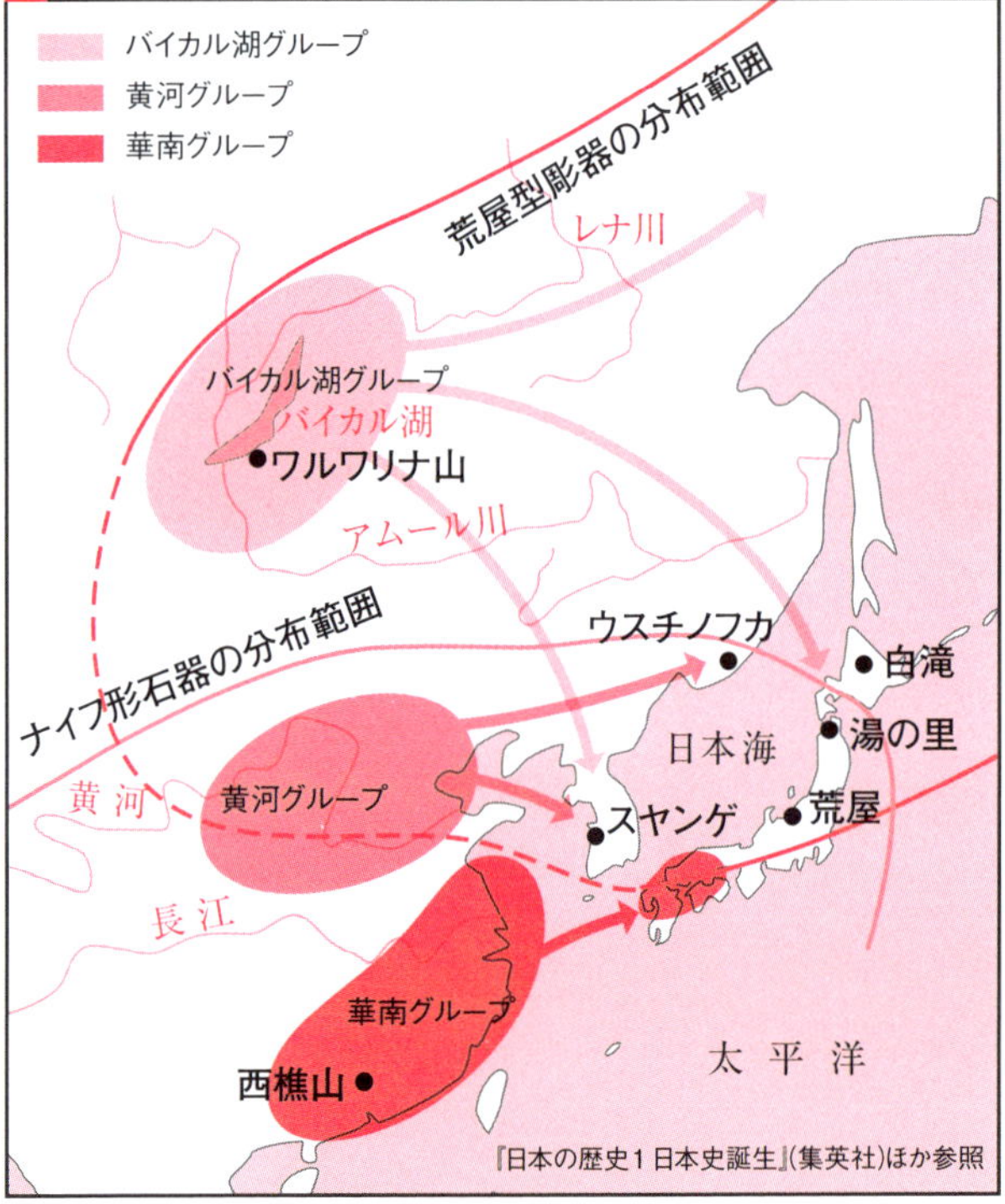

『日本の歴史１ 日本史誕生』(集英社)ほか参照

細石器文化はシベリア・バイカル湖の周辺で誕生し、約1万4000〜1万3000年前に北海道経由で日本海沿岸に広がった。

旧石器時代の代表的な遺跡

①白滝《しらたき》遺跡群(北海道・遠軽町)

国内最大級の黒曜石原産地に栄えた、600万点に及ぶ石器などが出土した遺跡群。

②置戸《おけと》安住《あずみ》遺跡(北海道・置戸町)

約2万年前からの細石器が多数出土。黒曜石産地に近く、黒曜石製細石刃が発見された。

③樽岸《たるぎし》遺跡(北海道・黒松内町)

推定1万7000〜1万5000年前の遺跡で、頁《けつ》岩《がん》製の石刃、剝片・船底形石器などが出土。

④野尻《のじり》湖《こ》立《たて》ヶ《が》鼻《はな》遺跡(長野県・信濃町)

ナウマンゾウやオオツノジカなどの骨のほか、動物を解体した痕跡や石器、骨器などが出土。5万〜1万年前の狩り場跡と考えられている。

⑤岩宿《いわじゅく》遺跡(群馬県みどり市)

旧石器時代から日本に人が住んでいたことを初めて明らかにした遺跡。約3万年前とみられる石器が出土。

⑥茶臼山《ちゃうすやま》・上《うえ》ノ《の》平《たいら》遺跡(長野県諏訪市)

黒曜石の原産地・和田峠に近く、黒曜石製のナイフ形石器や尖頭《せんとう》器《き》が数多く出土。

⑦茂呂《もろ》遺跡(東京都板橋区)

2万5000〜2万年前の関東・中部地方南部にみられるナイフ形石器が出土。

⑧月見野《つきみの》遺跡群(神奈川県大和市)

旧石器末期から縄文草創期にかけて、時代の異なる層からナイフ形石器→尖頭器→細石刃が発見され、石器の変遷を捉えられた遺跡。

⑨国府《こう》遺跡(大阪府藤井寺市)

旧石器〜室町時代の複合集落遺跡。横長剝片の瀬戸内技法のナイフ形石器などが出土。

⑩早水台《そうずだい》遺跡(大分県・日出町)

縄文早期の大集落遺跡で、下層から旧石器時代のものとみられる石器が出土、論争となった。

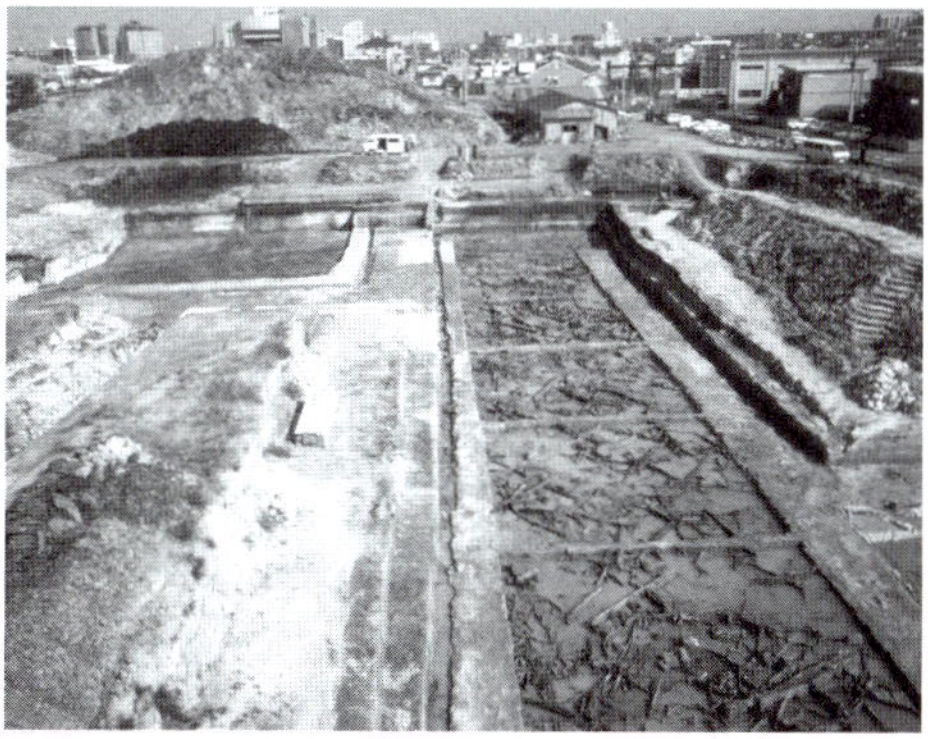

「富沢遺跡」写真提供=仙台市教育委員会

⑪富沢遺跡(宮城県仙台市)

仙台市の東南で樹木の根や幹などの自然環境と、焚き火やナイフ型石器など人々の生活跡が出土。年代は約2万年前の後期旧石器時代で、旧石器人がシカを追って湿地林に入り、キャンプをした跡とみられている。現在、保存処理され「地底の森ミュージアム」の地下で展示されている。

3 原始

植生の変化がもたらした集落の形成と発展

定住化した縄文時代には遠隔地貿易が始まっていた

! Point

◆更新世から完新世へ

温暖化が進んで海面が上昇

➡日本列島が大陸と分離

植物環境が変化

東日本…落葉広葉樹林（ブナ、ナラなど）

西日本…照葉樹林（カシ、シイなど）

◆縄文時代の交流

産出地以外の遺跡からも出土し、遠隔地交易を行っていたことが明らかに

主な交易品

黒曜石…和田峠（長野県）、神津島（伊豆諸島）、白滝（北海道）など

➡白滝産の黒曜石がロシアの遺跡でも発見

ヒスイ…姫川（新潟県）

➡加工した大珠や玉が堀米A遺跡（茨城県）や川目C遺跡（岩手県）などで発見

更新世の地球はほとんどが氷河期だったが、末期から温暖化が進んで海面が上昇した。地質学では約1万年前から現在に至るまでの時代を完新世《かんしんせい》といい、植物の分布にも変化が生じた。東日本ではブナやナラなどの暖温帯落葉広葉樹林が広がり、西日本ではシイやカシといった照葉樹林が広がった。

植物環境の変化でクリやクルミ、ドングリなどが実るようになり、これらを調理・保管するための土器も作られるようになった。この時代の土器を「縄文土器」といい、使用された約1万5000年前から約2300年前までを「縄文時代」と呼ぶ。「縄文」という名称は、大森貝塚を発掘したアメリカの動物学者エドワード・S・モースが、出土した土器を「Cord Marked Pottery」と報告したのが由来とされる。土器の形状は時代によって異なるが、基本的には深鉢形である。表面にはさまざまな縄目文様が施されており、赤褐色系で厚手のものが多い。

また縄文時代は、それまで獲物を求めて移動を繰り返していた人々が定住するようになった時代でもある。水辺に

文=常井宏平

近い台地の周縁部などに竪穴《たてあな》住居を造り、ひとつの住居に4～5人が住んでいた。そして4～6軒がまとまって住み、集落を形成していた。

ロシアでも見つかった北海道・白滝産の黒曜石

縄文時代の集落はそれぞれが孤立していたわけではなく、広範囲にわたって交流していたことがわかっている。

例えば、石器の材料である黒曜石《こくようせき》は特定の地域でしか産出しないが、産出地以外の遺跡からも出土している。これは、縄文期の人々が遠隔地交易を行っていたことの証でもある。

黒曜石の原産地は長野県の和田峠や伊豆諸島の神津島《こうづしま》など、現在までに70カ所以上確認されている。北海道では白《しら》滝《たき》、置戸《おけと》、十勝三股《とかちみつまた》、赤井川などで産出され、そのうち北海道の北東部に位置する白滝産の黒曜石は、ロシアの遺跡でも見つかっている。

発見されたのは白滝から約400キロ離れたサハリン（樺太《からふと》）のソコル遺跡、アムール川河口付近にあるマラヤ・ガーヴァ遺跡などで、北海道の人々が北方ユーラシア大陸の人々と交流していたことをうかがわせている。

また新潟県姫川産のヒスイを加工して作った大珠《たいしゅ》や玉《ぎょく》も、茨城県東海村の堀米A遺跡、岩手県盛岡市の川目C遺跡など、遠く離れた遺跡から出土している。縄文時代のヒスイの原産地は姫川流域に限られていたが、交流や交易を通して広く伝わった。

ほかにも、西日本で石器の原材料に用いたサヌカイト、鏃《やじり》や槍先を柄《え》先に固定する天然アスファルトといった特定の地域で産出されるものが、交易を通して遠隔地にもたらされた。

植生の変化

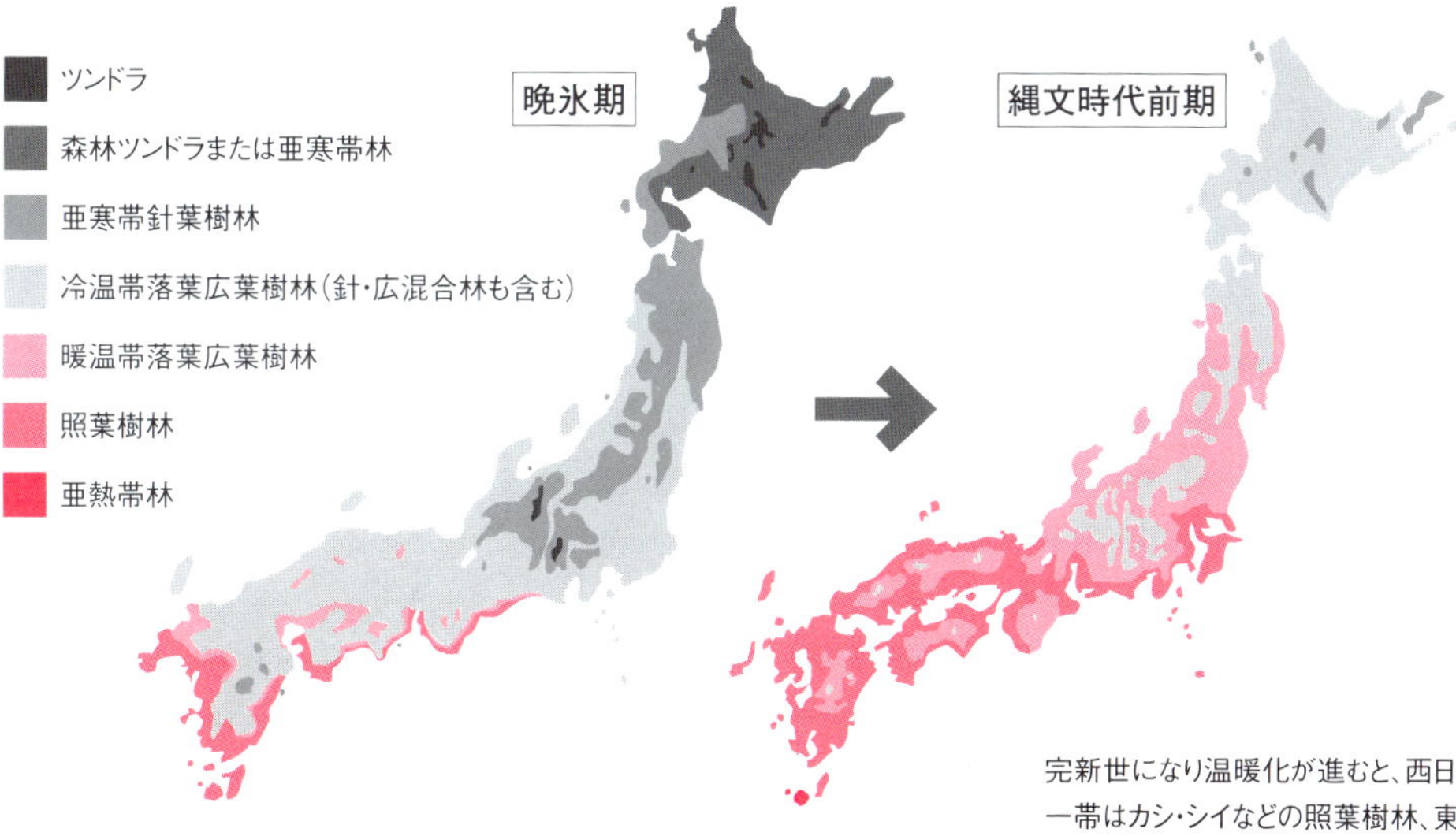

完新世になり温暖化が進むと、西日本一帯はカシ・シイなどの照葉樹林、東日本はコナラ・クリを中心とした暖温帯落葉広葉樹林が拡大していった。

縄文時代の交易

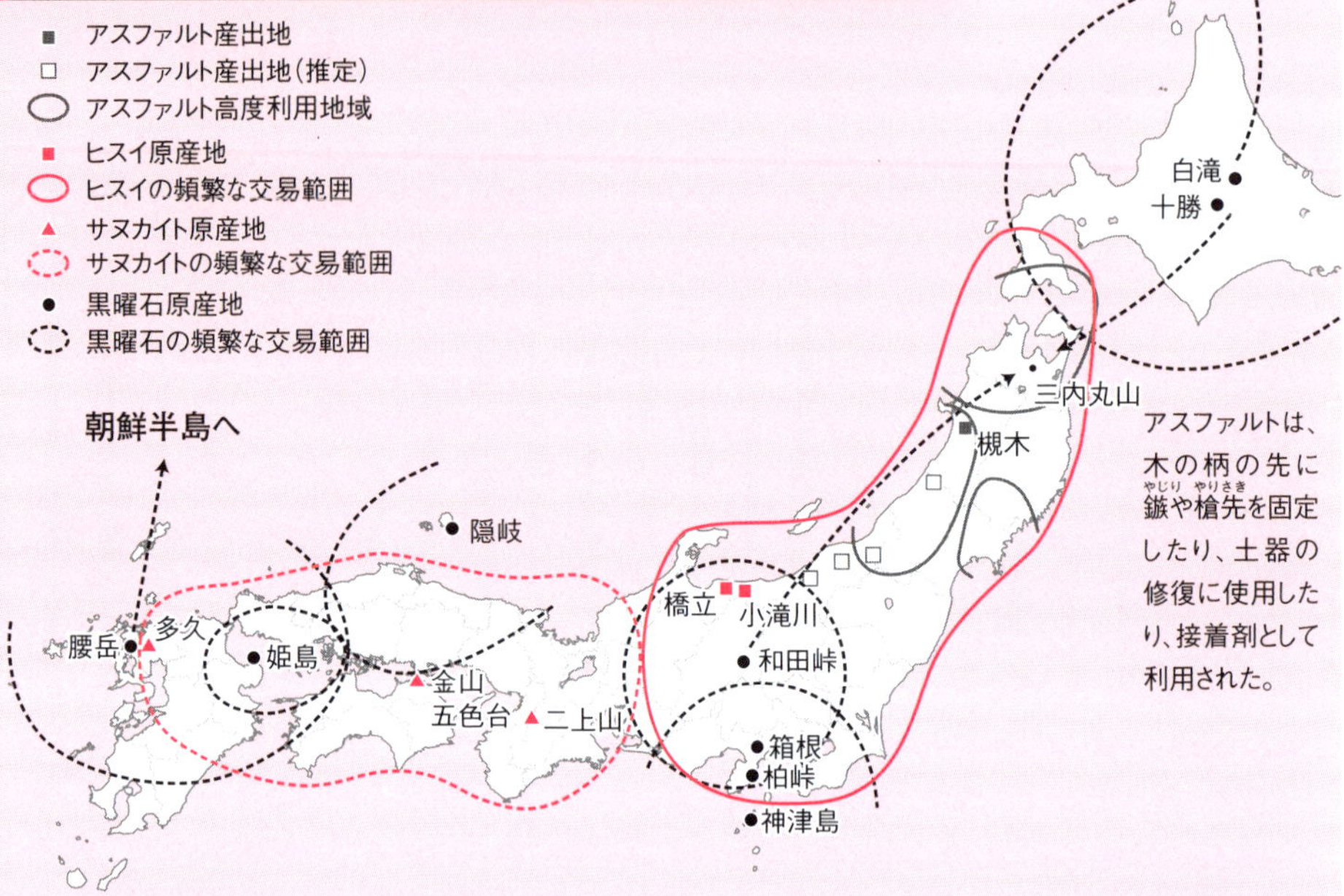

アスファルトは、木の柄の先に鏃《やじり》や槍先《やりさき》を固定したり、土器の修復に使用したり、接着剤として利用された。

黒曜石製石器（隠岐）

隠岐は縄文時代初期までは本州とつながった半島で、黒曜石の一大産地として栄え、石器は日本海沿岸、朝鮮半島などへも輸出された。

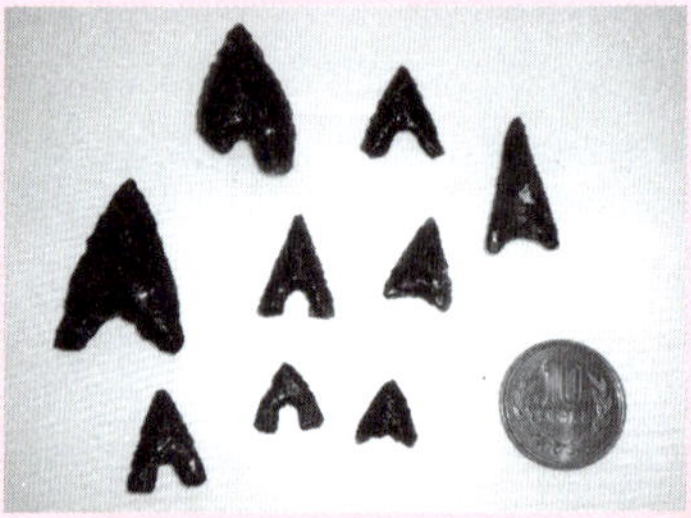

「黒曜石製石器（宮田遺跡出土）」
写真提供＝隠岐ユネスコ世界ジオパーク推進協議会

合掌土偶（国宝）

座り込んで神に祈りを捧げるように合掌している土偶。出産の様子を模したともいわれ、顔の独特の表現から、仮面をつけているという説も。縄文時代後期（前2000～前1000）の青森市八戸市風張1遺跡から出土したもの。

八戸市埋蔵文化財センター 是川縄文館蔵

縄文人の暮らしの特徴

<table>
<tr><td>食</td><td colspan="2">採取（植物性食料の採取）→木の実の採取、クリ林の管理、ヤマイモの保護・増殖、コメ・ムギの栽培も?
狩猟（弓矢、落とし穴、狩猟犬）ニホンジカ、イノシシなど
漁労（骨角製釣針、銛《もり》、網、丸木舟）→魚、海獣、貝など</td></tr>
<tr><td>住</td><td>定住的な生活の開始</td><td>竪穴住居（炉《ろ》がある）
日当たりのよい、水辺に近い高台上に集落を形成
4～6軒ほどの世帯、20～30人の集団で生活
他集落との通婚や交易を行う</td></tr>
<tr><td>信仰</td><td colspan="2">アニミズム、呪術的な風習（出土した土偶や石棒などから推測）
抜歯や屈葬などの風習（墓の人骨に痕跡が残る）</td></tr>
</table>

4 原始

縄文時代の大集落 三内丸山遺跡の発展の背景

縄文時代の大集落の形成と自然環境

Point

◆三内丸山遺跡の特徴

- 数百人単位が住んだとみられる大規模集落跡
- 縄文時代前期から中期、約1500年にわたって営まれる
- 巨大な建物跡も発見
- 遠隔地交易を行い発展

◆縄文時代の特徴

- 人々の暮らしが安定し、人口が増加
- 縄文土器を使用
- 移動生活から定住化生活へ
- 貧富の差がない

過去に発見された縄文時代の集落遺跡は、数軒単位のものがほとんどだった。だが青森県で発見された三内《さんない》丸山《まるやま》遺跡は、数百人単位が住んだと考えられる大規模なものだった。

平成４年（１９９２）、新しい県営野球場を建設するための事前調査が行われたが、そこで三内丸山遺跡が日本最大級の縄文集落跡であることが判明する。遺跡は保存されることになり、野球場の建設計画は白紙となった。

大集落は縄文時代前期から中期、約１５００年にわたって営まれたと推定される。青森湾に注ぐ沖館《おきだて》川沿いの台地を削り、谷を埋め立てて整地したとされる。中央部に道があり、その周辺に数百人規模の人々が住んだ住居や集会場、祭祀場、貯蔵穴、成人の墓群、子どもの墓群などがあったという。

また、遺跡の北と南には盛り土があるが、これは竪穴住居を造る際に生じた残り土や壊れた土器などをまとめたものと思われる。

三内丸山遺跡では建物跡の遺構も見つかっているが、なかでも注目すべきは、直径1メートル以上の柱を6本使って組み立てたとされる建物跡

文＝常井宏平

である。柱の規模もさることながら、柱穴の間隔や幅、深さが統一されており、測量の技術が発達していたことをうかがわせる。また幅10メートル以上の竪穴住居跡もいくつか検出されており、もっとも規模が大きいものは長さが32メートルにも及ぶ。

遠隔地との交易で発展した三内丸山遺跡

三内丸山遺跡の大集落には数百人もの人々が住んだといわれるが、なぜ青森という寒い土地でこのような大集落が営まれたのか？

理由のひとつとして挙げられるのが、豊富な食糧事情である。遺跡の周辺には豊かな森と海があり、ほかにも遺跡内でクリやマメ類、エゴマ、ゴボウなどの栽培を行っていたことが確認されている。

集落を発展させたもうひとつの理由が、遠隔地との交易である。三内丸山遺跡では縄文土器や石器、土偶、骨角器などのほか、北海道の赤井川や長野県の霧ヶ峰で出土した黒曜石、新潟県姫川流域のヒスイ、現在の秋田県から運ばれたとされる天然アスファルト、岩手県久慈産のコハクなどが出土している。これらの多くは海上交通で運ばれたが、遺跡の近くにある青森湾が港として機能した。こうして三内丸山の大集落は、交易圏の中心としても栄えた。

三内丸山の大集落が１０００年以上にわたって営まれたのは、縄文時代の人々の暮らしが安定していたからだ。日本列島の人口も増加し、縄文中期には25万人に達したという。ただし、縄文後期は寒冷化したこともあり、人口は16万人程度まで減った。その際、三内丸山遺跡も気候変動の影響を受け、消滅したと考えられる。

黒曜石の石匙《せきひ》とヒスイ

三内丸山遺跡から出土した黒曜石の石匙は北海道産、ヒスイ製品は新潟県糸魚川産。ほかに岩手県久慈産出のコハクや秋田・新潟・山形・長野県のアスファルトも確認されている。

各地との交流を示す出土品

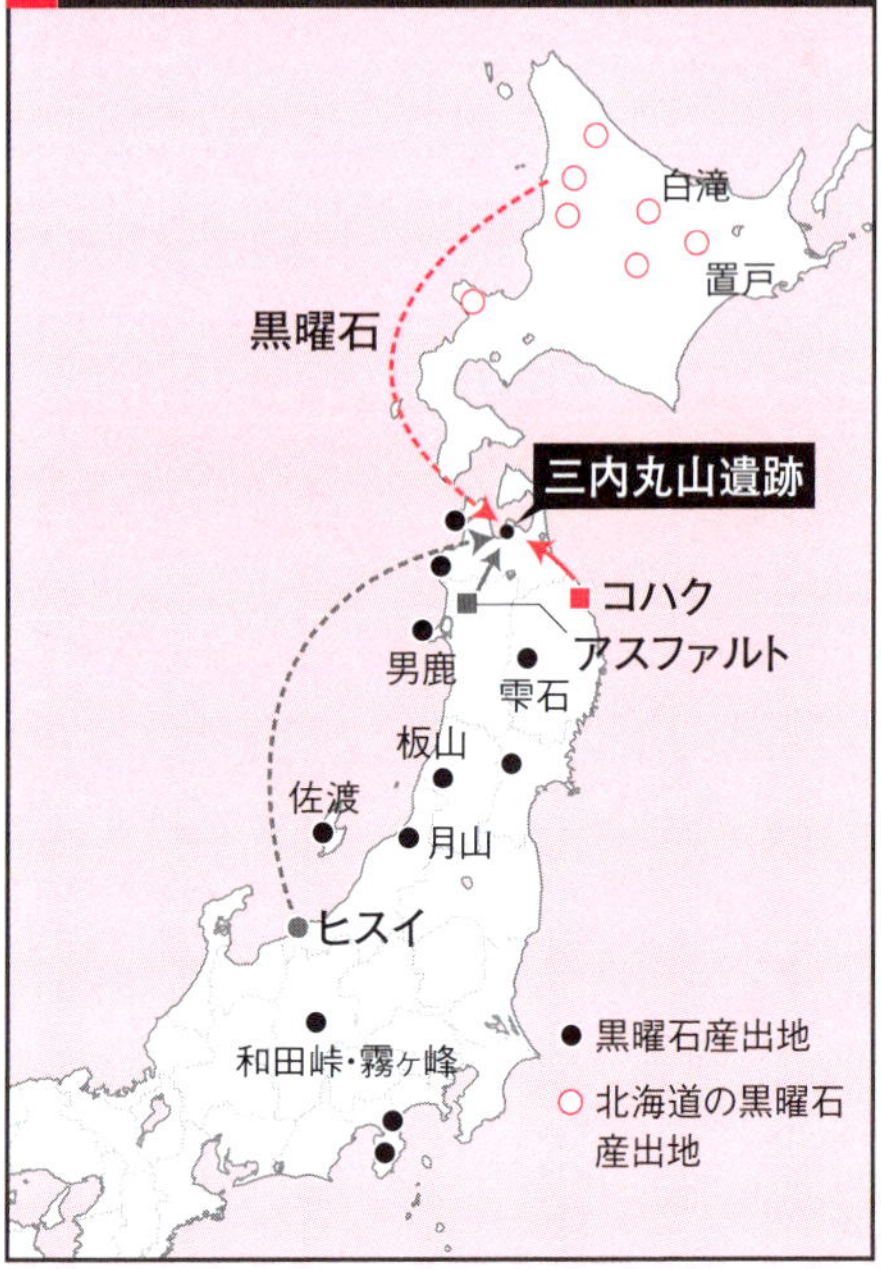

大型掘立柱《ほったてばしら》建物(復元)

柱穴は、直系2m、深さ2mで、なかから直系約1mのクリの木柱が出土。高さ14.7mの大型の高床建物だったとみられる。

三内丸山遺跡の形成

3000年前	4000年前	5000年前	6000年前	1万年前	1万3000年前
縄文時代					
晩期	後期	中期	前期	早期	草創期
亀ヶ岡遺跡(青森) 是川遺跡(青森)	大森貝塚(東京)	←三内丸山遺跡	→	上野原遺跡(鹿児島) 夏島貝塚(神奈川)	大平山元《おおだいやまもと》遺跡(青森) 福井洞穴(長崎) 鳥浜貝塚(福井)

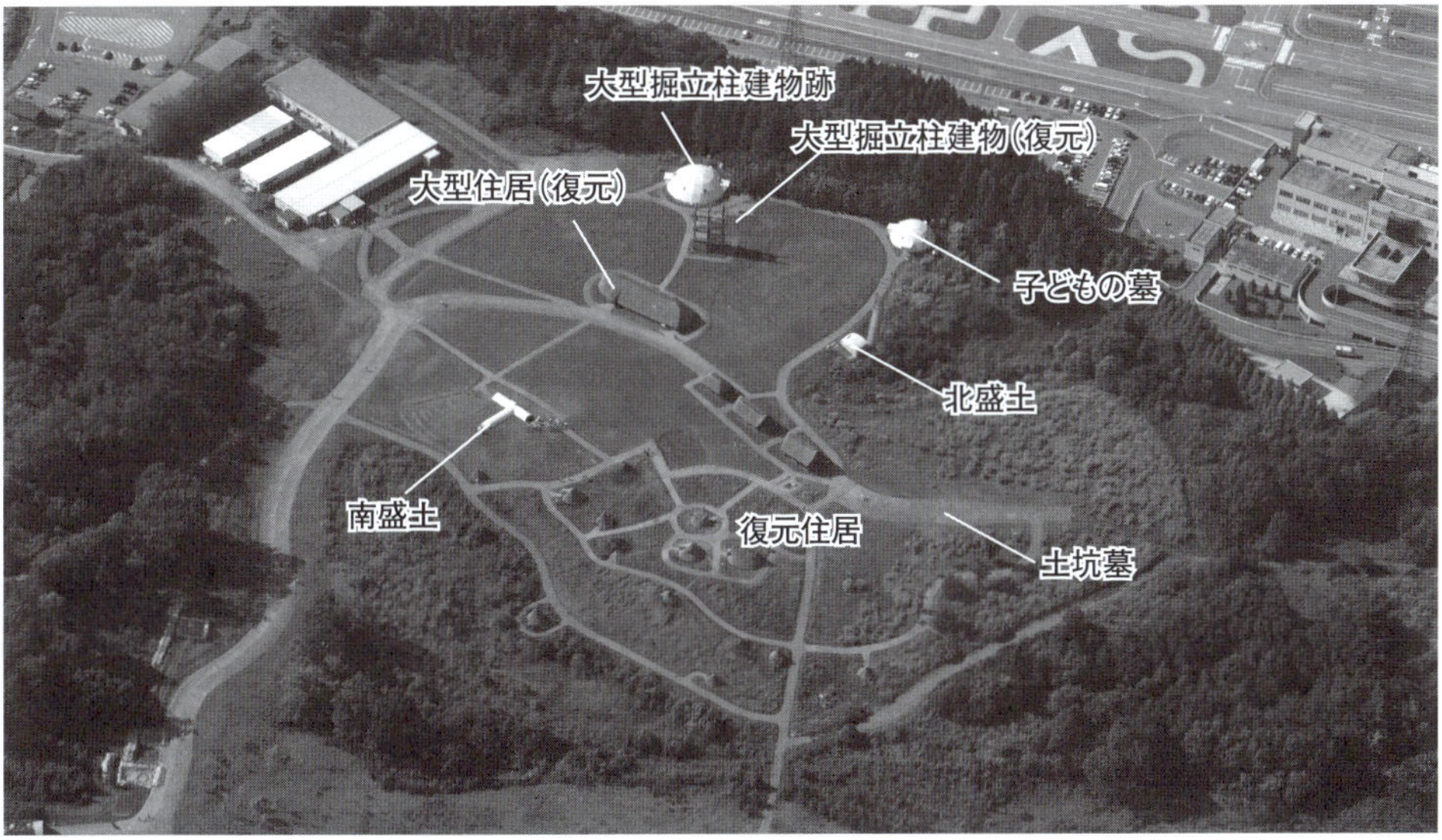

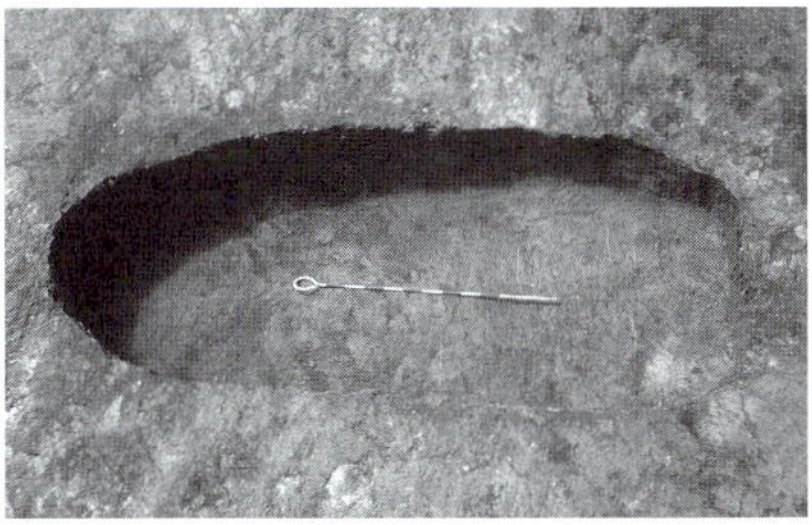

土坑墓《どこうぼ》(大人の墓)と子どもの墓

集落の東側からは、東西2列に1~2.5mの大人のものとみられる土坑墓が発見された。北東側では800基以上の土器に埋葬された子どもの墓も出土。

十字形土偶

高さ32cmの日本最大級の板状土偶。遺跡からは約1600個の土偶が出土している。頭部と胴体は別の場所から出土しており、呪術的な意味があったと推測される。

写真提供=すべて三内丸山遺跡センター

5 原始

縄文時代の水辺の集落の実態

丸木舟の出土が物語る縄文人の暮らし

Point

◆縄文時代の海の移動手段

丸木舟を使用

原材料
クスノキ、ケヤキ、クリなど

造り方
1本の太い丸木を刳り抜いて造る

耐用年数
丈夫な木を用いれば100年以上

サイズ
全長6~7mが多いが、
全長3~4mという小型のものもあった

発掘場所
入江内湖遺跡(滋賀県)、三方五湖岸(福井県)、借当川流域の低湿地帯(千葉県)、浦入遺跡(京都府)、雷下遺跡(千葉県)など

縄文時代の人々は交易や漁労で海を渡っていたが、移動手段として用いたのが丸木舟だった。クスノキやケヤキ、クリなどの木を刳《く》り抜いて造ったことから「刳り舟」とも呼ばれる。丈夫な木を用いたので、一度造ると100年以上使用できたという。

太い丸木の中を火で焦がし、石斧などで削った。丸木舟の全長は5~8メートル、幅60センチ前後のものが多かったが、全長3~4メートルという小型のものもあった。なかには全長10メートル超のものも出土しているが、多くは第二次世界大戦の戦災で焼かれてしまった。

縄文時代の丸木舟は、約70の遺跡から160艘《そう》ほどの丸木舟が出土している。琵琶湖《びわこ》付近では25例ほど確認されており、滋賀県米原《まいばら》市の入江内湖遺跡からは5艘の丸木舟が発見された。2艘は沿岸部・浅瀬での漁労用で、残り3艘は沖合まで行けるものだった。海でしか獲れないマグロの骨も出土しているので、舟を使った交易が盛んだったことがうかがえる。

丸木舟は福井県の三方五湖《みかたご》岸、千葉県の借当川《かりあて》流域の低湿地帯などからも出土している。また、京都府舞鶴市の浦《うら》入《にゅう》遺跡のように、丸木舟と一緒に杭や碇石《いかりいし》が発見された遺跡もある。

　さらに平成25年（2013）には、千葉県市川市の雷下《かみなりした》遺跡で国内最古となる約7500年前の丸木舟が見つかった。ムクノキを刳り抜いて造った丸木舟は、少なくとも全長7・6メートルはあったとみられる。

命がけで渡海した古代の日本人たち

　周囲を海に囲まれた日本にとって、海路は新たな文化や技術を吸収するうえで欠かせない交通路だった。特に日本海は縄文・弥生期を通じて交易が行われ、ヒスイや鉄などが運ばれた。北部九州の土器や「四隅突出形墳丘墓《よすみとっしゅつがたふんきゅうぼ》」と呼ばれる山陰地方独特の墓が、他の日本海沿岸の遺跡から出土している。海上交通で輸送された文物は、港から陸路で内陸に運ばれた。

　また古代の日本海は、大陸や朝鮮半島を結ぶ交通路でもあった。日本海の海路は朝鮮半島から対馬、壱岐《いき》を経由して福岡平野へ向かうのが一般的だが、出雲や丹後といった地域へ向かうルートもあった。当時の日本列島は各地域に首長がいたが、それぞれが朝鮮半島と交流していたことがうかがえる。

　古代人は意外なほど積極的に海へ繰り出したが、小舟で外洋に出るのは命がけだった。しかし、現代でも終戦後に9人の日本兵がカヌーで約2500キロ漕ぎ、フィリピンのポリリョ島から脱出したという記録がある。カヌーは長さ約6メートル、幅約1メートルで、丸木舟とほぼ同じサイズである。そのため、「丸木舟はサイズが小さいから海には出られない」という仮説は成り立たないのだ。

入江内湖《いりえないこ》遺跡（滋賀県米原市）

縄文早期後葉～後期初頭（6500～4000年前）の低湿地の遺跡。かつては琵琶湖に面する砂浜で、完全な姿の丸木舟、漆塗りの木製椀のほか、マグロの骨が出土。発見された丸木舟は5艘で、沖合まで行ける航行型もあった。

写真提供＝滋賀県教育委員会

縄文時代の代表的な遺跡

①入江内湖《いりえないこ》遺跡（滋賀県米原市）

②東名《ひがしみょう》遺跡（佐賀県佐賀市）

海の幸と河の幸が入手できる場所にあたり、縄文早期末（7000年前）の貝塚が6カ所発見された。木製の編み籠《かご》や器、焦げた土器片、ドングリの貯蔵穴などが出土。

④鳥浜《とりはま》貝塚（福井県・若狭町）

縄文草創期～前期の貝塚。海抜下の貝層から櫛《くし》・弓などの木製品、縄などが出土。

⑤津雲《つくも》貝塚（岡山県笠岡市）

縄文後期・晩期の人骨170体以上が出土。人骨から屈葬・抜歯の風習がみられる。

⑥福井洞穴《ふくいどうけつ》（長崎県佐世保市）

旧石器時代終末期から縄文草創期にかけて、7つの文化層が明らかになった。

⑦上野原《うえのはら》遺跡（鹿児島県霧島市）

台地上にある縄文早期（約9500年前）の日本最大規模、最古級の定住集落。

⑧大森《おおもり》貝塚（東京都品川区）

住居跡や土器、装身具、魚や動物の骨などが出土した縄文後期・晩期の貝塚。

⑨夏島《なつしま》貝塚（神奈川県横須賀市）

夏島式土器や石鏃・石斧、骨製釣針が出土。縄文早期の最古級の貝塚のひとつ。

③桜町《さくらまち》遺跡（富山県小矢部市）

縄文中期末～後期初頭の川岸に築かれた作業場の遺跡。当時の食料であったトチやドングリなどの木の実を水に漬け、アク抜きするための施設が発見された。写真下がその「水さらし場」で、川の中に木材で大きな枡《ます》が作られている。また、川底からは大量の木材が出土。ここで木工作業をしたとみられる。

写真提供＝小矢部市教育委員会

⑩尖石《とがりいし》遺跡（長野県茅野市）

台地上に築かれた縄文中期の大規模集落遺跡。土偶「縄文のヴィーナス」が出土。

⑪三内丸山《さんないまるやま》遺跡（青森県青森市）

約5500～4000年前の縄文中期の巨大集落跡。最盛期には500人以上が定住。

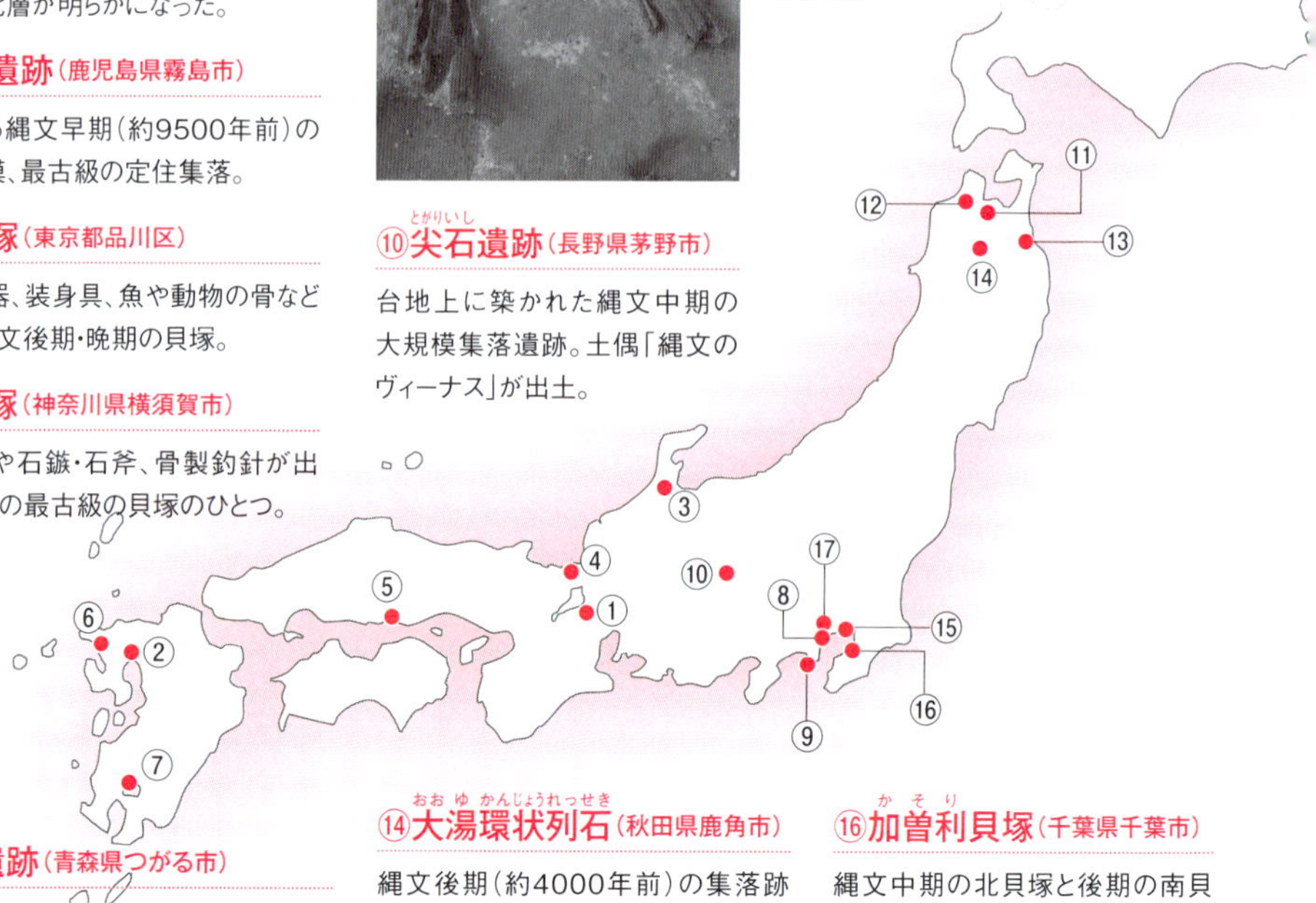

⑫亀ヶ岡《かめがおか》遺跡（青森県つがる市）

約3000～2300年前の縄文晩期の低湿地をともなう集落跡。漆《うるし》の装飾土器が出土。

⑬是川《これかわ》遺跡（青森県八戸市）

縄文晩期の中居《なかい》遺跡、前期・中期の一王寺《いちおうじ》遺跡、中期の堀田《ほった》遺跡の総称。漆を塗った竹製品や弓、大刀、腕輪などが出土。

⑭大湯環状列石《おおゆかんじょうれっせき》（秋田県鹿角市）

縄文後期（約4000年前）の集落跡で、共同墓地とみられる2つの環状列石が出土。

⑮堀之内《ほりのうち》貝塚（千葉県市川市）

縄文後期・晩期のU字型の馬蹄形《ばていけい》大型貝塚。土器や土偶破片、貝製腕輪が出土。

⑯加曽利《かそり》貝塚（千葉県千葉市）

縄文中期の北貝塚と後期の南貝塚が連結した、8字形をした日本最大級の貝塚。

⑰中里《なかざと》貝塚（東京都北区）

縄文中期・後期の貝塚で、貝の層の厚みは最大4.5m。貝の加工場の遺構が出土。

6 原始

大陸から九州に伝わった弥生時代の水稲耕作

寒冷化がもたらした食糧不足と人口移動

Point

◆稲作の伝播ルート

朝鮮半島経由説
山東半島から朝鮮半島を経由して北部九州へ

江南説
長江下流域から直接日本に伝わる

南西諸島経由説
江南から南西諸島を経由して伝わる

↓

朝鮮半島がルーツの農耕具の遺物が出土し、寒さに強いジャポニカ種が流通していることから、朝鮮半島経由説が有力視されている。

◆弥生時代の特徴

- 稲作の浸透
- 鉄器や青銅器の使用
- 弥生土器の使用
- 貧富の差が生まれてクニが生まれる

縄文時代の末期にあたる紀元前5世紀頃、稲作が日本列島にも伝わった。稲作はインドのアッサム地方や中国の雲南《うんなん》地方が起源とされてきたが、近年は中国の長江《ちょうこう》中・下流域とみられている。

長江下流域にある河姆渡《かぼと》遺跡からは、前5000年頃の農具や籾《もみ》などが見つかっている。さらに長江中流域の玉蟾《ぎょくせん》岩《がん》遺跡からは、約1万2000年以上前のものとみられる籾が発見されている。

稲作の伝播《でんぱ》ルートは「朝鮮半島経由説」「江南説」「南西諸島経由説」と3つの説があり、特に有力視されているのが山東半島から朝鮮半島を経由して北部九州へ伝わった「朝鮮半島経由説」である。

稲作が最初に伝わったとされる北部九州には、稲作関連の遺跡がいくつもある。

板付《いたづけ》遺跡（福岡県福岡市）では日本列島最古の稲作集落跡のひとつとされており、給排水路や堰《せき》を備え、畦《あぜ》で区画されていたことがわかっている。そして佐賀県唐津市にある菜畑《なばたけ》遺跡では、縄文時代晩期後半の水田跡が見つかっている。また、北部九州の水田遺跡からは、石包丁（刈り入れの道具）など朝鮮半島をルーツとする農耕具の遺物も

文＝常井宏平

出土している。

これらの北部九州の遺構が、稲作の「朝鮮半島経由説」を裏付けている。

ちなみに、日本のイネの品種は寒さに強いジャポニカ種（短粒種《たんりゅうしゅ》）が主流で、熱帯性のインディカ種（長粒種）はみられないが、これも北方の朝鮮半島から稲作が伝わったことの裏付けのひとつとなっている。

本格的な水稲耕作が日本列島に浸透する

日本列島に稲作が定着したのは、狩猟・採集による食料確保が難しくなってきたからだ。縄文時代末期は気候が寒冷化し、東日本から西日本への人口移動が起きていた。そこで食料不足を解消するため、稲作が始まったと考えられる。

また、中国大陸の戦乱を避けるため、朝鮮半島からも人口が流れ込んだ。彼らが稲作を始めるのに、北部九州はうってつけの地だった。

北部九州に伝わった稲作は急速な勢いで日本全国へ広まり、弥生時代中期には本州の北端に達した。青森県弘前市の砂沢《すなざわ》遺跡や本州最北端の垂《たれ》柳《やなぎ》遺跡でも、高度な灌漑《かんがい》技術を有した水田跡がみられる。

稲作が広まった弥生時代は、紀元前3世紀中頃から紀元後3世紀までの期間を指す。だが時代の始まりについては異論もあり、これより数百年遡るとする説もある。この頃から鉄器や青銅器といった金属器の使用が始まり、さらに薄手の弥生土器も使われた。

農耕が始まったことで人々の暮らしは豊かになったが、一方で余剰物も生まれ、貧富の差が広がっていった。また開墾や用水管理のために大規模な労働力を動員しなければならなくなり、集団の大型化も進んだ。

水稲耕作

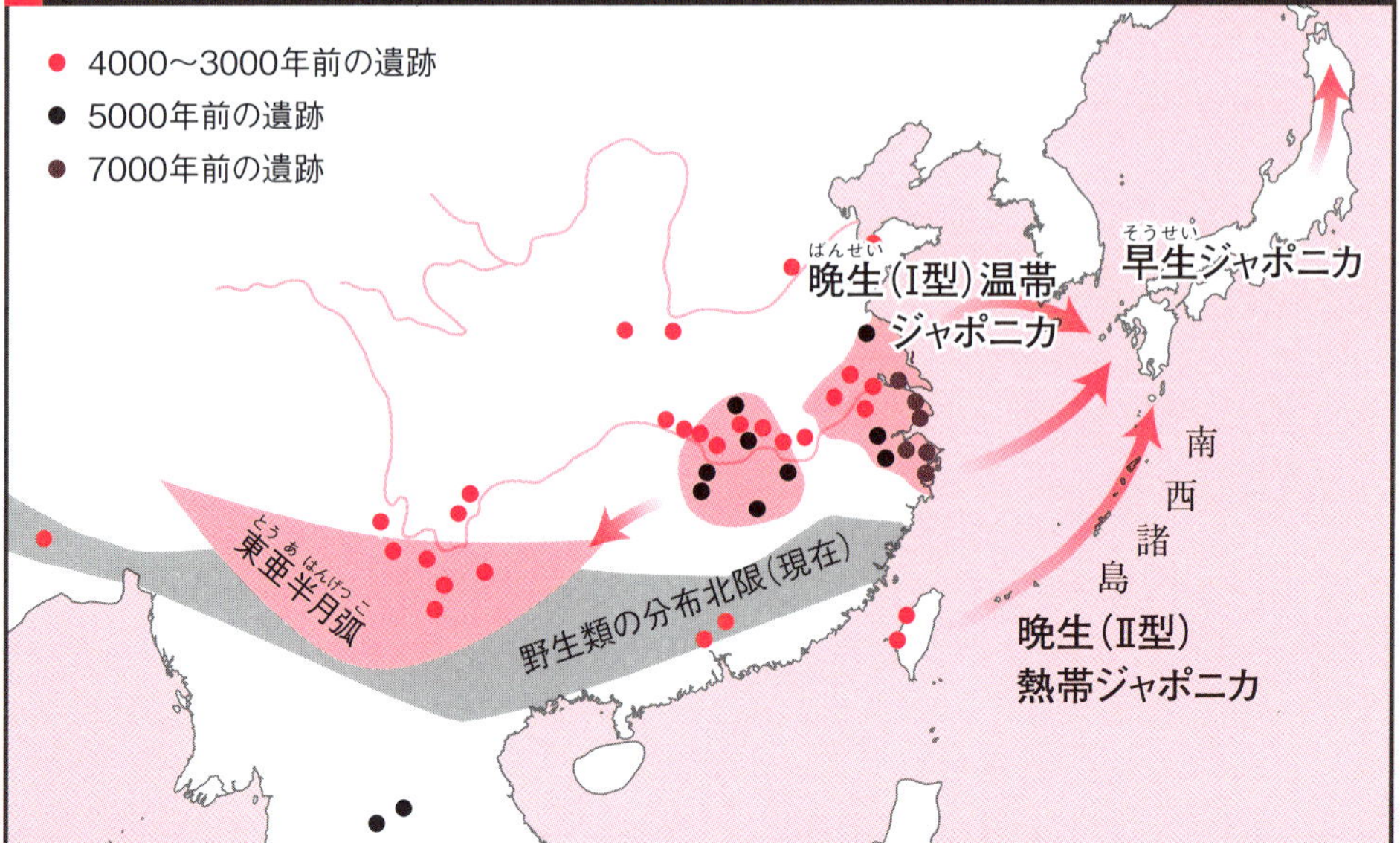

弥生時代の代表的な遺跡

①板付遺跡《いたづけ》（福岡県福岡市）

弥生時代を中心に、旧石器、縄文時代や古墳～中世の遺跡もある複合遺跡。縄文晩期の地層から水田跡や水路、取排水の遺構などが見つかり、縄文晩期終末には水稲耕作が始まっていたことが明らかとなった。

写真提供＝福岡市

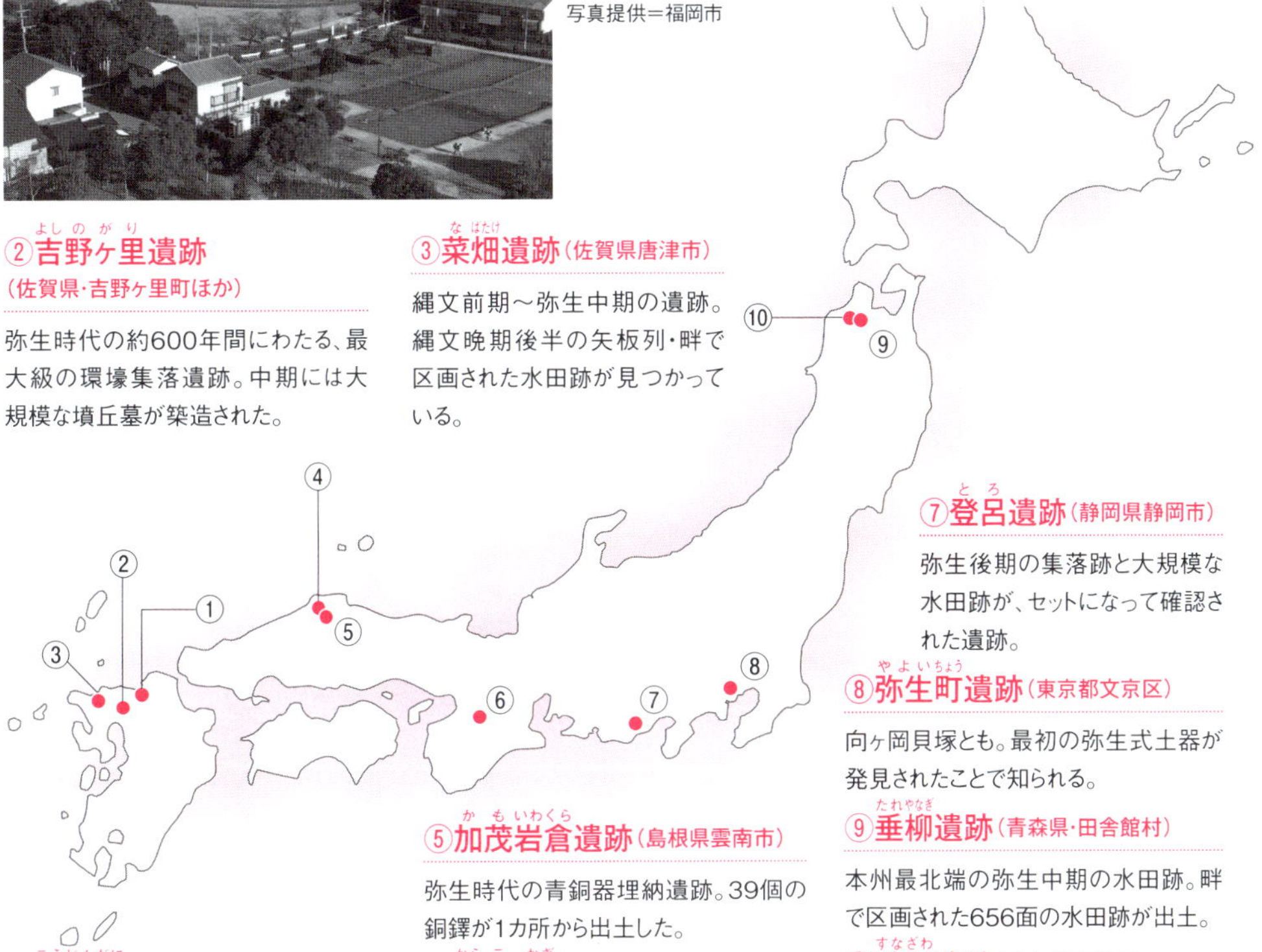

②吉野ヶ里《よしのがり》遺跡
（佐賀県・吉野ヶ里町ほか）

弥生時代の約600年間にわたる、最大級の環壕集落遺跡。中期には大規模な墳丘墓が築造された。

③菜畑《なはたけ》遺跡（佐賀県唐津市）

縄文前期～弥生中期の遺跡。縄文晩期後半の矢板列・畔で区画された水田跡が見つかっている。

④荒神谷《こうじんだに》遺跡（島根県出雲市）

358本の銅剣、16本の銅矛、6個の銅鐸が出土。

⑤加茂岩倉《かもいわくら》遺跡（島根県雲南市）

弥生時代の青銅器埋納遺跡。39個の銅鐸が1カ所から出土した。

⑥唐古《からこ》・鍵《かぎ》遺跡（奈良県・田原本町）

弥生前期～後期の環濠集落遺跡。唐古池の底から大量の木製農具が出土。

⑦登呂《とろ》遺跡（静岡県静岡市）

弥生後期の集落跡と大規模な水田跡が、セットになって確認された遺跡。

⑧弥生町《やよいちょう》遺跡（東京都文京区）

向ヶ岡貝塚とも。最初の弥生式土器が発見されたことで知られる。

⑨垂柳《たれやなぎ》遺跡（青森県・田舎館村）

本州最北端の弥生中期の水田跡。畔で区画された656面の水田跡が出土。

⑩砂沢《すなざわ》遺跡（青森県弘前市）

弥生前期末の小さく区画された東日本最古の水田跡。農具などが出土せず、ここでは水稲耕作が定着しなかったとも。

弥生式土器

福岡県福岡市から出土した壺型土器。赤焼きで模様が少なく、煮炊き用の甕《かめ》、貯蔵用の壺など、用途に応じてさまざまな形があった。

福岡市埋蔵文化財センター蔵

弥生文化の特色

① **水稲耕作の開始→**
　食料採取から食料生産の段階へ
② **金属器の使用**
　鉄器…主に武器・加工具
　青銅器…主に祭器
③ **朝鮮半島系（大陸系）磨製石器の使用**
④ **機織《はたお》り技術の導入**
⑤ **弥生土器の製作**

7 原始

古代出雲の大勢力の手掛かり

近畿・九州とも関係が深い古代出雲の青銅器

! Point

◆青銅器文化

古代中国で発祥し、朝鮮を経て
前3世紀頃に日本に渡来

↓

日本では銅鐸・銅矛は実用性が失われ、
祭器へと変身する

◆古代出雲王国はあったか？

荒神谷・加茂岩倉遺跡で
青銅器が大量に出土

↓

青銅器の製造元は諸説あるが、
一部は畿内・九州から海・山を経て
持ち込まれた

↓

青銅器は祭祀目的で埋納されたが、
埋納した「主体」が出雲なのか、他地域
なのか判明していない。前者ならば
出雲に王国と呼ぶべき大勢力は「あった」、
後者なら「なかった」となる

神々の国として知られる出雲（島根県東部）。弥生・古墳時代の古代出雲には近畿・九州に伍する強大なクニがあったともいう。だが遺物が乏しかったため、その存在は長らく幻とされてきた。

この印象が一新されたのが、1984年の荒神谷《こうじんだに》遺跡（出雲市）の発見だ。弥生時代の遺跡である当地から、実に358本もの銅剣が発掘されたのだ。当時日本各地で見つかっていた銅剣の総数（約300本）を遥かに上回る、大発見だった。さらにその後、近隣から銅鐸《どうたく》6個、銅矛《どうほこ》16本が出土した。当時、銅鐸は近畿・東海のみ、銅矛は北九州のみで出土するという常識があったので、両方が一緒に出たことは衝撃的だった。

さらに1996年には同じく弥生遺跡である加茂岩倉《かもいわくら》遺跡（雲南市）で、銅鐸39個が発見された。これも一カ所からの銅鐸出土としては記録破りの数だった。

荒神谷・加茂岩倉遺跡は、古代出雲の巨大王国の存在を裏付けるものか。現状では結論は出ていない。近畿・九州勢力がなんらかの意図で「遠隔地埋葬をした」「小勢力だった出雲に配った」との考え方も根強くあるためだ。

文＝吉田龍司

武器としての用途から祭祀用に変化した青銅器

日本の青銅器文化は弥生前期の前3世紀頃に南部朝鮮より北九州に持ち込まれて発祥した。以後、弥生後期にかけて列島でも鋳造が行われるが、原料はすべて大陸に依存しており、この時代の中国・朝鮮との深い交流を示している。

日本の青銅器で注目されるのは、用途の著しい変化だ。銅剣、銅矛は本来武器だったが、日本では長大化し、重くなって武器ではなくなる。銅剣は九州では副葬品として使われ、出雲など中国地方では祭祀で利用される祭器となった。

銅鐸も大陸では家畜の鈴などだったが、日本では祭器の鐘として使われた。時代が降ると大型化・装飾化が進み、音を鳴らす用途も省かれ、祭殿の床に置かれる神器となる。これを「聞く銅鐸」から「見る銅鐸」への変化という。

荒神谷遺跡の青銅器を詳しく見よう。銅剣は弥生中期後半の製作とみられるが、生産地は出雲とも近畿・九州ともいわれ、はっきりしていない。銅矛はほぼ同時期の製作で、九州での生産が有力。銅鐸は種類により生産時期にバラつきがあるが、弥生前期末から中期中頃の製作とされる。生産地は近畿、九州、出雲それぞれ説がある。

他地域で作られた青銅器は、日本海ルート、中国山地越えルートで出雲に運び込まれた。そして祭器として利用されたあと、意図的に埋められた（埋納という）。埋納は出雲に限らず、出土した青銅祭器すべての特徴である。

詳細については諸説あるが、呪術的な埋納が弥生祭祀の重要な要素だったことは間違いない。

荒神谷遺跡出土の銅鐸

国内最古型式のものを含む6個出土。

文化庁所蔵　写真提供＝島根県立古代出雲歴史博物館

吉野ヶ里遺跡出土の銅鐸

小さな穴に逆さに埋められた状態で出土した、九州で初めて確認された銅鐸（高さ約28cm）。島根県で発見されている「木幡家所有銅鐸」と同じ鋳型で作られた兄弟銅鐸であることが判明。

写真提供＝佐賀県教育委員会

青銅器祭器の分布（弥生前期〜中期前半）

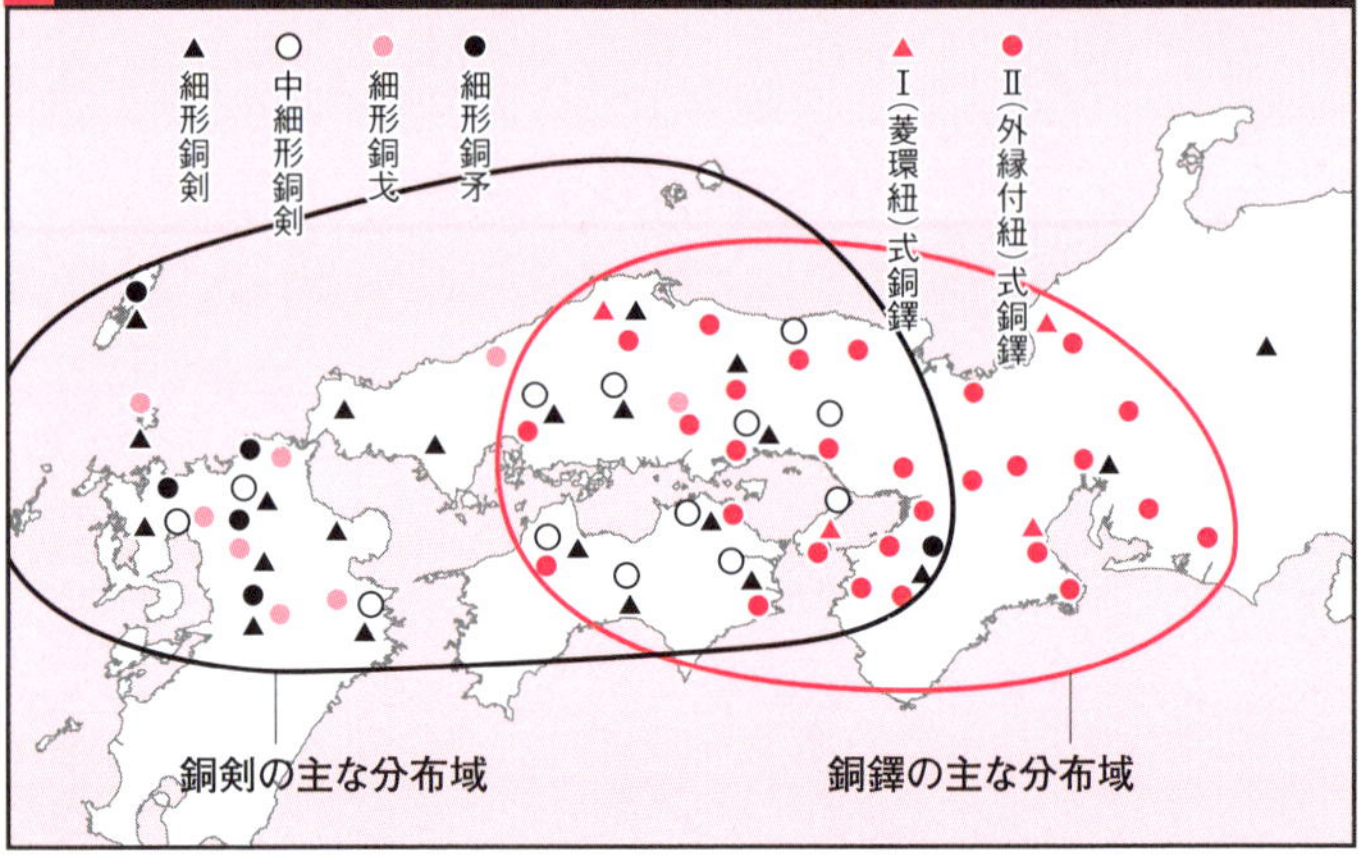

青銅器祭器の分布（弥生後期）

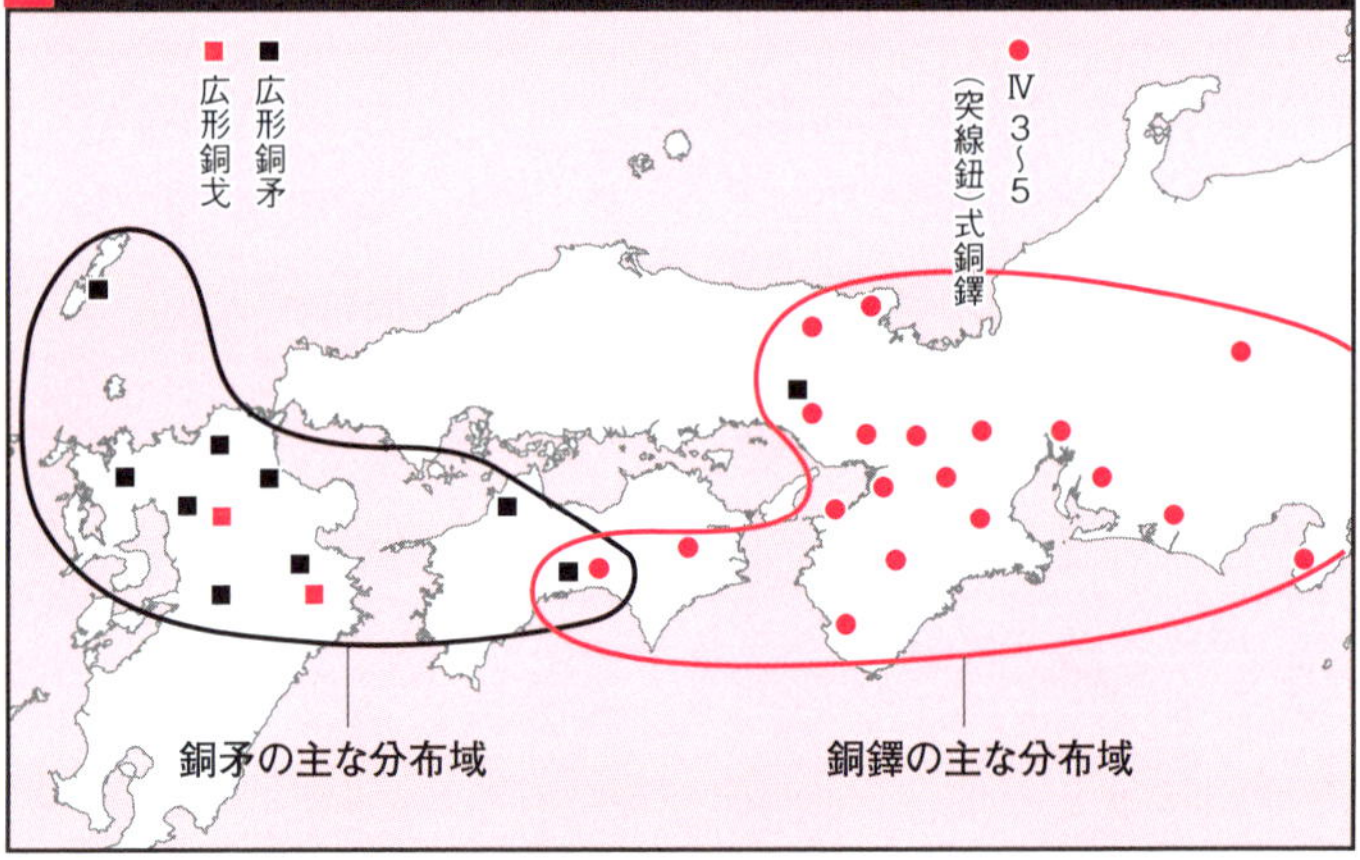

『古代出雲文化展図録』ほか参照

荒神谷遺跡出土の銅矛

16本出土。北部九州の銅矛と同じ綾杉状の文様があり、祭器とみられる。

古代出雲への道

旧石器〜縄文時代から、島根県内には他地域との広範な交流を示す遺跡があり、朝鮮・九州の土器、東北の土偶、四国の石材などが出土している。その道筋は日本海渡海ルート・中国山地越えルートの両方が想定されている。北九州から移動してきた渡来系弥生人も同様のルートを辿り、水田開発に適した出雲・安来平野に定住していったと考えられる。古代出雲の中心地域は2つあり、東部の旧意宇郡（松江・安来市一帯）周辺と、西部の旧出雲郡（出雲市大社町一帯）周辺である。豊かな出雲・安来両平野が広がり、恵みをもたらす宍道湖・中海が形成されていった日本海沿岸部。それが古代出雲の原風景といえる。

荒神谷遺跡出土の銅剣

4列に並んだ同じ形の銅剣358本が一度に出土。すべて50cm前後の中細形といわれる型式（出雲型銅剣）。

すべて文化庁所蔵　写真提供＝島根県立古代出雲歴史博物館

8
原始

倭国大乱と環濠集落・高地性集落の形成

戦争の激化がもたらした環濠集落の痕跡

Point

◆**戦争の始まりと集落の移り変わり**

弥生中期までの頃

稲作の普及で各地に大勢力が出現、
前1世紀の日本にはクニが乱立

↓

武力闘争が始まり、全国に濠を
めぐらせた「環濠集落」が誕生

弥生後期

2世紀後半の漢王朝の衰退で
東アジア全体が混乱、
日本でも「倭国大乱」が勃発

↓

武器が発展し、
「高地性集落」が誕生

弥生中期の前1世紀頃の日本を記す『漢書』には「楽浪海中《らくろうかいちゅう》に倭人《わじん》あり。分かれて百余国となる」とある。楽浪とは前漢が西北朝鮮に置いた地方行政機関・楽浪郡を指す。古代中国の出先機関として東方諸国への窓口となった。倭は同郡南方の海中で百余のクニに分かれ、定期的に楽浪郡を通じて中国王朝に朝貢していた。

後57年には奴国《なのくに》（福岡県福岡市付近）の使者が「漢委奴《かんのわのなの》国王《こくおう》」の印綬を受け（『後漢書』）、107年には帥升《すいしょう》という謎の「倭国王」が朝貢している。倭国王の登場は、乱立していたクニに変化・統合があったことを意味しているようだ。こうした過程でクニ同士の争いがあったことは確実だろう。奴国王らは競合するクニに対抗すべく、後ろ楯を求め、漢王朝に朝貢していたと考えられる。

弥生時代の武力闘争を象徴するのが、朝日遺跡（愛知県清須市周辺）などの環濠《かんごう》集落だ。居住区域の周りに濠《ほり》を穿《うが》ち、外部からの侵入を防ぐ施設である。縄文時代にはない形態で、稲作の伝来とともに大陸から導入されたという。優良な土地や蓄積された富・財は村、クニの発展を促す半

文＝吉田龍司

面、武力争奪の対象ともなったのだ。

　環濠集落は全国に造られたが、変わり種が出雲の田和山《たわやま》遺跡（島根県松江市）だ。宍《しん》道《じ》湖を北に望む丘陵に三重の環濠をめぐらし、厳重な防御施設だった。ところが、集落跡があるのは濠の外で、丘の上には2棟ほどの建物跡しかない。何を守ろうとしたのかは不明だが、祭祀施設だった可能性もある。

日本始まって以来の大内乱勃発

　後漢は2世紀後半より没落し、「三国志」の混乱期に入る。後漢王朝の衰退は東アジア全体の争乱につながり、日本も140～180年頃に「倭国乱れ、相攻伐すること暦年」という「倭国大乱」に突入する。

　同時期に北九州、瀬戸内、畿内に出現するのが高地性集落だ。これは標高100メートルを越える高地の山頂部や斜面に造られた集落で、平野・台地にあった環濠集落と一線を画すもの。防御には適していないが、定住には不便なため、緊急避難所的な場所だったようだ。戦国時代の山城に酷似した立地なので「弥生の山城」ともいう。この時期は鉄器、石鏃、石槍など武器が発達した時代でもあり、大乱の激しさがうかがえる。

　大乱のスケールは鮮明ではないが、西日本全体を巻き込む戦争だったとも考えられる。青谷上寺地《あおやかみじち》遺跡（鳥取市）には同時期の遺物として、殺傷痕がある人骨が100人分超も発見されているほか、吉野ヶ里でもやはり同時期の首なし人骨などが出土している。

　この大乱は「邪馬台国《やまたいこく》」の卑弥呼《ひみこ》という女性が30余の諸国に擁立され、倭の女王になって収束する。

軍事的な緊張を物語る高地性集落の分布

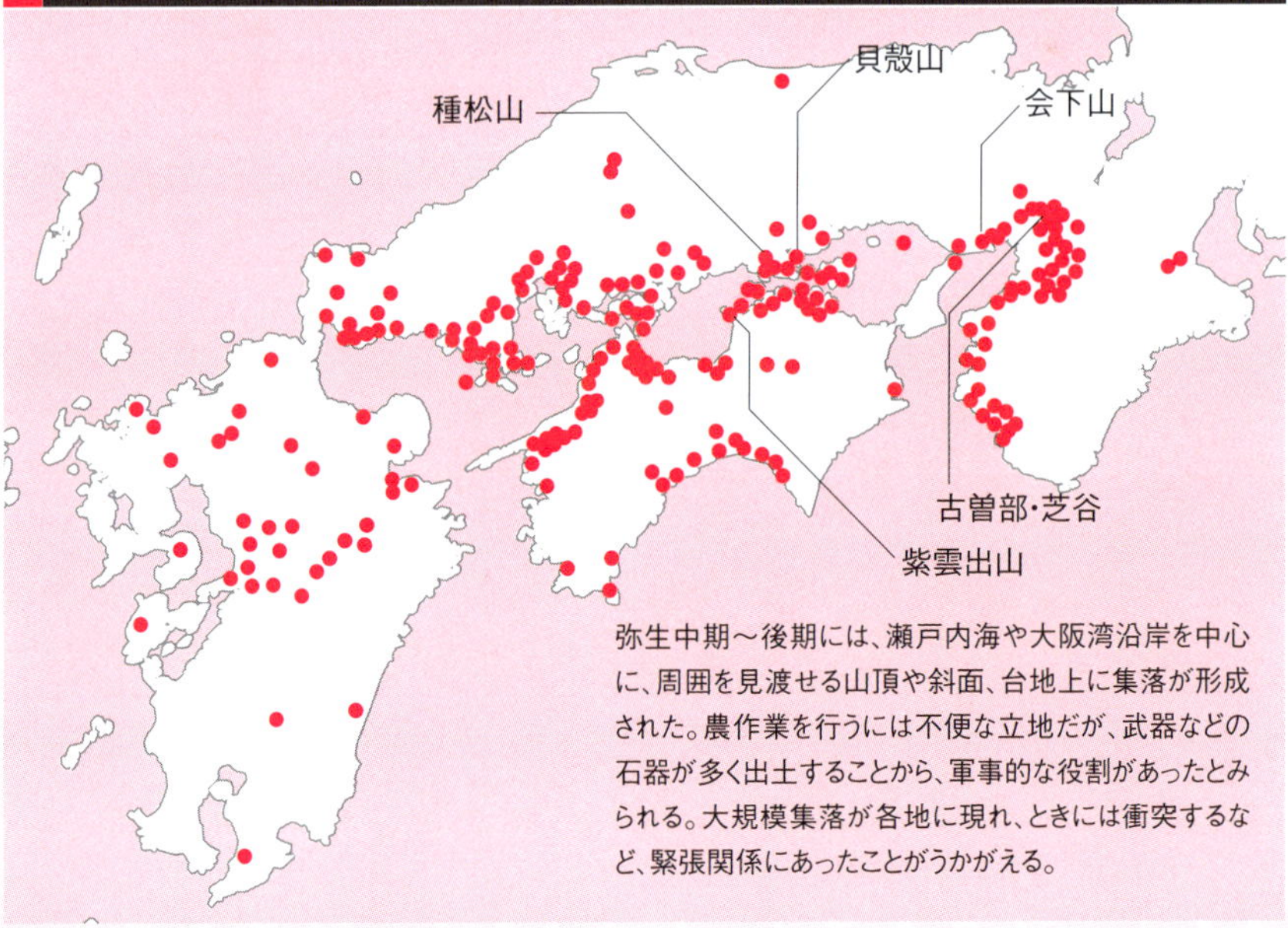

弥生中期～後期には、瀬戸内海や大阪湾沿岸を中心に、周囲を見渡せる山頂や斜面、台地上に集落が形成された。農作業を行うには不便な立地だが、武器などの石器が多く出土することから、軍事的な役割があったとみられる。大規模集落が各地に現れ、ときには衝突するなど、緊張関係にあったことがうかがえる。

「高地性集落跡の研究」（小野忠熈、学生社）ほか参照

稲吉《いなよし》角田《すみた》遺跡の大型壺

稲吉角田遺跡（鳥取県米子市）から出土した弥生中期の大型壺。出雲大社の原形ともみられる高層建物が描かれている。写真では見えないが、ほかに六重の同心円（太陽か）、舟と舟を漕ぐ人物なども描かれている。

米子市教育委員会蔵
写真提供＝島根県古代文化センター

環壕集落・田《た》和《わ》山《やま》遺跡

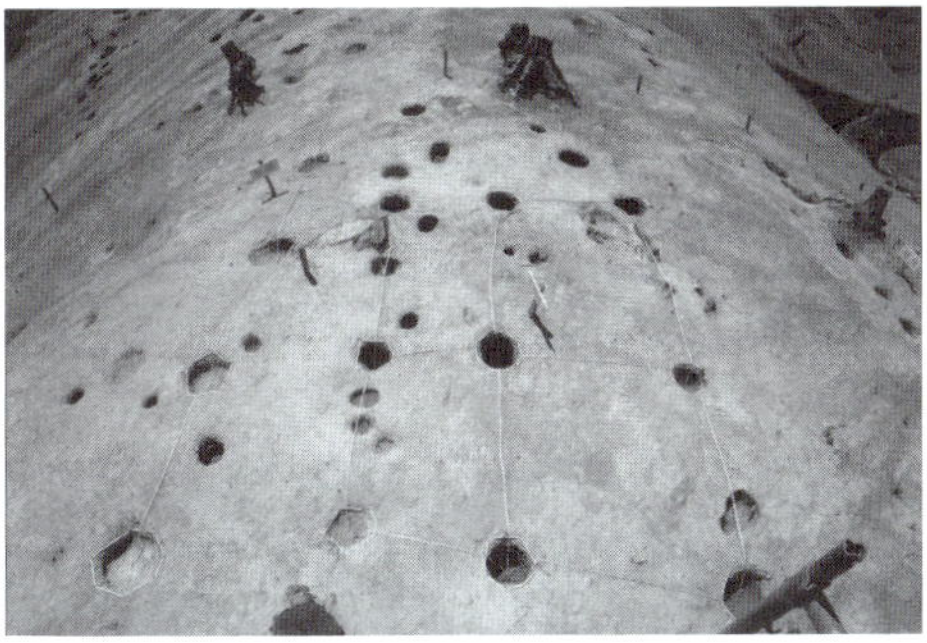

田和山遺跡（島根県松江市）は、山頂部を中心に三重の壕がめぐる環壕集落遺跡。山頂部からは、5本と9本の柱穴がまとまって発見され、古代出雲大社につながる巨大な高層の高床建物があったとみられる。壕の北側からは、20棟を超える住居跡が出土。

写真提供＝松江市教育委員会

青谷《あおや》上寺《かみじ》地《ち》遺跡

青谷上寺地遺跡（鳥取県鳥取市）は弥生時代の集落遺跡で、鉄製品などの遺物が出土し、朝鮮半島との交易があったことがうかがえる。また、100体以上の人骨が溝にうち捨てられた状態で出土。戦闘による傷の痕跡もあり、この地域で激しい戦いがあったことがわかる。

写真提供＝鳥取県

9 原始

大環濠集落・吉野ヶ里遺跡の立地

軍事要塞的な側面を持つ吉野ヶ里遺跡の形成と発展

Point

◆吉野ヶ里遺跡の軍事的遺構

濠と外柵
➡集落の防御性を高める

物見櫓
➡外敵を見張り、クニの権威を示す

丘陵上に立地
➡地の利を活かして
外敵の襲来を退ける

◆吉野ヶ里遺跡の特徴

・前5世紀～後3世紀の間、営まれる
・周辺では稲作が盛ん
・青銅器生産の拠点
・土器や木器、布製品なども生産

弥生時代は農耕文化が発達し、豊かな者が首長として地域を支配した。彼らは農地や財産を増やして集落を大規模化させたが、集落同士の争いも起き始めた。そして勝利した勢力が「クニ」を形成し、濠をめぐらせた環濠集落が造られるようになった。

弥生時代の環濠集落の中で、もっとも規模が大きかったのが吉野ヶ里《よしのがり》遺跡である。福岡県と佐賀県の境にある背振《せふり》山系から伸びた丘陵上にあり、佐賀県神埼《かんざき》市と吉野ヶ里町にまたがって存在する。

工業団地の造成にともない昭和61年（1986）から発掘調査が始まったが、そこで吉野ヶ里遺跡が弥生時代最大級の環濠集落であることがわかった。現在は国営吉野ヶ里歴史公園として整備されている。

吉野ヶ里遺跡は紀元前5世紀から紀元後3世紀まで営まれたが、長きにわたって発展したのは、遺跡があった佐賀平野が肥沃な土地だったからだ。筑後《ちくご》川水系の河川が運んだ土砂が堆積した沖積《ちゅうせき》平野で、昔から稲作が盛んだった。

周辺にはほかの集落遺跡もあったが、吉野ヶ里は飛び抜けて規模が大きかった。初期段階は2・5ヘクタール程度

文＝常井宏平

だったが、徐々に規模が広がり、後期には丘陵全体を覆う大集落（約40ヘクタール）となった。最盛期には1200人ほど住んでいたといわれる。

軍事的遺構が残る吉野ヶ里遺跡の正体

吉野ヶ里遺跡は濠や物《もの》見《み》櫓《やぐら》など、軍事的側面を持つ遺構も数多く有している。防御性を高めるため、集落は濠と城柵で囲まれている。

遺跡は丘陵の上にあったので、雨水は一時的に溜まってもすぐに流れ出してしまう。そのため、集落を囲む環濠は水が入っていない空濠だったと推測される。

さらに内部にも濠と城柵があり、濠の張り出し部分には物見櫓と思われる掘立柱建物跡がいくつも見つかっている。櫓は外敵を見張るだけでなく、クニの権威を示す狙いもあったと考えられている。

そして集落の中心部分は内郭といい、吉野ヶ里遺跡には南北2カ所存在した。二重の濠がめぐらされた北内郭には主祭殿があり、祭祀や重要会議が行われていた。一方、南内郭は王や支配者層などが住んだ場所とされている。

このほか、吉野ヶ里遺跡からは青銅器の鋳型が出土しており、佐賀平野における青銅器生産の拠点だったと考えられている。また、土器や木器、布製品などが生産された痕跡も見つかっており、吉野ヶ里遺跡が北部九州でも有数の生産・物流の拠点だったことを示している。

吉野ヶ里では市も開かれたほか、南内郭の西側には近隣の物資を保管するための高床倉庫群もあった。豊かだったがゆえに外敵の標的にもなったが、丘陵上にあるという地の利を活かして繁栄を保ったようだ。

吉野ヶ里遺跡

弥生時代の約600年にわたって続いた日本最大級の環濠集落の遺跡。弥生中期には、首長を大型墳丘墓に埋葬、集団墓地も発見されている。弥生後期には2つの内郭の外側に大規模な外壕が築かれ、大型の2階建て建物や物見櫓などが建てられた。

写真提供＝すべて佐賀県教育委員会

弥生中期には、甕棺の集団墓地が営まれた。写真下は2000基以上の甕棺が2列600mにわたって並べられた集団墓地。写真右は、首のない人骨が見つかった甕棺。戦争が始まり、その痕跡が各地で見つかっている。

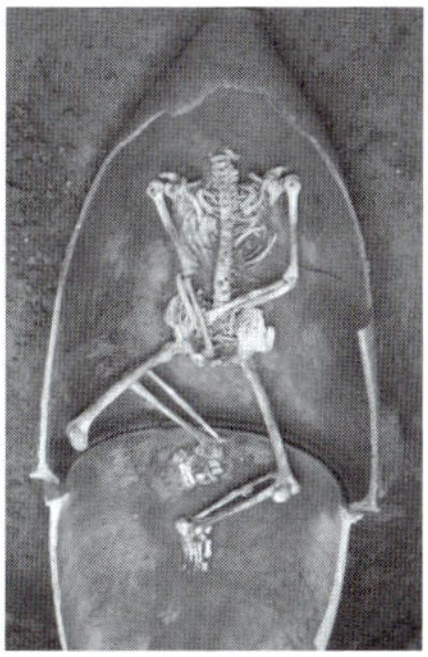

10 原始

古代中国の文献に登場する海路と陸路

「魏志倭人伝」に記された邪馬台国への道

古代史最大のミステリーといえば、女王・卑弥呼が治めた邪馬台国の所在地論争である。長年にわたって九州説と畿内説が並立しているが、今も決着がついていないのは、邪馬台国の場所をさぐるための史料が中国の史書『魏志《ぎし》』倭人伝しかないのが大きい。

『魏志』倭人伝は3世紀末に編纂されたもので、すべて漢文で記されている。これまで多くの日本人研究者が訳してきたが、訳次第で意味が変わる部分が多々ある。現在もさまざまな新解釈が提案されており、今後もこの所在地論争は続くとみられる。

『魏志』倭人伝に記された邪馬台国への道は、朝鮮半島の帯方《たいほう》郡から始まる。帯方郡は古代中国の朝鮮半島における軍事・政治・経済の拠点で、倭（日本）との窓口としても機能した。邪馬台国からの朝貢を受けた中国国家の魏は倭に向けて使者を遣わしたが、「倭人伝」には使者が通ったルートが事細かに記されている。

帯方郡を出発した一行は海路で南と東へ進み、7000余里で倭の北岸の狗邪韓《くやかん》国に到着する。『後漢書』では「倭の西北端の国」と記され

！ Point

◆邪馬台国の所在地論争

九州説

○『魏志』倭人伝では北部九州までの道のりが詳しく記されている

×『魏志』倭人伝の距離や日数を合算すると、九州内に収まりきらない？

畿内説

○邪馬台国がヤマト政権に移行して日本列島を統治？

×近畿圏に至るまでの記述が『魏志』倭人伝に乏しい

↓

邪馬台国の所在地をさぐる史料が『魏志』倭人伝しかないので、現在も論争が続く

※ほかにも東遷説（邪馬台国が九州から畿内へ移動）、四国説などがある

文＝常井宏平

ている狗邪韓国は、朝鮮半島南部にあったとみられる。

九州説と畿内説で異なる『魏志』倭人伝の解釈

『魏志』倭人伝には、「狗邪韓国から海で1000余里渡ると対馬国に至る」とある。朝鮮半島から肉眼で見える対馬は、古くから日本列島と朝鮮半島の中継地点として機能していた。対馬国から海を1000余里渡ると、今度は一《い》支《き》国という島国に至る。平成5年（1993）、壱岐《いき》島の原《はる》の辻遺跡が一支国の跡であることが発表されて話題になった。

　そして再び海を1000余里渡り、末盧《まつら》国にたどり着く。魏の使者が最初に上陸した九州の地だとされており、現在の佐賀県唐津市周辺とみられる。日本最古の水耕稲作跡である菜畑《なばたけ》遺跡があり、古くから九州の玄関口として機能していたことがうかがえる。

　末盧国から陸路での移動となり、東南に500里進むと伊都《いと》国に至る。福岡県の糸島平野にあったとされており、平原《ひらばる》遺跡の1号墓は伊都国を治めた女王の墓だったとされる。そして伊都国から東南に100里進むと奴国、東へ100里進むと不弥《ふみ》国に至る。伊都国から南へ水行20日で投《とう》馬《ま》国に至り、南へ水行10日と陸行1カ月を経て邪馬台国へたどり着くというが、邪馬台国の手前にある投馬国の所在地も諸説ある。

　倭人伝では距離を「里」という単位で表しているが、その長さも当時の中国で一般的だった約434メートル説、100メートル前後の短里説がある。さらに方角についても「誤記があった」などの主張があり、邪馬台国の候補地が全国に点在する一因となっている。

3世紀の東アジア

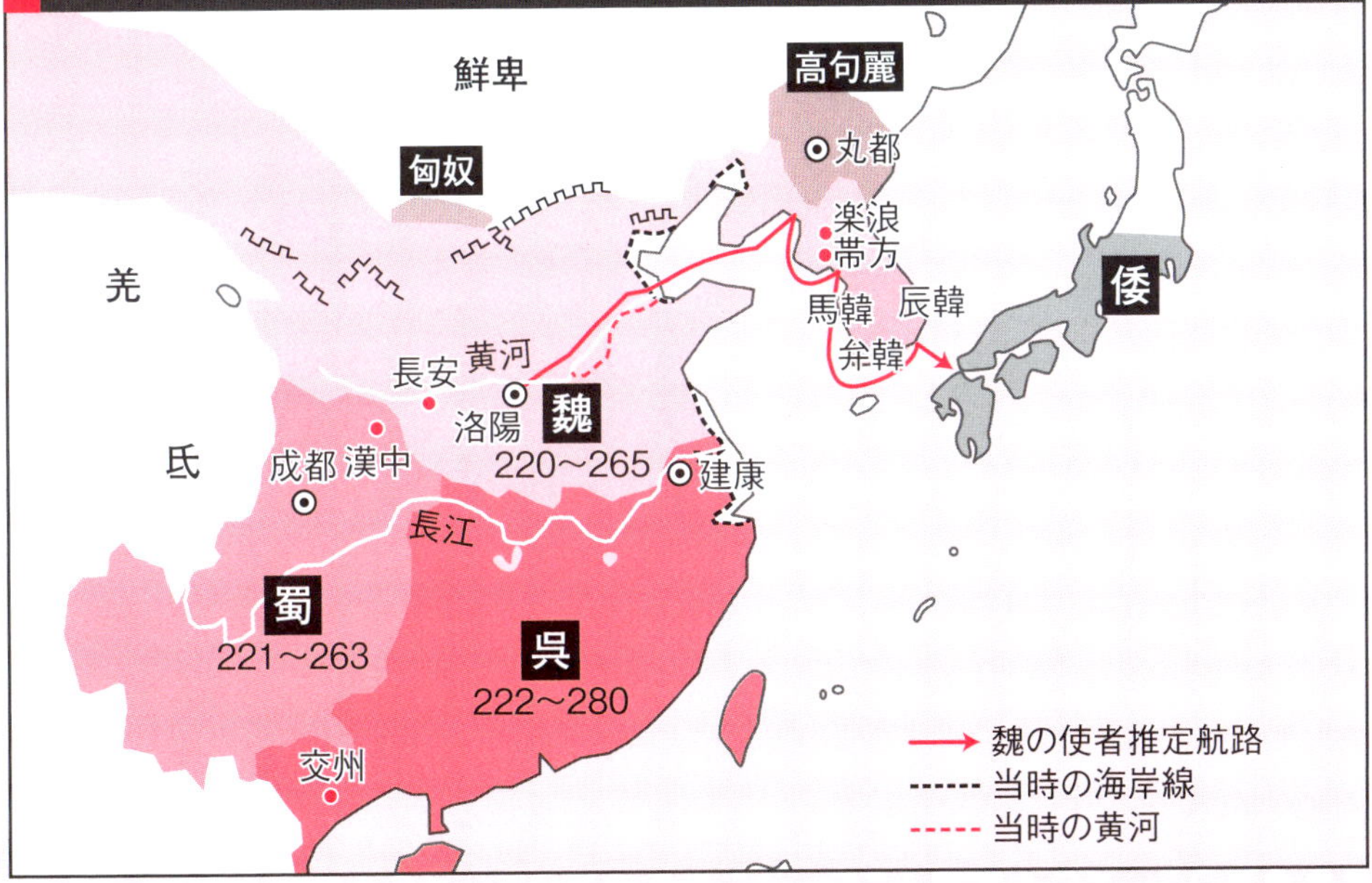

邪馬台国までの推定ルート

邪馬台国については近畿説と九州説が有力だが、小国の所在地については、対馬国・一支国は対馬・壱岐、末盧国は佐賀県、伊都国は糸島平野、奴国は福岡平野(博多は那津と呼ばれたことから)にあったという見方で一致している。

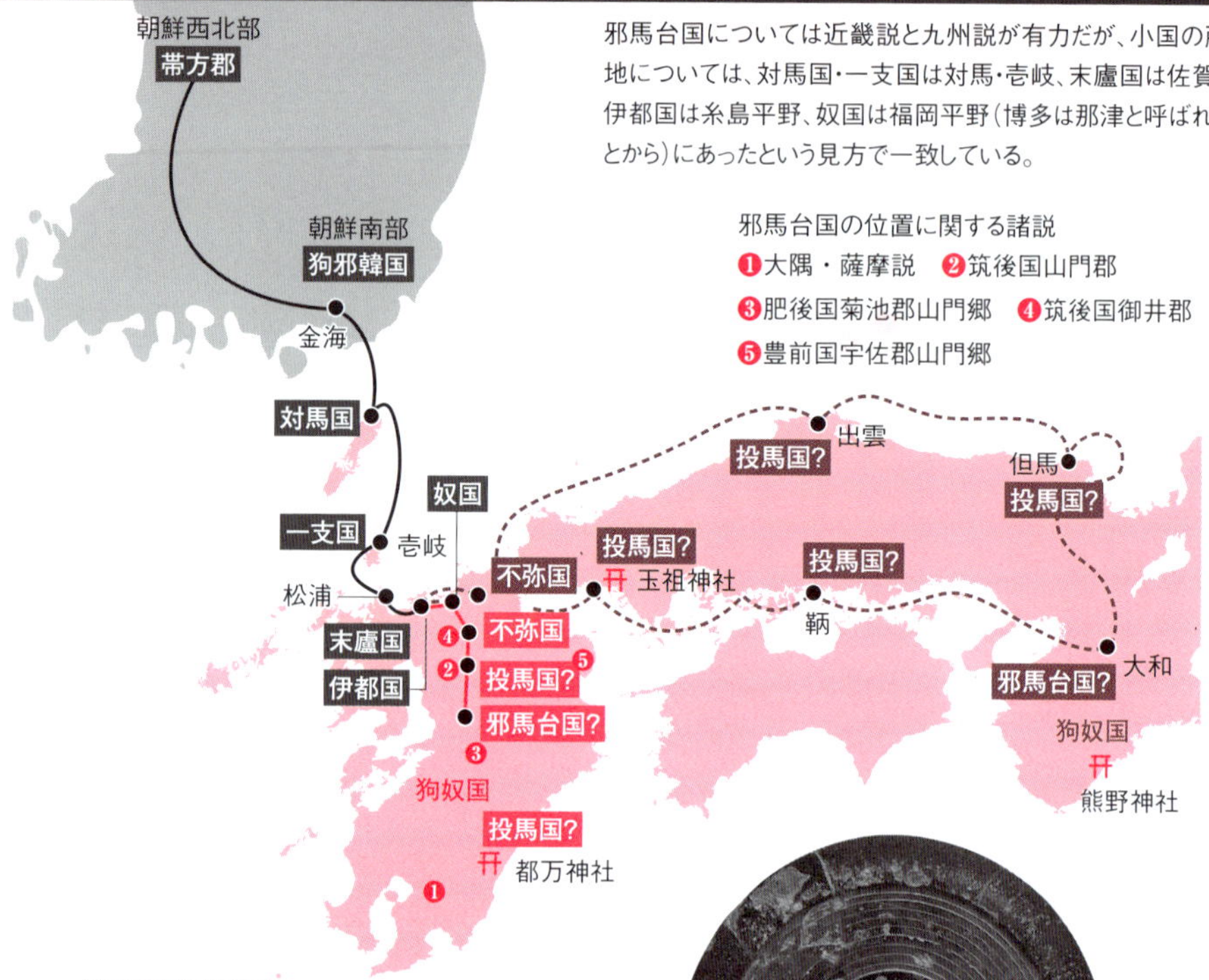

内行花文鏡《ないこうかもんきょう》(国宝)

平原《ひらばる》遺跡(福岡県糸島市)出土の46.5cmの日本最大の銅鏡。平原遺跡からは、40面の銅鏡ほか、豪華な副葬品が発見され、「伊都国」の王墓と推測されている。

糸島市立伊都国歴史博物館蔵　国(文化庁)保管

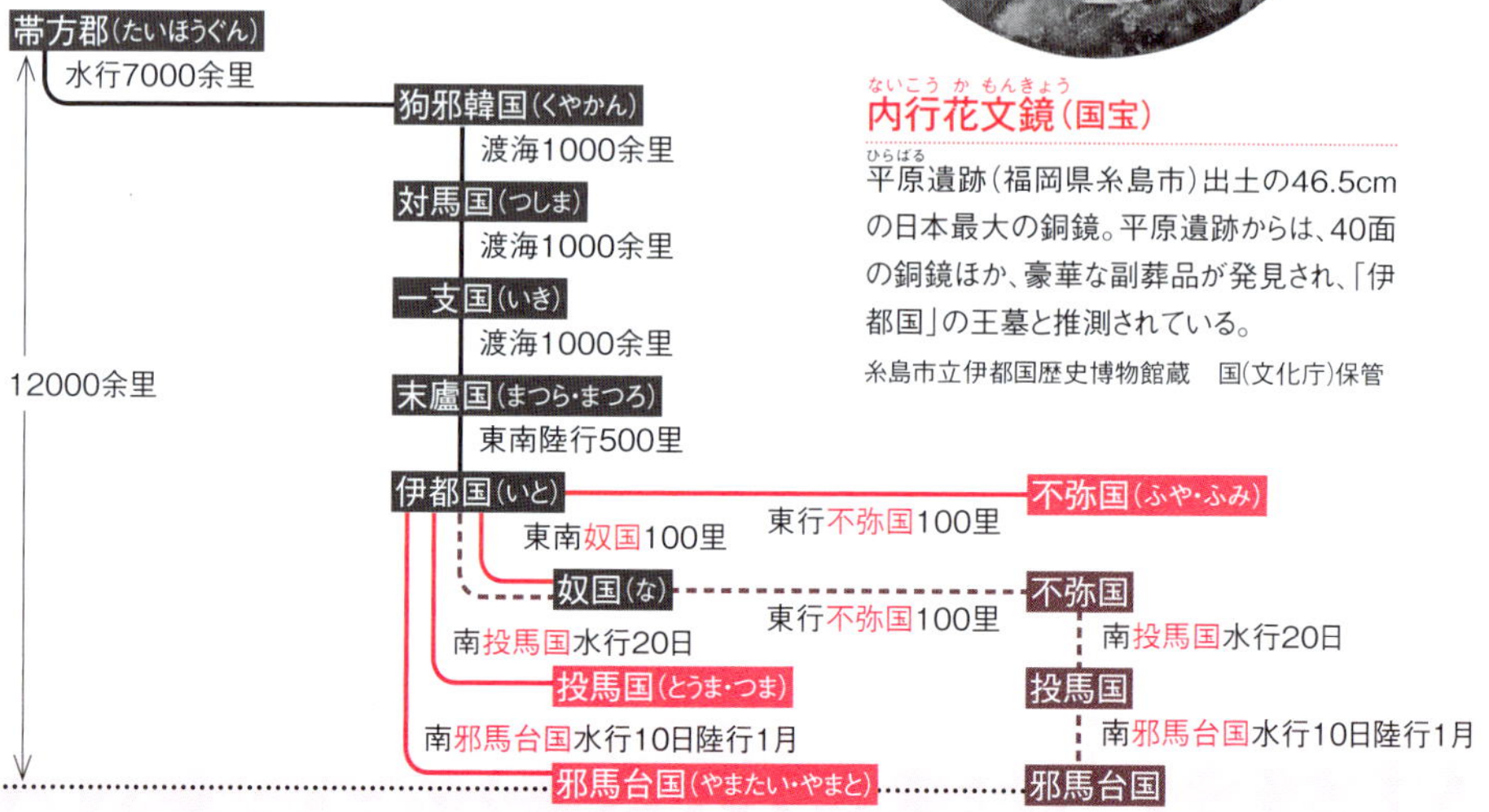

11 原始

神話から垣間見る九州の古代勢力

天孫降臨と神武東征神話はどこまでが史実なのか

! Point

◆神話には古代の伝承、史実が反映されている

天孫ニニギの一族は
隼人の地に根拠を構えた

海幸（ホデリ）は隼人の祖になった

⬇

『古事記』『日本書紀』の編纂は
ヤマト王権の南九州平定の時期と
同時期

神武（イワレビコ）が寄り道した
「岡」は瀬戸内ルート（大宰府→大和）
の出航地

神武の最初の戦いは古地形に
忠実なものだった

太陽神アマテラスの天孫・ニニギの地上への降臨（天孫降臨）から、ニニギの曾孫・イワレビコの東征（神武東征）と大和・橿原宮《かしはら》での天皇即位に至る物語が日本の建国神話である。

これらは奈良時代前半に編纂された『日本書紀』『古事記』に基づくものだが、現代の学界では「天皇家による日本統一の確立という政治目的に奉仕するように改作された政治的物語なのである」（直《なお》木孝次郎《きこうじろう》『神話と古事記・日本書紀』）という認識が一般的だ。

神話は史実でないし、ニニギもイワレビコも物語の人である。ただし、記紀神話は古代のさまざまな伝承を集めて「改作」されたという性格上、すべてが空想の産物というわけではなく、端々に古代を読み解くカギが隠されている。

ニニギの降臨地は日向《ひゅうが》の高《たか》千《ち》穂《ほ》の峰（宮崎・鹿児島県の境）だが、古代の日向とは宮崎県だけでなく、鹿児島県を含む南九州全体を指す。古代の先進地だった北部九州に対し、南部は独自性の強い「隼《はや》人《と》」のクニとして知られる。

ニニギの天孫降臨神話は古代九州史を反映？

ニニギはその後、薩摩半島の吾田国《あた》（鹿児島県南さつま市）の長屋の笠狭碕《かささのみさき》に到達する。この吾田は阿多とも書く。隼人集団には大隅《おおすみ》隼人と阿多隼人などがいるが、後者の中心地が「東洋のポンペイ」の異名がある橋《はし》牟《む》礼《れ》川《がわ》遺跡（同指宿《いぶすき》市）だ。火山噴火で埋没した縄文から平安時代に至る貴重な遺跡で、長く伝統文化を堅持した隼人の独自性を伝える。阿多隼人は海洋民族（一説にインドネシア系）でもあり、南島、北九州と東シナ海に交易圏を持っていた。

記紀では天孫降臨に続き、ニニギの子・ホヲリ（山幸彦）に兄のホデリ（海幸彦）が服従する物語があるが、ホヲリはイワレビコの祖父、ホデリは阿多隼人の祖とされる。ヤマト王権の南九州進出、隼人との衝突が始まったのは、記紀の編纂とほぼ同時期であり、この事情と無関係ではあるまい。

次にイワレビコこと神武の東征だ。神武の船団は日向（南九州）より大和へ旅立つ。だが宇佐《うさ》を経たあと、なぜか難所の関門海峡を経て、遠賀川河口の岡（福岡県北九州市）に立ち寄っている。これも7世紀後半に大宰府が設置された際、岡の水門が大宰府から大和への海路の発航地となったことが背景にあるとみられる。

神武は難波から大和に入り、河内国草《くさ》香《か》邑《むら》（大阪府東大阪市）で敵と戦って敗れ、その後逆襲する。生駒山麓の草香（日下）は今は陸地だが、古代は河内湖と呼ばれる湖が広がっていた。古墳時代より干拓・開発が進み、河内平野となったのだ。つまり、古地形からは神武軍が船で直接大和に入った戦いと理解できるのだ。地形は神話の理解にも欠かせない。

大台ヶ原の神武天皇像

大台ヶ原は吉野熊野国立公園にあり、ヤタガラスの先導で吉野からヤマトへ向かう神武天皇の姿を現している。

写真提供＝フォトライブラリー

5～6世紀頃の河内平野と難波の海

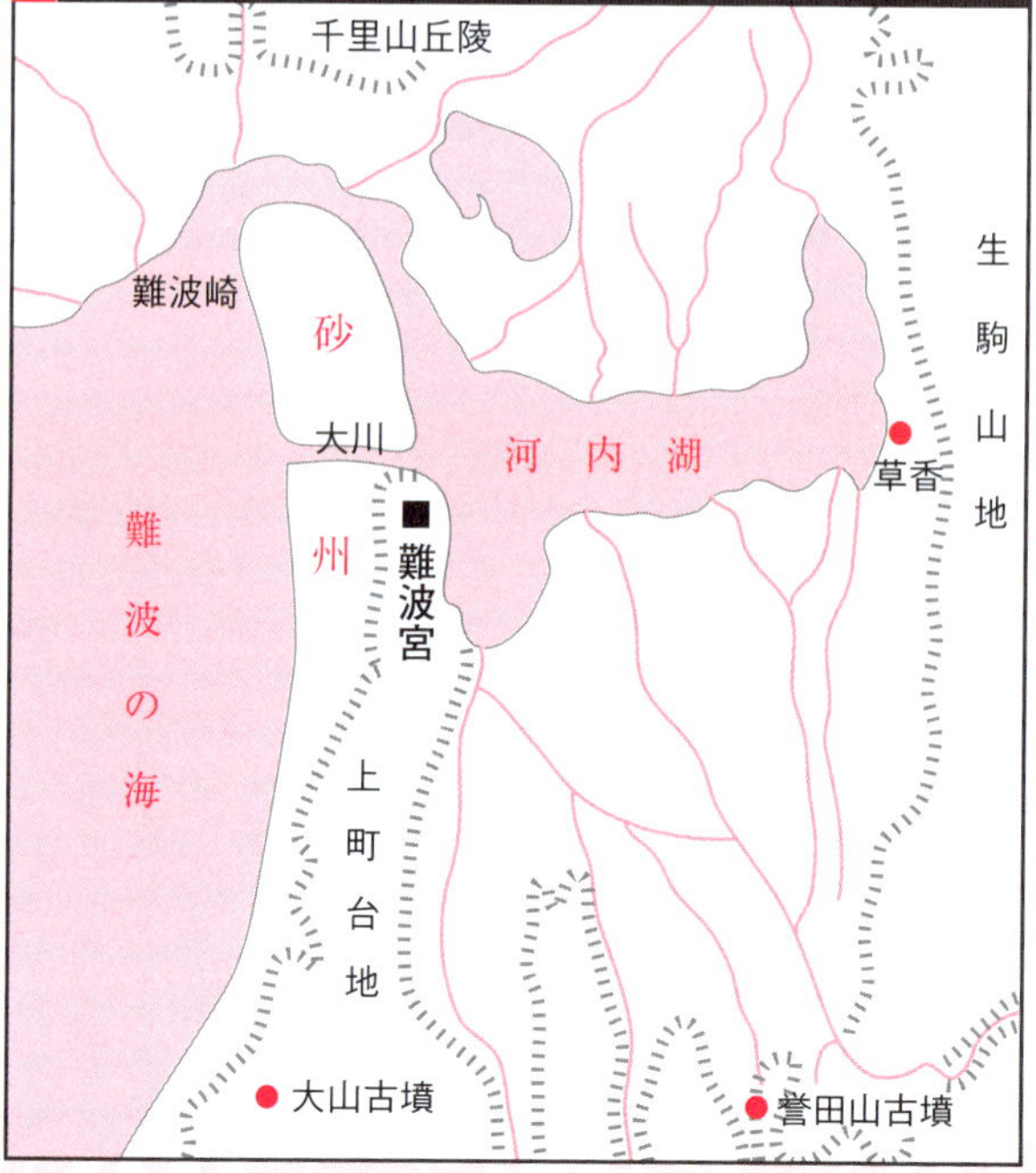

『日本神話の考古学』（森浩一、朝日新聞出版）ほか参照

12 原始

巨木文化と四隅突出形墳丘墓

オホクニヌシ神話が語る日本海沿岸地域の交流

! Point

◆オホクニヌシ神話の内容

皮を剥がれたシロウサギを知恵で助ける

↓

さまざまな冒険を経て天下を経営
出雲の王ヤチホコとして越の
ヌナカワヒメと結婚

↓

アマテラスの命による高天原の神々の
侵攻を受け、地上世界を譲る

↓

その条件として杵築に「千木が空高くまで届
く立派な御殿」（出雲大社の創建）を要求

◆神話の歴史背景

日本海文化圏

出雲、北陸など日本海沿岸地域にはヤマト
を中心とする畿内とは別の交流があった

・神話の出雲大社に象徴される「巨木文化」
が共通してみられる
・「四隅突出形墳丘墓」の伝播など、出雲と
北陸には深い結びつきがあった

出雲神話は、国造りの神オホクニヌシの物語ともいえる。有名な稲羽《いなば》のシロウサギに始まり、国造りを経て国土を高天原《たかまのはら》の神々に譲り、杵築《きづき》（出雲大社）に隠遁する。この話には出雲勢力が大きな勢力（ヤマト王権か）に屈服した歴史が秘められている、とする見方は昔からある。

古代日本にはクニが乱立していたが、3世紀半ばより奈良盆地に発祥した初期ヤマト王権によって4～5世紀にまとめられ、国家の原型が築かれたのは事実だろう。

一方、山陰、北陸など環日本海の勢力には、ある時期まではヤマトを中心とした畿内勢力とは一線を画す文化が存在していた。これが「日本海文化圏」と呼ばれる交易圏で、古くは縄文時代から存在し、九州、北海道、大陸を包括するものだったと考えられる。

各地方は対馬海流を利用した海の道で結ばれ、移動は沿岸のラグーン（外海と遮断された浅い湖、潟湖《せきこ》）を中継地に行われた。船は縄文期は丸木船、弥生期には準構造船《じゅんこうぞうせん》も利用された可能性がある。大陸と日本を結ぶルートは、対馬・壱岐ルートが主だとみられるが、若狭《わかさ》湾以西の日本海沿岸へ船が直接来航していた

文＝吉田龍司

可能性もある。
その交易の広さは、縄文期では、例えば南島でしか採れないゴホウラ貝の腕輪が有珠《うす》モシリ遺跡（北海道伊達市）から出土していることからもうかがえる。また、三内丸山遺跡（青森県青森市）の六本柱や、チカモリ遺跡（石川県金沢市）の環状木柱列などにみられる「巨木を立てる文化」も、日本海沿岸地域特有のものだ。出雲神話によると出雲大社も空高く柱をそびえさせた建物だったとされ、実際にかつての本殿は96メートルの高さがあったとする伝承もある。

出雲・北陸同盟を伝える神話の存在

弥生時代後期からは、日本海文化圏を象徴する「四隅突出形」の大型墳丘墓が出現する。大型墳丘墓は大きな権力者の登場を示すもので、四隅突出形墳丘墓は出雲を中心に、のちに北陸でも造営される。墳丘墓の伝播は地域の武力制圧を意味するものとも取れるが、考古学的に出雲が北陸を制圧したという物証はなく、平和的に北陸が出雲と結んだ可能性がある。

出雲と北陸の結びつきを示す代表的な出雲神話は、オホクニヌシと越《こし》（北陸道の古称）のヌナカワヒメのロマンスだ。出雲の王ヤチホコ（オホクニヌシの別名）が越に向かい、ヌナカワヒメと互いに歌を詠みあって結ばれるという話である。ヌナカワヒメはヒスイの産地だった糸魚《いとい》川を守護する女神を意味し、この話は婚姻による出雲と越の同盟話とも受け取れる。

なお糸魚川産ヒスイは古代の宝物だった。糸魚川産ヒスイが環日本海で幅広く出土していることも日本海文化圏を裏付けるものだ。

オホクニヌシの移動ルートと日本海沿岸の遺跡

『今こそ知りたい、この国の始まり 古事記』（三浦佑之監修、朝日新聞出版）ほか参照

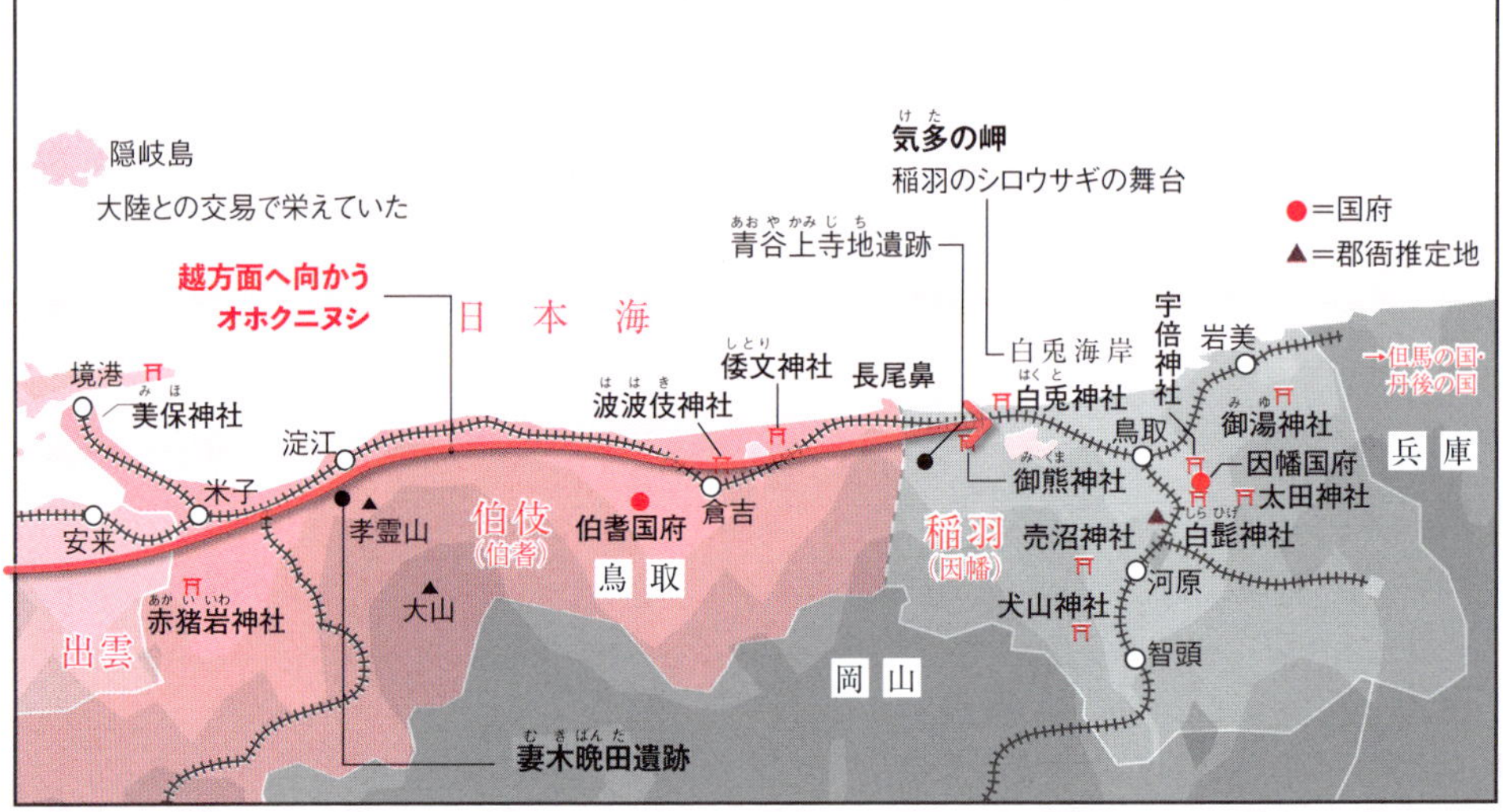

妻木晩田《むきばんだ》遺跡

竪穴式住居400棟以上、掘立柱建物跡500棟以上が発見された弥生時代の大型集落遺跡・妻木晩田遺跡。

写真提供＝
鳥取県むきばんだ史跡公園

上塩冶《かみえんや》築山《つきやま》古墳

6世紀後半の上塩冶築山古墳（島根県出雲市）から出土した、冠や武器・馬具などから復元した馬上の首長像。

写真提供＝出雲市

島根県立古代出雲歴史博物館蔵

ヤマト王権によって分断された日本海文化圏

四隅突出形墳丘墓	糸魚川産ヒスイによる玉造文化
素環頭鉄刀	海人（海洋民）系文化
巨木文化	
オオクニヌシ神話	**日本海文化圏**

内海で静かな日本海や河川を通して、人と物の交流が古くから存在した。

出雲

独自の出雲神話が伝わり、強力な首長がいたことがわかっている。

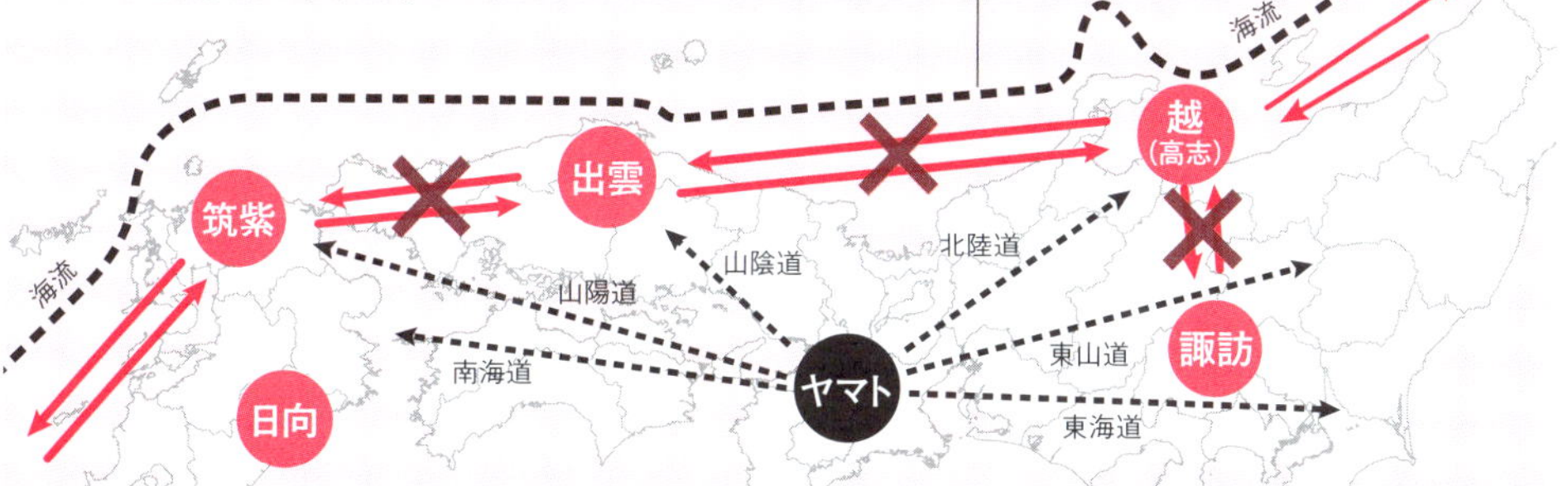

ヤマト王権

幹線道路を整備して、古くから独自に交流を持つ日本海沿岸地域のつながりを分断。地方勢力を押さえ、王権を強化していった。

筑紫・日向

天孫降臨や海幸彦・山幸彦、神武天皇の東征などの神話が残る。大陸と交流を持ち、吉野ヶ里など大規模な集落がいち早く発展した。

諏訪は、『古事記』の国譲り神話で出雲のタケミナカタが逃れた地。実際に日本海の勢力と諏訪の勢力の間には、交流があったとみられている。

✕ ヤマト・律令国家により分断

『100分de名著 古事記』（三浦佑之著、NHK出版）ほか参照

13
原始

ヤマトタケル遠征神話が示す古代路

ヤマトタケルが辿った九州・関東への道

! Point

◆ヤマトタケルの西征

目的は熊襲討伐
ヤマト王権が南九州を平定するまで
時間がかかったのは史実とされる

吉備や出雲の討伐物語も挿入
ヤマト王権が各地の豪族を服属させて
いった歴史が反映されているとも

◆ヤマトタケルの東征

往路で海上交通を多用
駅路成立以前の交通網が
反映されている可能性がある

上野→碓氷峠→信濃→
神坂峠→美濃ルートは
のちの東山道に近似している

ヤマトタケルは、『古事記』『日本書紀』では西征・東征を果たした英雄として描かれている。景行《けいこう》天皇の皇子とされるが、記紀の古代天皇は、系譜と実在性が疑われる王が大半であり、ヤマトタケルもあくまで伝説上の人物として捉えることが妥当だ。

　ヤマトタケルにはヲウスなど多くの別名がある。オホクニヌシも同様だが、これは一般的に別々の人物の伝承をまとめたことの反映、つまりヤマト王権が全国を平定する過程（3～7世紀）での複数の将兵の伝承をひとつにした結果とされる。その遠征ルートにはヤマト王権の全国支配を示す前方後円墳が点在する点も注目できる。

　物語は『古事記』と『日本書紀』で描かれ方に違いがあるが、大筋は同じだ。『日本書紀』を中心にルートを見よう。

　景行はヲウスにクマソ討伐を命じた。クマソ（熊襲）とは南九州の地域・部族名ともいう。なお隼人は天武朝以降の呼称で、熊襲の後身とされる。ヲウスは自らを、纏向日《まきむくひ》代宮《しろのみや》（奈良県桜井市）の皇子であるヤマトヲグナと名乗り、熊襲の首長カワカミノタケルを討つ。ヤマトタケルは熊襲からの帰途に海路を利用し、邪神を退治しつつ吉備《きび》を経て難波に進んでいる。『古事記』では帰りに出雲に入りイズモタケルを討つ話がある。

ヤマトタケルが船を多用する意味

ヤマトタケルは今度は東征を買って出た。そして伊勢神宮に向かい、叔母のヤマトヒメより草薙剣《くさなぎのつるぎ》をもらった。その後、駿河（『古事記』では相模）の焼津で敵の火攻めに遭ったが、難を逃れた（『古事記』では草薙剣を振るって逆襲）。相模から上総に至る走水《はしりみず》の海（浦賀水道）でも危機に遭ったが、后のオトタチバナヒメの犠牲で救われた。

上総からも海路で北上し、葦浦（千葉県鴨川市江見吉浦か）・玉浦（房総半島の九十九里浜か）を経て、竹水門《たかのみなと》（宮城県七ヶ浜町湊浜か）に着き、蝦夷《えみし》（北東日本の抵抗勢力の古称）を平定した。

総じて海上交通を多用しているのが特徴で、駅路《えきろ》の成立（記紀編纂時と重なる7～8世紀）以前の交通網が反映されているとされる。

その後、常陸《ひたち》へ到達。ここから新治《にいはり》（茨城県石岡市か）、筑波（同つくば市）を経て甲《か》斐《い》の酒折《さかおり》（山梨県甲府市）で宮を構えた。新治→酒折の旅程（現在の道路で200キロ）は9泊10日だったとする記述がある。その後は武蔵、上野を経て碓氷《うすい》峠を越え、信濃に入り、神坂《みさか》峠を越えて美濃に入った。そして尾張を経て近江の伊吹山《いぶきやま》で発病し伊勢で亡くなる。

この上野→美濃ルートは、のちの東山道に近いものだ。神坂峠は古墳時代の祭祀遺物が多数出土し、この時代の祭祀・交通の場として重要な峠だったと考えられる。

『日本書紀』に記されたヤマトタケルの道

クマソ征伐退治

女装したヤマトタケルがクマソの頭領・川上梟師《たける》を殺害するシーンを描いた錦絵。

「芳年武者无類 日本武尊・川上梟師」
国立国会図書館蔵

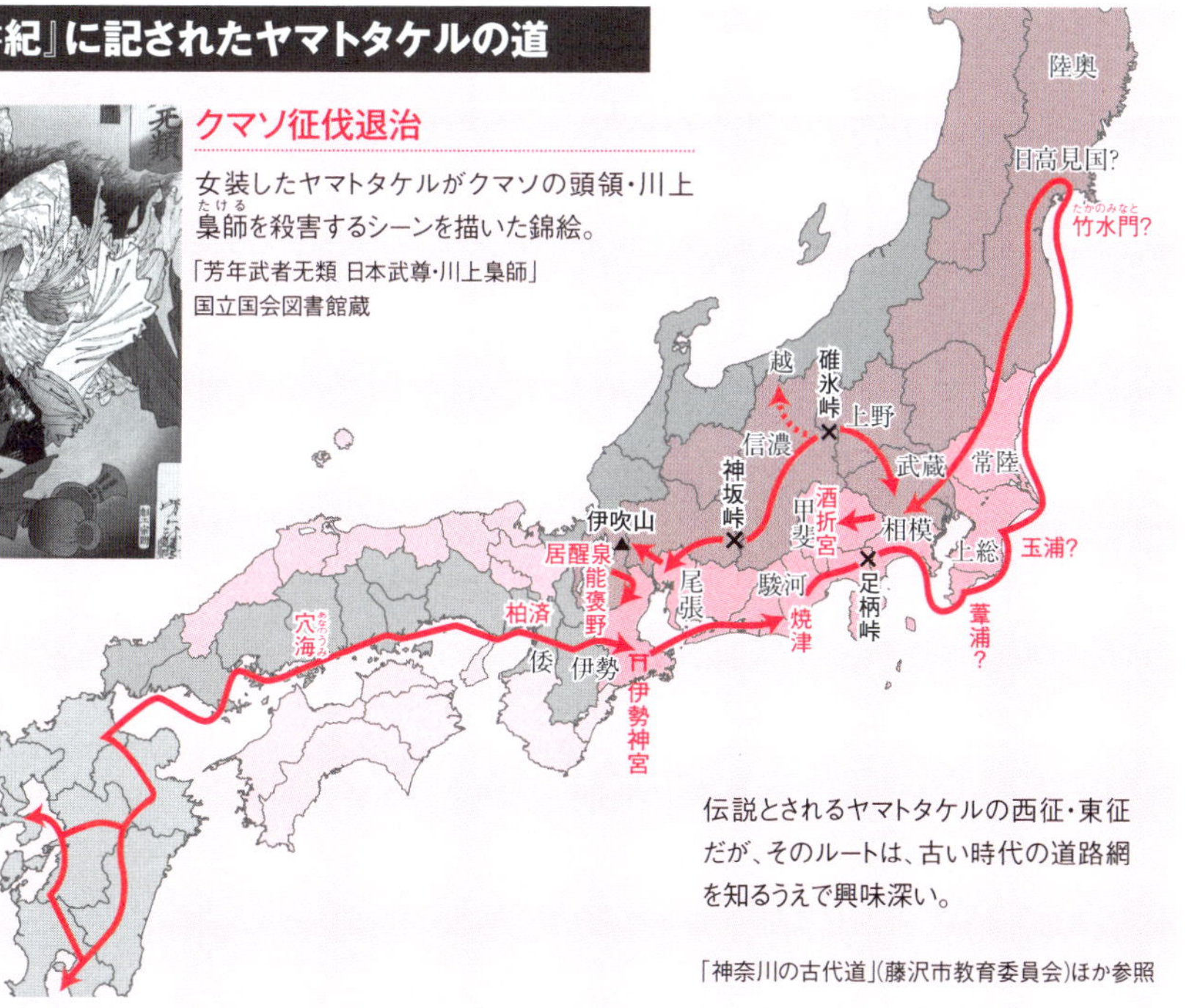

伝説とされるヤマトタケルの西征・東征だが、そのルートは、古い時代の道路網を知るうえで興味深い。

「神奈川の古代道」（藤沢市教育委員会）ほか参照

14 原始

ヤマト王権の東国進出の要地だったのか?

アマテラス信仰と伊勢神宮 立地からさぐる起源

Point

◆伊勢神宮の創祀

創祀物語を伝えるのは『日本書紀』のみ。
矛盾する内容もあり信頼できない。
アマテラスが祭神だったかどうかも不明。

確実な史実

天武2年(673)に大来皇女が初代斎王として泊瀬斎宮に入り、翌年伊勢に下向

↓

673年以前に創祀されたことは間違いない

欽明朝創祀説(6世紀)

東国への進路である尾張が安閑・宣化側に押さえられていた

↓

尾張を回避できる伊勢湾横断ルートを使って東国と連携した?

↓

交通の要地として南伊勢が重要になり、伊勢神宮が成立

伊勢神宮（正式には「神宮」。三重県伊勢市）は、アマテラスを祀る皇大神《こうたいじん》宮《ぐう》（内宮《ないくう》）と、食物・穀物を司るトヨウケビメを祀る豊受《とようけ》大神宮（外宮《げくう》）から成る。至高の社として長く皇室に重んじられた。神宮ができたのは天武朝以前だが、詳細は不明。『日本書紀』の内宮の起源は以下である（外宮の起源は不明）。

ニニギ降臨の際、アマテラスは三種の神器のひとつ八咫《やたの》鏡《かがみ》を「私の御魂として私自身を崇《あが》めるように祀れ」と命じ、以後、代々天皇の大殿の内で祀られた。崇神《すじん》天皇は神威を畏《おそ》れ、大和の笠縫邑《かさぬいのむら》に移して皇女トヨスキイリヒメに祀らせた。続く垂仁《すいにん》天皇の代で皇女ヤマトヒメが役を継ぐ。ヤマトヒメはアマテラスを奉じ鎮座の地を求め、近江・美濃を経て伊勢に至り、神託を得て五十《い》鈴《すず》川のほとりに斎宮《いつきのみや》（初めて宮が置かれた場所）を建てた。そこがアマテラスが「初めて降臨した」地である。

アマテラスはヤマトヒメと一緒に各地を回ったはずだが、最後に「初めて降臨した」と矛盾する記事がある。また、大和から離れ伊勢に祀られた理由も明確でない。

文＝吉田龍司

一方、『古事記』には起源物語はなく、トヨスキイリヒメ、ヤマトヒメが「伊勢大神の宮を拝き祀る」とあるのみ。要するに大和→伊勢の鎮座物語は非常に怪しい。

アマテラス信仰と伊勢に神宮が成立した謎

学界では諸説あり、アマテラスは「もとは伊勢の地方神だった」「別の神格の伊勢大神がいつのまにかアマテラスと習合された」とも。津田左《つだそ》右吉《うきち》は神宮が創祀された時期は早くても6世紀後半、『日本書紀』の鎮座物語ができたのは飛鳥時代、推古朝とする。

地形から見て注目できるのは、6世紀の欽明朝創祀説である。ヤマト王権の東国進出において、もともと伊勢は交通の要地だった。だが、大和から東国へは、大和→伊賀→北伊勢→鈴鹿・河曲・三重・桑名郡→尾張→東国の陸路が主要ルートとされ、神宮がある南伊勢の重要性は低かった。

継体～欽明朝の内乱期に欽明と対立していた安閑《あんかん》・宣化《せんか》天皇は、尾張連《おわりのむらじ》一族の目子媛《めのこひめ》が母だった。つまり欽明側は敵方に尾張を押さえられていたので、東国への支援要請が難しかった。そこで南伊勢の津《つ》や大湊《おおみなと》から三河の渥美《あつみ》半島へ向かう海路の重要性が高まる。

難波の住吉大社、筑前の宗《むな》像《かた》大社など、古代の大社は交通の要地にあるものが多いが、結果として伊勢神宮が欽明により成立したというわけである。当時の主祭神がアマテラスかどうかは不明だが、説得力のある説といえる。

また、斎宮跡と箸墓《はしはか》古墳などの大和盆地の遺跡が、太陽が運行する北緯34度にほぼ一直線で並ぶことから、神宮の立地と太陽神信仰との関連性に注目する声もある。

伊勢神宮と藤原京の位置関係

『伊勢神宮と三種の神器 古代日本の祭祀と天皇』（新谷尚紀、講談社）ほか参照

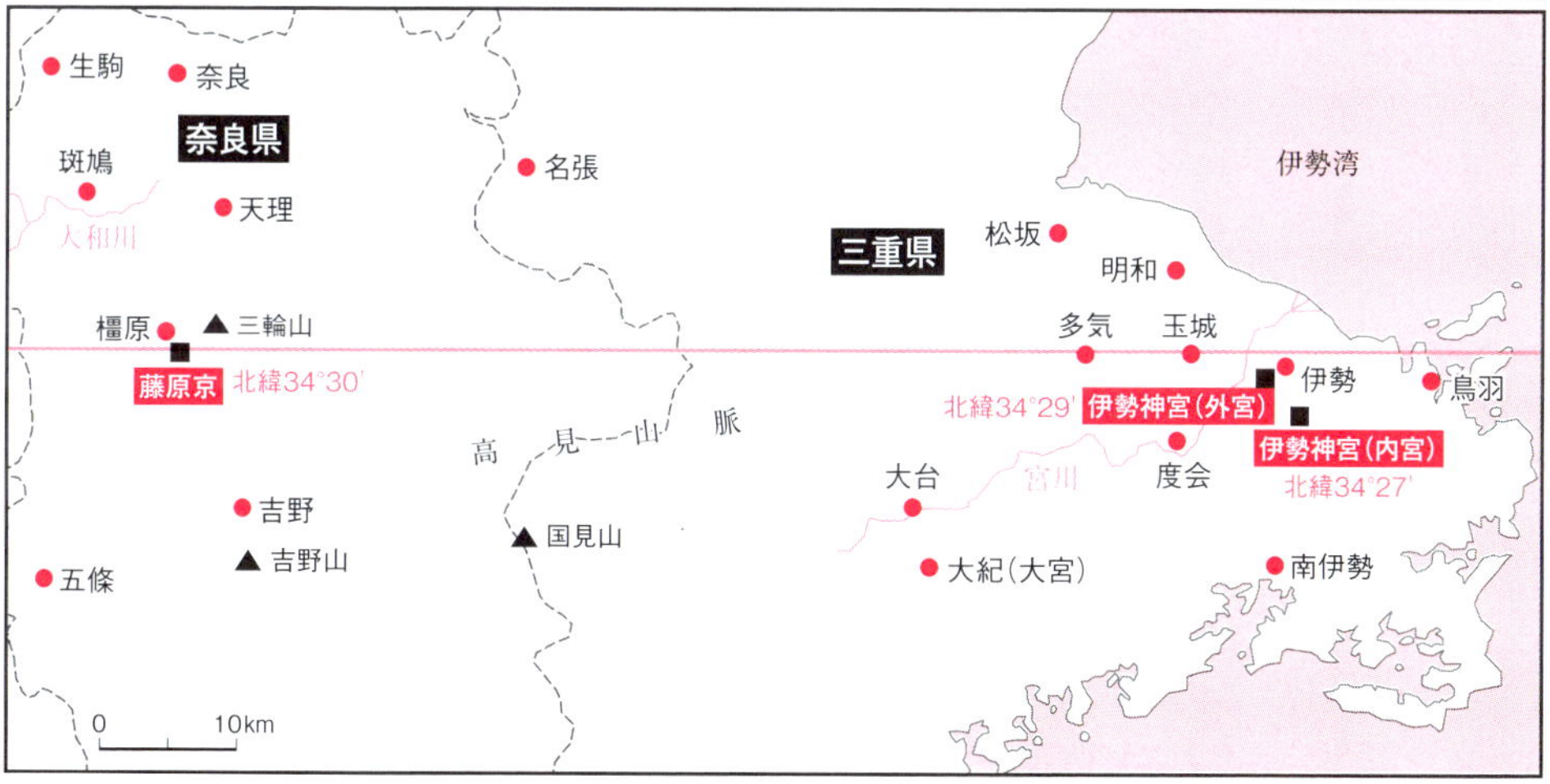

伊勢神宮の立地が、『日本書紀』が編纂された時代の都であった藤原京とほぼ同じ緯度にあり、太陽の運行と関係することから関連づけられた説。太陽崇拝に関係のある古い祭祀遺跡や古墳、寺社などがこのライン上にあるとされる。ちなみに高野山もこの線上にあたる。

祭祀遺構からわかる古代人の生活と信仰心

山や木そのものを御神体として祀った

古代の人々は常に自然とともにあり、自然とともに生き、その恵みを受け、その厳しさに苦しんだ。そして自然の驚異を畏敬し、山、川、岩、石、火、動植物など自然界すべてのものにアニマ（精霊）が宿るという信仰、アニミズム（精霊信仰）が生まれた。

現代の多くの神社は立派な社殿を持つものが多いが、太古、カミや精霊が宿る場所とは自然そのものだった。大和盆地から見える三輪山《みわやま》（大神《おおみわ》神社）はその代表例であり、山そのものが神体とされているのは有名だ。三輪山はヤマト王権が発祥する以前から信仰された山だったともいう。また長野県の諏訪《すわ》大社も本殿はなく、御山、神木が信仰されている。三輪山や諏訪は最古の神社ともいうが、ここに太古の自然信仰の原型を見いだすことができるだろう。

三輪山の祭神はオオモノヌシという神で、一説にオオクニヌシと同じ神とされる。注目されるのは、オオモノヌシが「蛇神」であることだ。崇神紀でオオモノヌシは孝霊天皇の皇女のヤマトトトヒモモソヒメと婚姻したとき蛇の姿になったとされる（その後ヒメが箸で陰部を突いて死に、葬られたというのが箸墓古墳の伝承である）。

蛇は古代にエジプトや中国など世界的に信仰の対象となった動物だ。日本では特に縄文時代の土器や土偶に蛇体、蛇頭が装飾されているものが少なくない。なぜ蛇が崇められるのかは不明だが、脱皮行為や、男性の陰茎に似た形状などから生命力の象徴と考えられた可能性がある。

また「森林や大地の精霊の化身としてうけとめられたらしく、（中略）脱皮する蛇体は地霊信仰とむすびついた要素が濃厚である」（上田正昭『私の日本古代史』）という指摘もある。地霊とは大地に宿る霊で、多くは女性、世界的に地母神であることが多い。

縄文期の信仰、人々の祈りを知る手掛かりのひとつが、人物や動物をかたどった土偶である。

地域や時代によって異なる祭祀の様子を伝える痕跡

万物に宿る霊的存在や超自然的な力に働きかけ、何か望ましい現象を起こそうとする行為を呪術という。縄文時代は呪術を重視する社会であり、その一端は全国で出土する土偶からもうかがえる。

よくみられる女性の土偶は、乳房や妊娠を表す形状が多く、

文＝吉田龍司

沖ノ島の祭祀遺跡

玄界灘に浮かぶ絶海の孤島・沖ノ島（福岡県宗像市）は、宗像大社の沖津宮が祀られ、現在でも女人禁制とされ、厚く信仰される。この島からは、古代の祭祀場跡とみられる遺構が多数発見され、8万点に及ぶ遺物が出土（すべて国宝）。写真は5世紀後半から7世紀のものとみられる岩陰《いわかげ》祭祀遺跡（7号遺跡）で、金銅製の馬具や金製の指輪など、大陸からの豪華な品が発見されている。

写真提供＝宗像大社

母性を意識していることは確かであろう。そこには動植物の繁殖や豊穣への祈りが見て取れる。特に山梨県の一の沢遺跡から出土した蛇を頭に巻いた女性の土偶からは蛇と地母神信仰の融合が感じられる。

弥生時代には稲の豊穣を祈る信仰（穀霊信仰）、先祖への崇拝（祖霊信仰）が生まれる。それぞれ祭祀のかたちは不明だが、前者では穀霊を運ぶ「鳥」が崇拝され、鳥取の稲吉角田《いなよしすみだ》遺跡などから出土した土器の絵（鳥装のシャーマンとおぼしき人が描かれている）は、祭祀の様子を表す可能性もある。

後者の祖霊信仰は豪華な副葬品を備えた墳丘墓がサンプルだ。大きな力を持つ支配者の登場、社会の階層分化にともない、首長を祀ることは社会支配の精神的秩序につながったと考えられる。

北海道、東北でみられる環《かん》状列石《じょうれっせき》（ストーンサークル）は縄文時代の遺跡だが、一種の祖霊信仰ともいう。秋田の大湯《おおゆ》環状列石は配石遺構下には墓穴があり、共同墓地だったとされ、こちらも祭祀が行われた可能性がある。

古墳時代には確実な祭祀遺

大湯環状列石

秋田県鹿角市の大湯環状列石は、縄文時代の遺跡で、2つの環状列石の下からは墓とみられる穴が見つかっている。周辺からも多くの貯蔵穴や柱などが発見され、さらに土器や土偶、鐸形土製品などが出土しており、祈りと祭りの場であったと推測されている。

写真提供＝鹿角市教育委員会

跡が現れる。なかでも有名なのが、玄界灘《げんかいなだ》に浮かぶ沖ノ島《おきのしま》の祭祀遺跡で、沖津宮《おきつぐう》の周囲の巨岩群や岩陰に点在する。この島は朝鮮半島南部との海上交通の中継基地と目され、航海の安全などを祈願した祭祀があったと考えられている。

祭祀の場は、「岩上→岩陰→岩陰・露天（周辺の平地）→露天」という変遷を辿り、遣唐使が廃止された9世紀末に祭祀も終了したとみられる。

4～5世紀の岩上祭祀跡からは、三角縁神獣鏡など畿内の古墳の副葬品と共通したものが出土しているのが特徴。5～7世紀の岩陰祭祀では、神の御座所としての「磐座《いわくら》」が造られる。つまり依り代であり、神と人とのかかわりが明確になったという点で画期的だ。新羅《しらぎ》の古墳からも出土する金製指輪など豪華な遺物が多く、朝鮮との深い交流を示す。

7世紀から磐座は岩陰から露天へ移行し、最終的に、現在の沖津宮の社殿が造られた場所に固定された。広い場所への移動はそれだけ祭祀の参加者や規模が大きくなったことを意味するとされる。出土品も大陸の品から、国内で作られた人や馬をかたどった祭祀専用の石製品などが中心となる。

いずれの時代の出土品も、九州より畿内の古墳と似た内容であり、ヤマト王権との早くからのかかわりが明らかだ。また豪華な出土品からは祭祀が国家的な規模だったことがうかがえる。岩上から露天への変遷は、日本の祭祀の変遷そのものを表しているようだ。

古墳時代

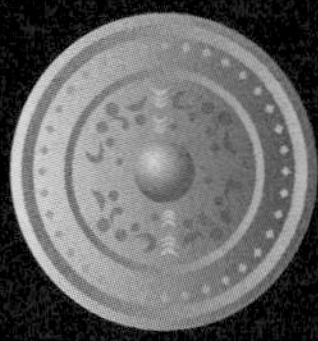

15 古墳

古墳の形や出土品の類似からわかる勢力図

巨大墳丘墓にみられる地域交流の痕跡

Point

◆古代の墓制の移り変わり

縄文時代
共同墓地

弥生時代後期
権力者の墳丘墓が登場

古墳時代
前方後円墳などの古墳が登場

◆弥生後期の「吉備王国」

巨大な楯築墳丘墓が存在を証明
吉備特有の祭祀遺物が
出雲の墳丘墓から出土
⬇
吉備と出雲は
政治的関係を持っていた?

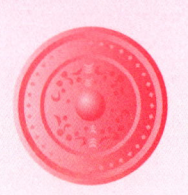

墓の上に塚を建て、死者を弔う。こうした風習は世界的にみられ、6000年以上前のエジプトの先史時代にも例がある。墓に土や石を積んだ小高い丘を「墳丘」といい、墳丘をともなう墓を「墳丘墓」という。

古代の権力者は己の力を誇示し、墳丘を巨大化させた。その象徴が古代中国の始皇帝陵、古代エジプトのクフ王のピラミッドなどである。

日本で巨大墳丘墓ができるようになったのは、弥生時代後期からだ。縄文時代には共同墓地が一般的だったが、社会的変化にともない、徐々に特定の人物やグループの墳丘墓が出現し、スケールも大きくなった。

特殊器台からうかがえる吉備と出雲の勢力の交流

古墳時代の古墳も墳丘墓だが、古墳は「前方後円墳（または前方後方墳）で、王一人の墳丘墓であるもの」とし、弥生墳丘墓と区別する。

弥生墳丘墓の形状は地方ごとにバラエティに富む。それが前方後円墳にとって代わられたという構図だ。なお、石室などに彫刻、彩色を施した装飾古墳は特に九州地方によくみられるが、こうした地域

文＝吉田龍司

性の一例といえる。

弥生後期の巨大墳丘墓は特に畿内、西国に造られた。それを代表するのが楯築《たてつき》墳丘墓（岡山県倉敷市）だ。この地域には、吉備王国と呼ばれるほどの大きな勢力があったとされるが、楯築墳丘墓はそれを裏付けるものだ。

主丘は円形で径約50メートル、高さ約5メートル。円丘の前後両側に方形の突出部2つが接続する双方中円墳で、当時として最大規模だ。2基の埋葬施設の1基が首長とされ、副葬品として鉄剣、首飾りなども出土した。吉備勢力を支えたとみられる製鉄に関連するものとして興味深い。

墳丘各所から多く出土したのが、吉備独特の土器である特殊器台・特殊壺だ。実用性はなく、装飾性が高いのが特徴で、葬送祭祀に利用されたものとして吉備全域から出土している。共通の儀器を配布し、各地の首長が使用することで、擬制的な同族関係が生まれ、吉備の連合関係が築かれたともいう。

一方、この時期に出雲を中心に、日本海側で盛んに造られたのが四隅突出形墳丘墓である。方形墳丘の四隅が対角線方向へ突き出た形が特徴だ。

なかでも「出雲の王家の谷」とも呼ばれる西谷《にしだに》墳墓群（島根県出雲市）の3号墓と9号墓は、最大規模を誇る。首長とその家族が葬られ、鉄剣、勾玉などの副葬品も出土している。

注目は西谷墳墓群から、吉備の特殊器台・特殊土器が多数発見されていることだ。なんらかの政治的関係により、吉備と出雲は共通の墳墓祭祀を行っていたのだろうか。

畿内では河内の一例を除き特殊器台の出土はなく、弥生後期には吉備との関係がそれほど強くなかったとも考えられている。

弥生時代の首長墓

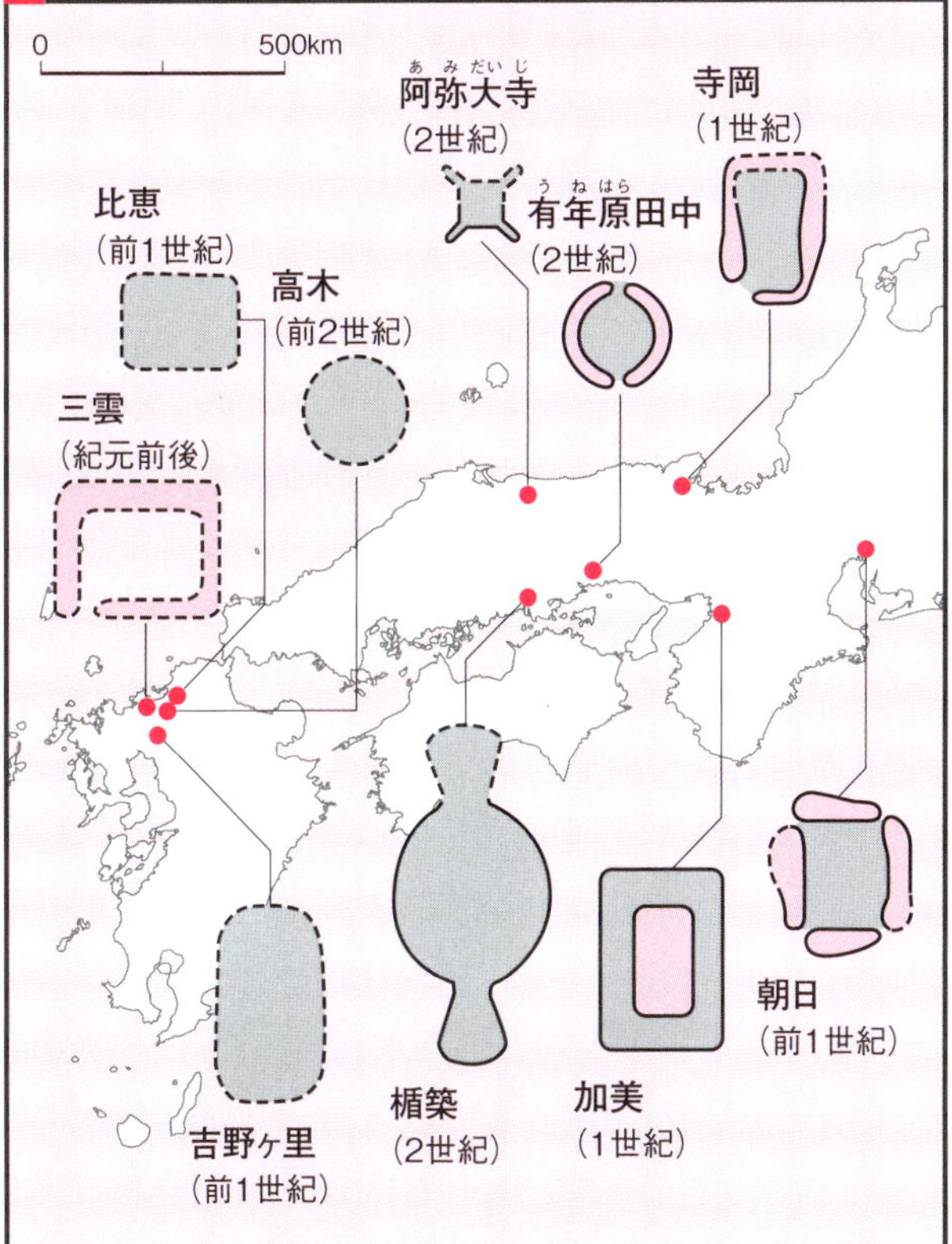

首長墓は方墳や四隅突出形など、地域色が強かったが、ヤマト王権が強化される3世紀後半頃から前方後円墳や前方後方墳が増えていく。

妻木晩田《むきばんだ》遺跡・洞ノ原《どうのはら》古墳群（鳥取県）

妻木晩田遺跡は1世紀前半～3世紀前半の、クニの中心的な大集落とされ、1世紀中頃になると洞ノ原西側丘陵に環壕が掘られ、四隅突出型墳丘墓が築かれるようになった。洞ノ原墳墓群の25基の墳墓のうち11基が四隅突出型で、前半期の妻木晩田遺跡を支えた王族の墓地の墓と考えられている。

宮山遺跡・特殊器台

（岡山県）

吉備地方では弥生後期から巨大な墳丘墓が数多く造られ、特有の特殊器台が出現。これがのちに円筒埴輪となったとみられている。写真は岡山県総社市の宮山古墳から出土した特殊器台。

岡山県立博物館蔵

王塚古墳（福岡県）

石室全面に同心円や靫《ゆぎ》、盾などの紋様や図案が装飾された6世紀中頃の前方後円墳。近畿地方の古墳でも靫形埴輪など同様のモチーフが出土。古墳時代には九州でもヤマト王権の影響が拡大していった。

矢谷古墳（広島県）

広島県三次市の矢谷古墳は、四隅突出型墳丘墓を2つ合体させたような四隅突出型前方後方墳。四隅突出型墳丘墓は出雲や北陸地方に多いことから、吉備地方との交流を示すものとして注目されている。

千金甲《せごんこう》古墳（熊本県）

熊本県熊本市の5世紀後半～6世紀の装飾古墳（円墳）で、石室内には赤・青・黄の三色で彩色された靫の文様が刻まれている。

写真提供＝米子市教育委員会、三次市教育委員会、
熊本市教育委員会、王塚装飾古墳館

16 古墳

ヤマト王権発祥の地・纒向遺跡とは

ヤマト王権はなぜ三輪山麓で発生したのか

! Point

◆纒向遺跡

3世紀に築造された箸墓古墳

➡邪馬台国の女王・卑弥呼の墓?
全国で生産されたものが出土

➡広大な交易網の中心だった?
古くから信仰の対象だった三輪山

➡ヤマト王権発祥の地?

◆奈良盆地

西側の山塊が瀬戸内方面からの敵の侵入を阻む

➡ヤマト王権の周辺に
有力豪族の本拠が集中

➡平安京に遷都するまで
政治・文化の中心地に

ヤマト王権発祥の地とされる纒向《まきむく》遺跡は、大和を象徴する三輪山の麓にある。遺跡の範囲はJR巻向《まきむく》駅を中心に東西約2キロ、南北約1・5キロ。「纒向」という名称は、崇神・垂仁《すいにん》・景行《けいこう》の3代の天皇が纒向という名を冠した宮を営んだことに由来する。

この地がヤマト王権発祥の地とされるのは、三輪山が「神が宿る山（神奈備《かんなび》山）」として古くから信仰の対象となっていたからだ。奈良盆地の南東部に位置する三輪山は標高467メートルの円錐形の山で、山中には古代祭祀の場となった3つの巨石群（辺《へ》津《つ》磐座《いわくら》・中《なか》津《つ》磐座・奥《おき》津《つ》磐座）がある。

また山麓にある大神《おおみわ》神社は、三輪山全体を神体とする日本最古の神社のひとつである。神体を祀る本殿はなく、拝殿のみがある。主祭神の大物主《おおものぬしの》神《かみ》は稲作豊穣、醸造、疫病除けなどの神として信仰されており、『古事記』や『日本書紀』などにも登場する。

この三輪山の西側山麓に広がっているのが纒向遺跡だが、平成21年（2009）には南北19・2メートル、東西12・4メートルの大型建物跡が発見された。この建物跡の方位

文＝常井宏平

や中心軸が周辺の建物跡と同一線上にあったことから、遺構内の建築物が計画的に建てられたと推測される。

奈良盆地に集中した古代豪族の本拠地

纒向遺跡で発見された大型建物跡の推定築造年代は3世紀前半で、邪馬台国《やまたいこく》が存在した時代と一致する。そのため、纒向遺跡は邪馬台国の中心地だったのではないかともいわれる。

遺跡には複数の古墳があるが、その中でも邪馬台国の女王・卑弥呼《ひみこ》の墓といわれているのが箸墓《はしはか》古墳である。三輪山の裾野に位置する前方後円墳で、当時としては群を抜く全長280メートルを誇る。

この古墳の築造年代については諸説あるが、炭素14年代法による年代測定では240年～260年頃と推定されている。これが卑弥呼の没年と重なっていることから、「箸墓＝卑弥呼の墓」という説が出てきた。だが確たる証拠がないので、今も議論が続いている。

纒向遺跡からは土器や祭祀用の道具、木製の高坏《たかつき》、機織《はたおり》具、日本最古の木製仮面なども出土しているが、こうした遺物の中には尾張《おわり》や南関東、北陸、近江《おうみ》、吉備、山陰地方など、他の地方で生産されたものも含まれている。そのため、纒向の地は広大な交易網の中心だったことがうかがえる。

ヤマト王権の周辺には葛城・平群《へぐり》・大伴・物部《もののべ》・蘇我・和珥《わに》・巨勢といった有力豪族の本拠があった。武力を備えた実力者が奈良盆地に集中したのは、この地が天然の要害だったからだ。西側の山《さん》塊《かい》は瀬戸内方面からの敵の侵入を拒み、平安京に遷都されるまで政治・文化の中心地となった。

ヤマトの豪族の分布

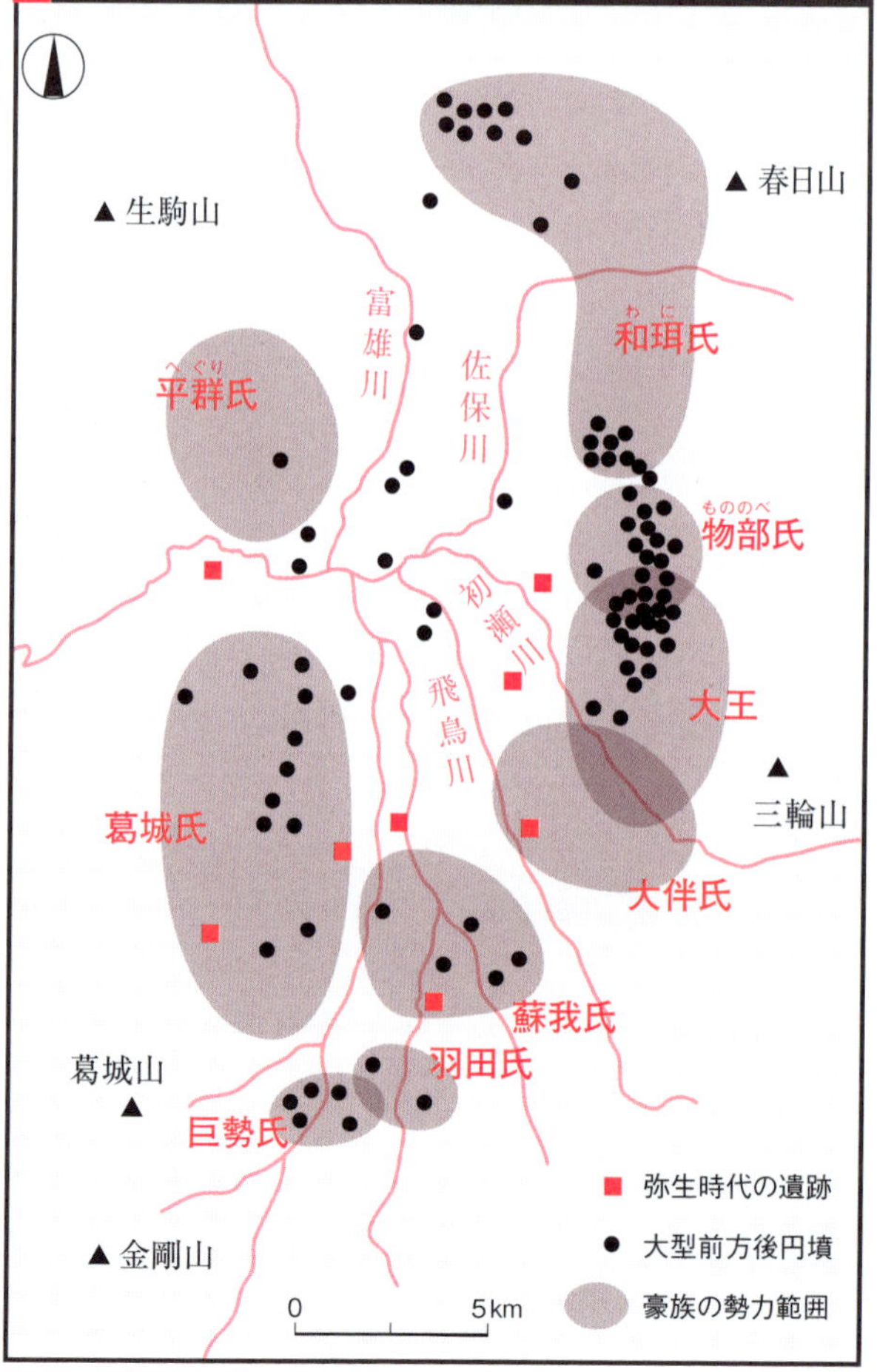

箸墓《はしはか》古墳と纒向《まきむく》遺跡

纒向古墳群・箸墓古墳と纒向遺跡・大型建物跡

箸墓古墳（写真左）をはじめとする、発生期の前方後円墳が集中する纒向遺跡からは、農耕具がほとんど出土せず、土木工事用の工具が圧倒的に多い。一般的な集落とは異なる点が多いことから、日本最初の「都市」、あるいは初期ヤマト政権最初の「都宮」とも目されている。写真下の辻地区からは、3世紀前半としては最大級の大型建物跡が出土している。

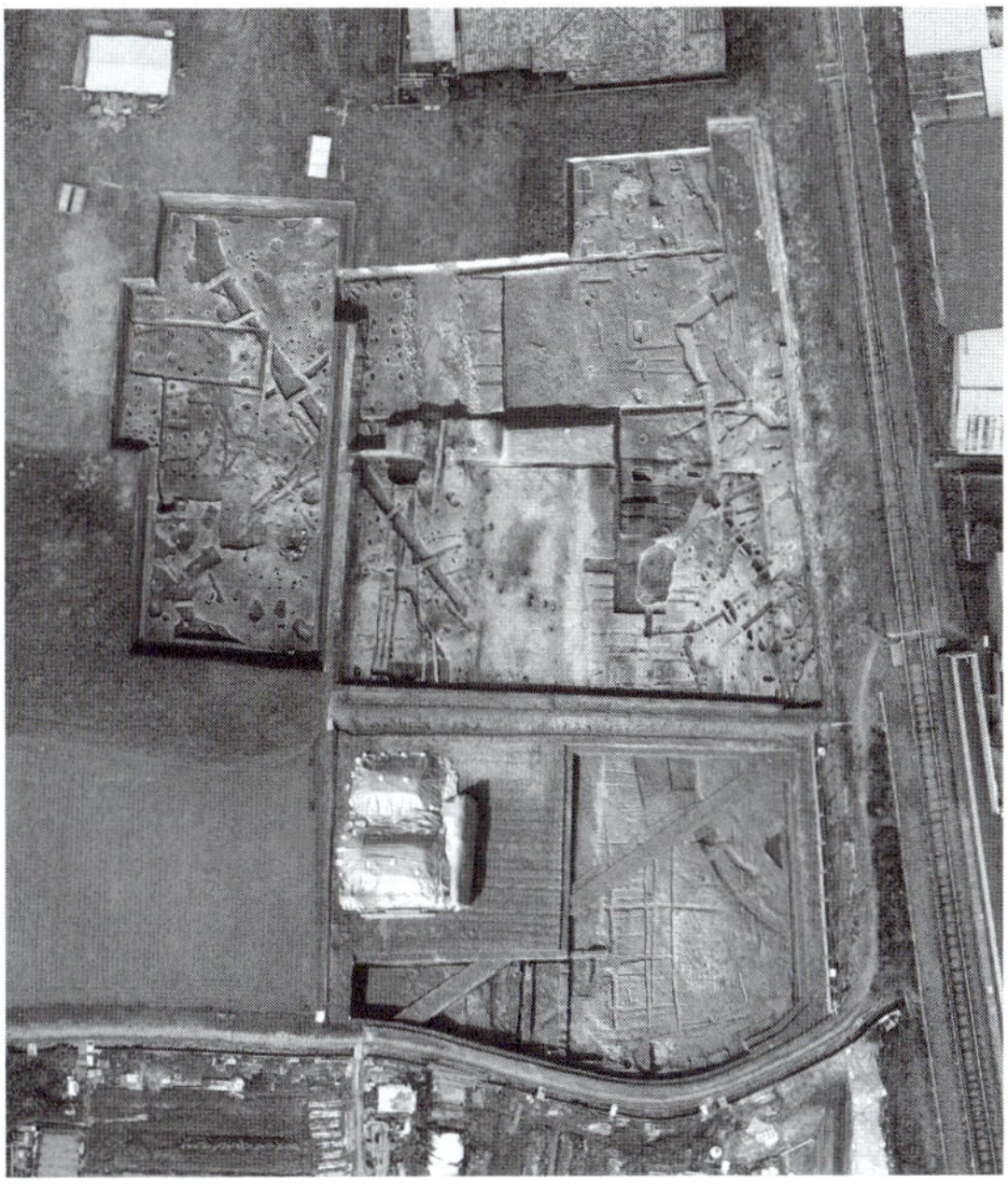

纒向遺跡・祭祀用木製仮面

纒向遺跡のメクリ地区の土坑からは、朱塗りの盾や鎌柄などの多数の遺物とともに、国内最古の木製仮面が出土したことから、3世紀前半の祭祀遺跡と推測されている。

纒向遺跡・韓式《かんしき》系土器

導水施設へと水を供給する大溝の下部、V字溝から出土した祭祀用とみられる土器片（3世紀後半）。光沢を持つものは、朝鮮半島北部の楽浪《らくろう》系の土器とみられている。

写真提供＝すべて桜井市教育委員会

17 古墳

古墳が語るヤマト王権の関東への勢力拡大

ヤマト王権の影響を示す前方後円墳の広がり

Point

◆前方後円墳の分布で見た各地の有力勢力

畿内、尾張、美濃、吉備、
出雲、筑紫、日向、毛野
大きさでみると
畿内・吉備・毛野がベスト3

◆「毛野王国」はあった？

八幡山古墳など巨大古墳が多い
ヤマトの征東前線基地だったとも

◆ヤマト王権の関東進出

埼玉の稲荷山古墳で
雄略天皇の名の刻印がある
鉄剣が発見

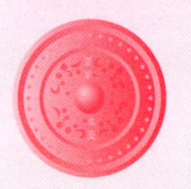

3世紀中葉から7世紀にかけての古墳時代は、ヤマト発祥の前方後円墳が全国各地に造られた時代である。前方後円墳は東北地方南部から九州南部まで広がった。この現象がヤマト王権の全国支配を映しているとされる。『日本書紀』では崇神天皇の代に北陸・東海・西道（山陽）・丹波（山陰）の鎮撫平定のため4人の将軍（四道《しどう》将軍）が派遣されたという記述がある。崇神は実在していたとすれば3〜4世紀の大王で、この頃に五畿七道の原型が整備されたとも受け取れるが、その証拠はなく、ヤマトタケルの遠征とともに史実とは考えにくい。ただ、四道が前方後円墳の伝播地域と重なっていることもあり、すべてが虚構ともいい難い記述だ。

前方後円墳の発祥地は三輪山西麓の纒向《まきむく》遺跡（奈良県桜井市）とされ、一説に卑弥呼の墓という箸墓古墳などが分布している。初期ヤマト王権は山城（山背）、摂津など畿内勢力との連合政権とされるが、古墳に用いられた円筒埴輪の原型は特殊器台ともいわれ、吉備との関係もあったとみられる。

古墳の分布を見ると、畿内、尾張・美濃、吉備、出雲、筑

文＝吉田龍司

紫、日向、および毛野（北関東）に有力な勢力があったことがわかる。また莫大な労働力を必要とする巨大古墳を地域首長の勢力と捉えれば、墳丘長200メートル以上の古墳が築かれたのは畿内、吉備、毛野だけである。出雲が意外に小さい点には驚かされるが、これはいわゆる出雲王国への懐疑的な見方の背景のひとつでもある。

鉄剣に記された ヤマト大王の名

　毛野は古代において新興地域とみられ、4世紀初めに突如群馬県の前橋・太田市周辺に古墳が造られるようになった。当初は東海地方発祥の前方後方墳が中心で、前橋市の八幡山古墳（墳丘長130メートル）が代表的なものである。

　一説に東海から大規模な移住があったという。その後、4世紀中葉から前方後円墳が主流となり、高崎市の八幡塚古墳（墳丘長102メートル）などが築かれた。

　毛野はヤマトの東征の前線基地になったともいうが詳しくはわからない。高崎市には当時の豪族の居館遺跡である三ツ寺I遺跡があり、濠をめぐらせた堅固な備えがあることで知られる。毛野勢力の一端が見えるものであろう。

　埼玉県行田市には5世紀後半築造とされる前方後円墳・稲荷山古墳（墳丘長120メートル）がある。出土した鉄剣には、115文字の銘文があり「辛亥年七月中記」「獲加多支鹵《ワカタケル》」の文字がある。

　辛亥年は471年、獲加多支鹵は雄略天皇（オオハツセワカタケル）とされる。雄略は倭の五王の「武」ともいい、実在が有力な大王だ。鉄剣はヤマト王権の勢力が東国に及んだ最大の物証である。

前期の主な巨大古墳

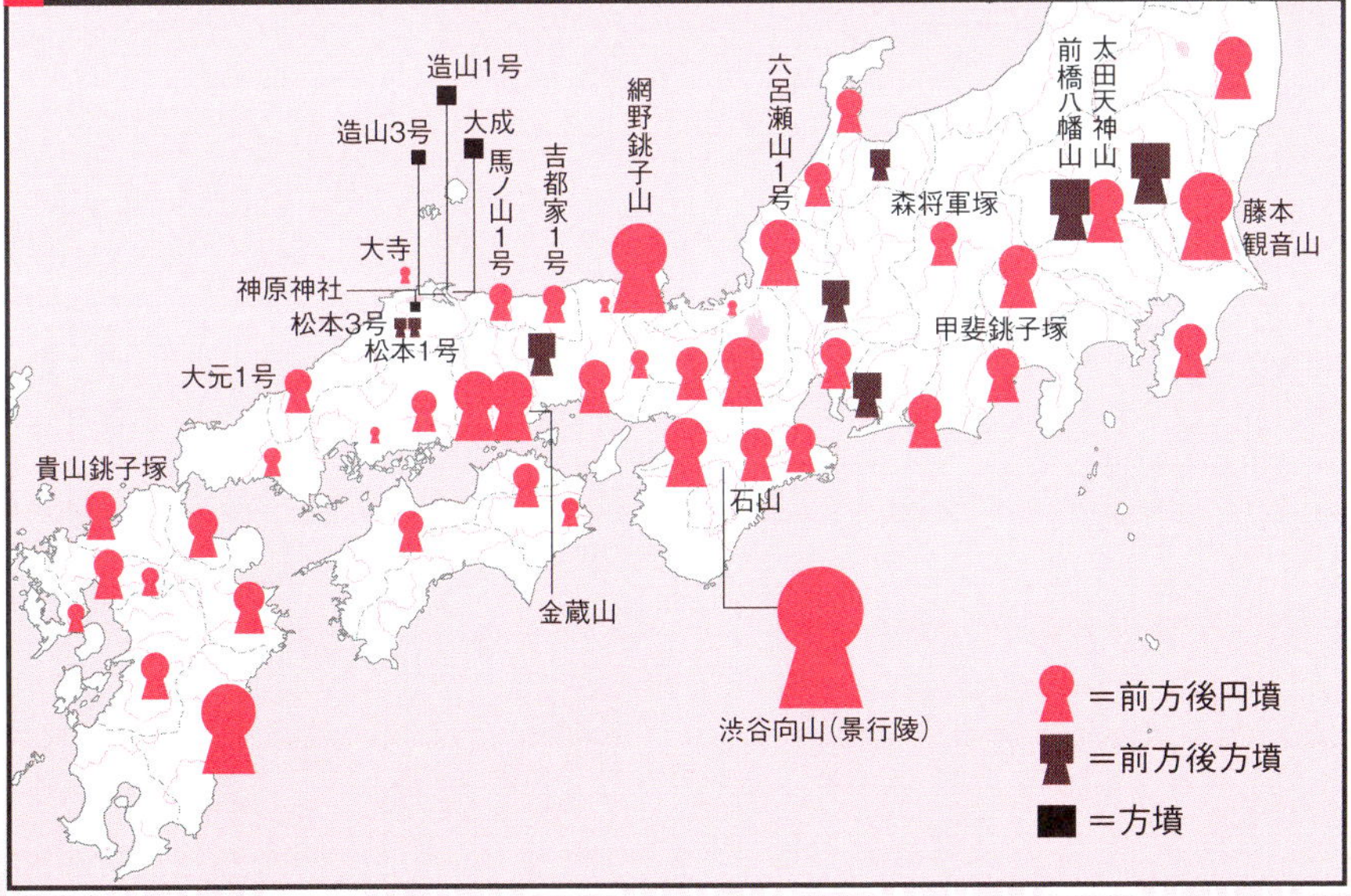

古墳の分布

写真提供＝かみつけの里博物館

八幡塚《はちまんづか》古墳（群馬県）

保渡田《ほどた》古墳群・八幡塚古墳は、二重の壕がめぐる前方後円墳で、三ツ寺Ⅰ遺跡から近く、上毛野の盟主的な存在の墓とみられる。古墳には6000体もの円筒埴輪があったと考えられている。

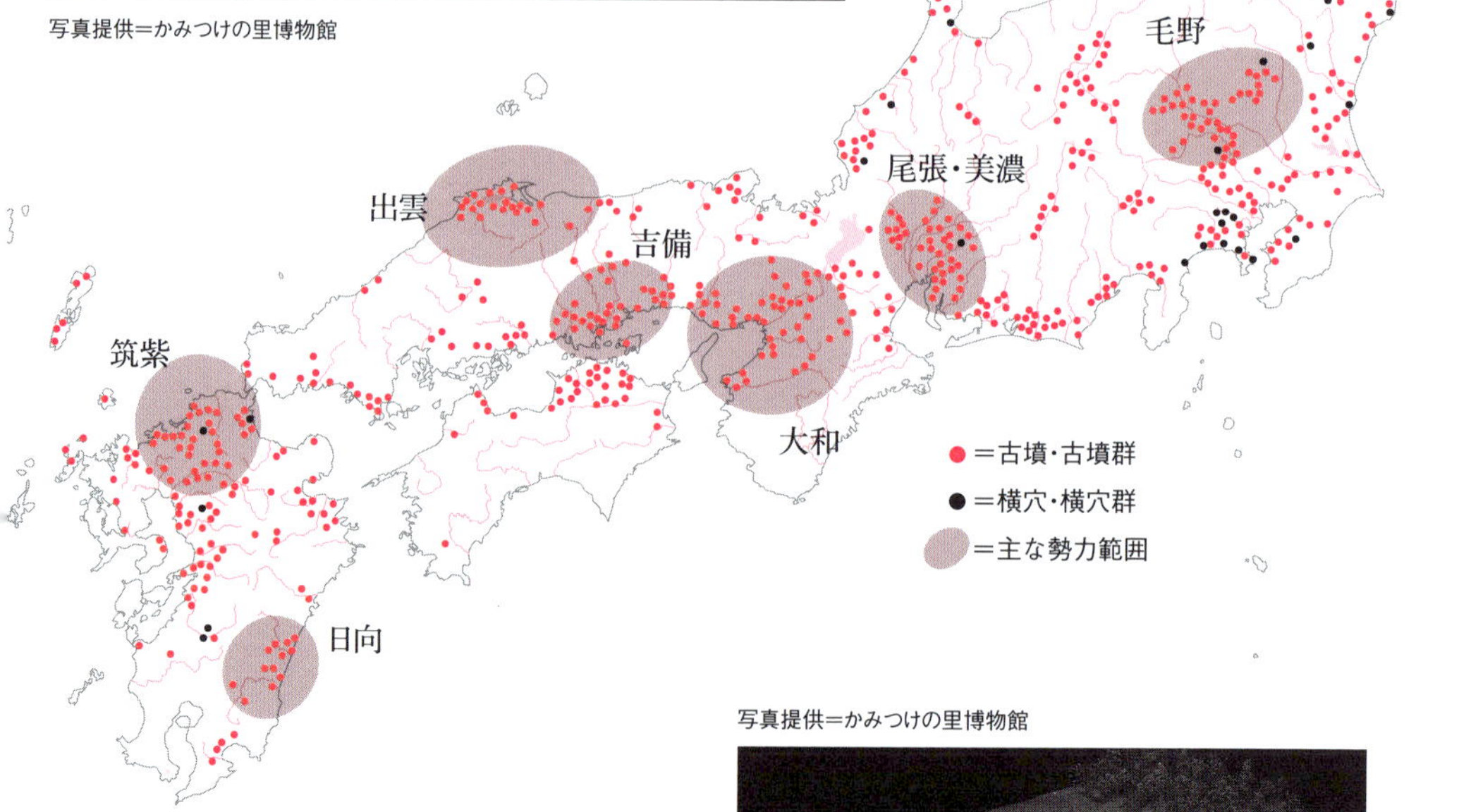

写真提供＝かみつけの里博物館

三ツ寺《みつでら》Ⅰ遺跡・豪族の館模型（群馬県）

三ツ寺Ⅰ遺跡（群馬県高崎市）は、全国で初めて確認された、5世紀後半〜6世紀初め頃の豪族の館跡。周囲には石を葺いた水濠が設けられ、内部からは竪穴住居や掘立柱の建物跡が出土。館や倉庫、祭祀の場、従者の住居があったという。

18 古墳

港へつながる道を支配し発展した葛城氏

古代葛城氏の強大さを示す 飛鳥と紀水門をつなぐ道

Point

●葛城氏は外交を担っていたため、紀水門にあがる交易品（特に鉄）を独占できた

●紀氏も武内宿禰から始まる豪族で、葛城氏とは親戚であり、役割上も友好関係にあった。

●葛城氏の傘下には渡来系技術集団がおり、最新の技術を持っていた

↓

風の森峠の道路遺構は葛城氏が造ったもので、紀水門と葛城をつなぐ道である可能性が高い

司馬遼太郎は『街道をゆく1』の「葛城みち」の章で、蘇我氏の特徴に「開明主義」「大陸との交通や貿易の独占」「帰化人の技術者を集め産業勢力を形成」したことを挙げた。実はこれらは葛城氏にこそ当てはまる特徴で、蘇我氏が葛城氏から分かれた一族という説を思い起こすと、共通点があるのもうなずける。

1990年から始まった、橿原考古学研究所の発掘調査で、風の森峠近くの鴨神《かもがみ》遺跡（奈良県御所《ごせ》市）から古墳時代の道路跡が見つかった。道幅は約2・7メートル、長さは約130メートル。頑丈な地盤では、溝底に敷いた砂利の上に粘質土を盛って路面を固め、脆弱な地盤では粘土を砂に入れ替えるなどして地盤改良を行っていた。地質に応じて造り方を変えたこの道は、5世紀前半にはすでに使われていたらしい。

鴨神遺跡の北約2キロ先には南郷《なんごう》遺跡群があり、葛城氏の一大拠点とされる。葛城氏は5代の大王に仕えた伝説の大臣・武内宿禰《すくね》から始まる豪族で、4世紀末から5世紀後半にかけて大王に並ぶ権勢を誇った。記紀によると、宿禰の子・襲津彦《そつひこ》は神功《じんぐう》皇后の命

文＝小田真理子

により新羅討伐に派遣され、連れ帰った捕虜を領内に住まわせたという。

葛城氏を支えた製鉄技術と紀水門へとつながる道

当時、朝鮮半島から来る船が着く港は難波津と紀水門《きのみなと》にあった。難波津は天皇の直接支配のもと、海の玄関口として発展する。

もうひとつの港である紀水門では、風の森峠に至る高野《こうや》街道沿いに5世紀前半から6世紀頃の古墳が点在しており、朝鮮半島由来の副葬品が多数発見されている。

考古学者・近江俊秀氏は著書の中で、天皇の権力が確立していない時代、輸送経路沿線の有力豪族は交易品を独占的に入手できたのではという。

そこで、紀水門周辺に勢力を持つ紀氏にも注目したい。航海技術に秀でた紀氏は、外交を担う葛城氏と友好関係にあった。紀水門に着いた交易品が紀氏を介して葛城へ運ばれたとしても不思議はない。

また、葛城氏が渡来人を住まわせた南郷遺跡群からは、朝鮮半島独特の住居・大壁建物や生産工房遺跡が発見されている。彼らがもたらした技術は手工業から土木工事まで幅広いが、もっとも重要なのは製鉄技術だった。鉄は農業生産を飛躍的に向上させ、軍事力を高める。製鉄に使う道具や鉄滓など鉄生産関係の遺物は、葛城氏が鉄を自給していた証でもある。

紀水門を確保し、鉄と最新技術を取り込んだ葛城氏は、誰よりも交通を支配する重要性を理解していた。近江氏は、風の森峠の道路遺構が紀水門へ向かう道であった可能性を示唆する。何度も修復された古代の道、そこに葛城氏の戦略が秘められているからである。

鴨神遺跡・道路遺跡全景

全国的にも珍しい古墳時代の道路跡。底に直径1～2cmの小石が敷き詰められていた。向かって左が風の森峠の集落。道路は、丘陵の麓を回り込むように走り、頂上付近では切り通し（掘削して人や馬が通れるようにした道）になっている。

南郷遺跡群の大壁住宅跡

南郷遺跡群は、襲津彦が渡来人を住まわせたと推定される地にあたり、祭殿跡や水にかかわる祭祀場、工房などの遺構が多数見つかっている。写真は朝鮮半島独特の大壁建物跡。

写真提供＝奈良県立橿原考古学研究所、御所市教育委員会

葛上斜向道路と周辺の遺跡

『道が語る日本古代史』(近江俊秀、朝日新聞出版)参照

葛城氏が築いた葛上斜向道路は、一族の衰退とともに6世紀には廃絶され、代わって巨勢道が紀水門へのメインストリートとなる。

巨勢寺跡

巨勢道沿いには、市《いち》尾《お》墓山《はかやま》古墳と市尾宮塚古墳をはじめとする6世紀の古墳、7世紀の寺院跡などがある。巨勢寺は、朝鮮半島との外交・軍事を司った豪族・巨勢氏が飛鳥時代初めに築いた氏寺。多数の礎石の存在から、かなり大規模な寺であったと推測されている。また、創建時の瓦を焼いた登窯の遺構も2基発見されている。

紀水門と朝倉宮を結ぶ道路

大和から陸路で真土《まつち》峠に向かうと、そこからは紀ノ川を下って紀水門に出ることができる。真土峠までの道路沿いには、有力豪族の本拠地があり、多くの遺跡がある。

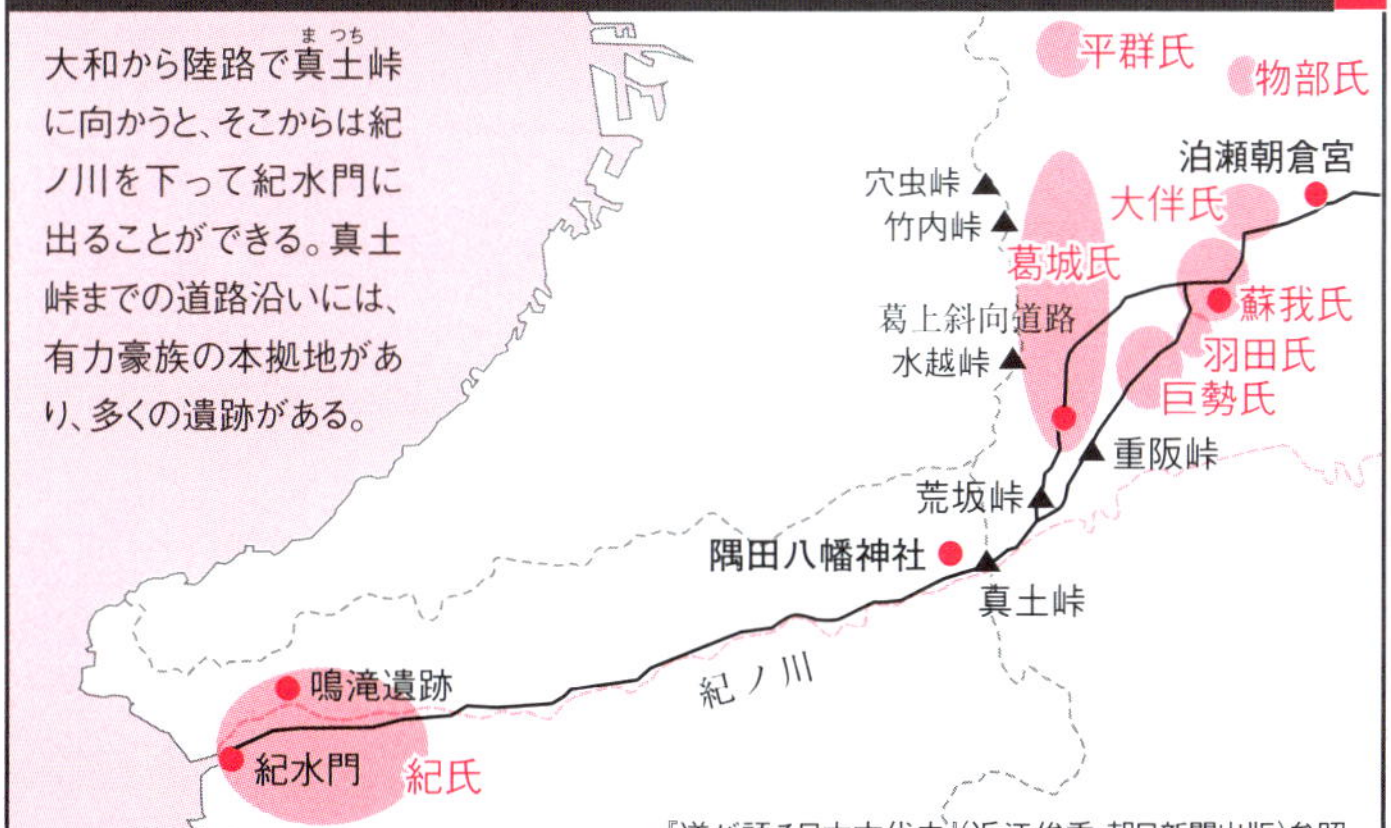

『道が語る日本古代史』(近江俊秀、朝日新聞出版)参照

19 古墳

巨勢道への転換は権力の交代が背景にあった

葛城氏を滅ぼした雄略天皇 政権交代と道路政策の変換

! Point

●紀水門と大和をつなぐ幹線道路は2系統ある

・葛上斜向道路➡
葛城氏が栄えた5世紀頃の主要道路

・巨勢道➡
葛城氏滅亡後に造られた主要道路。後の南海道

●允恭天皇の時代以降、葛城氏は外戚としての権勢を失う

●葛城氏を倒した雄略天皇は、難波津と紀水門の2つの港を押さえ、巨勢道を敷くことで専制王権を確立した

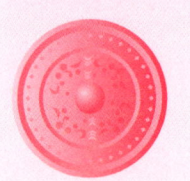

葛城氏が活躍したのは神功皇后から雄略天皇の時代である。その間に襲津彦の娘・磐之媛《いわのひめ》が仁徳天皇に嫁ぎ、履中《りちゅう》、反正《はんぜい》、允恭《いんぎょう》天皇らの母となったことで、葛城氏は外戚として力をふるった。

その権勢の一端が、襲津彦の墓とされる宮山《みややま》古墳にみられる。これは葛城地方最大の前方後円墳で、前方部北側に張出部を持つ、全国的にも珍しい形である。大量に発見された埋葬品、特に家や武器の形の埴輪は富の象徴といえる。

しかし、允恭天皇の時代に襲津彦の子・玉田宿禰《たまだのすくね》が誅殺されて以降、両者の関係は悪化する。決定的だったのが、允恭天皇の息子・安康《あんこう》天皇が連れ子の眉輪王《まよわのおおきみ》に暗殺された事件である。安康天皇の弟・大泊瀬幼武尊《おおはつせわかたけるのみこと》（雄略天皇）が挙兵すると、眉輪王は襲津彦の孫・円大臣《つぶらのおおおみ》のもとに逃げ込んだ。

だが、大豪族とはいえ、王族の母を持つ雄略天皇と葛城氏とのかかわりは薄い。劣勢を悟った円大臣は、娘の韓媛《からひめ》と土地の献上を申し出るが、大泊瀬幼武尊は応じず、ふたりが立てこもる館に火をかけた。こうして葛城本宗家は滅亡し、領地は天皇家のものとなった。

文＝小田真理子

葛城氏から雄略天皇へ権力交代に見る道路政策

ここで再度、風の森峠の道路遺跡について考えたい。近江俊秀氏は道路の南側は紀水門に向かうのではと指摘する。では、北側はどこに向かうのだろう。

少し話が飛ぶが、『古事記』に記されたその後の雄略天皇と葛城について触れておきたい。

雄略天皇が葛城山で狩りをしていると、天皇一行と同じ姿をした葛城山の神・一言主《ひとことぬし》が現れ、天皇を宮がある泊瀬まで送ったという。

この話から、近江氏は先行研究に言及し、葛城と泊瀬を結ぶ道（葛上《かつじょう》斜向道路と風の森峠の道路遺跡）がつながる可能性を示唆する。ただし、葛上斜向道路は高低差が激しく、道を造るにも高度な技術を要する。

5世紀の東アジア

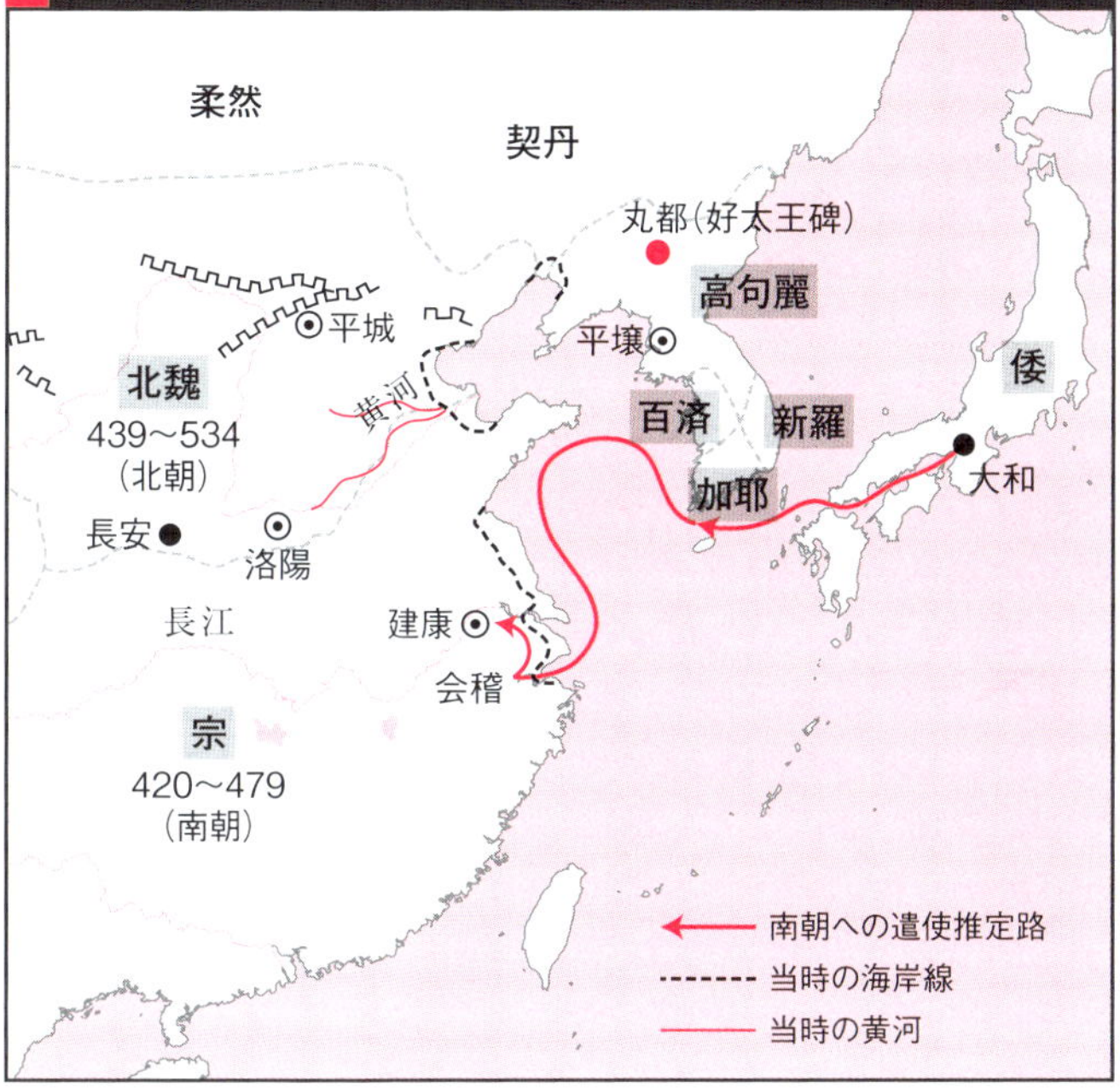

同時代、歴代の天皇は宋《そう》（南朝）に朝貢し、朝鮮半島での利権を強めようとしていた。これが「倭の五王」である。讃《さん》と珍《ちん》は諸説あるが、通説では済《せい》が允恭、興《こう》が安康、武《ぶ》が雄略天皇とされる。雄略は南斉《なんせい》、梁《りょう》とも朝貢を続けており、外交に積極的だった。

葛城氏を滅ぼした雄略天皇は、紀水門と大和をつなぐ新たな幹線道路・巨勢《こせ》道を造った。この沿線は巨勢氏の本拠地で、御所市古瀬の集落には巨勢寺跡がある。自然発生的にできた巨勢道はなだらかで、葛上斜向道路に比べて格段に物資の輸送が容易であった。

先に述べたように、葛城氏の繁栄を支えたのは紀水門からあがる交易品と最新技術であった。近江氏は、雄略天皇は幹線道路を交代させ、難波津と紀水門の直接支配を果たすことで天皇中心の新たな時代を開いたと推察している。

宮山古墳《みややま》(室大墓《むろのおおはか》)

写真提供=御所市教育委員会

宮山古墳(奈良県御所市)は、5世紀前半に築造された全長238mの前方後円墳で、前方部から多数の銅鏡が出土。葛城地方で最初に築造された大首長墓で、葛城氏の祖・襲津彦の墓と考えられている。

家形埴輪

宮山古墳の石室で発見された家形埴輪。鰹木《かつおぎ》を載せた大きな屋根と、紋様が刻まれた四角い柱が特徴的で、王の居館を表したものと推測されている。

奈良県立橿原考古学研究所附属博物館蔵

靫《ゆき》形《がた》埴輪

宮山古墳出土の埴輪で、弓矢を持ち運ぶ靫と複数の矢が浮き彫りされている。武威を象徴するものとして、天皇や豪族の古墳から出土している。

奈良県立橿原考古学研究所附属博物館蔵

倭の五王とは誰か

倭の五王のうち、「済」は允恭、「興」は安康、「武」は雄略とみられる。「珍」「瓚」については、「讃」を履中、「珍」を反正とするなど諸説ある。

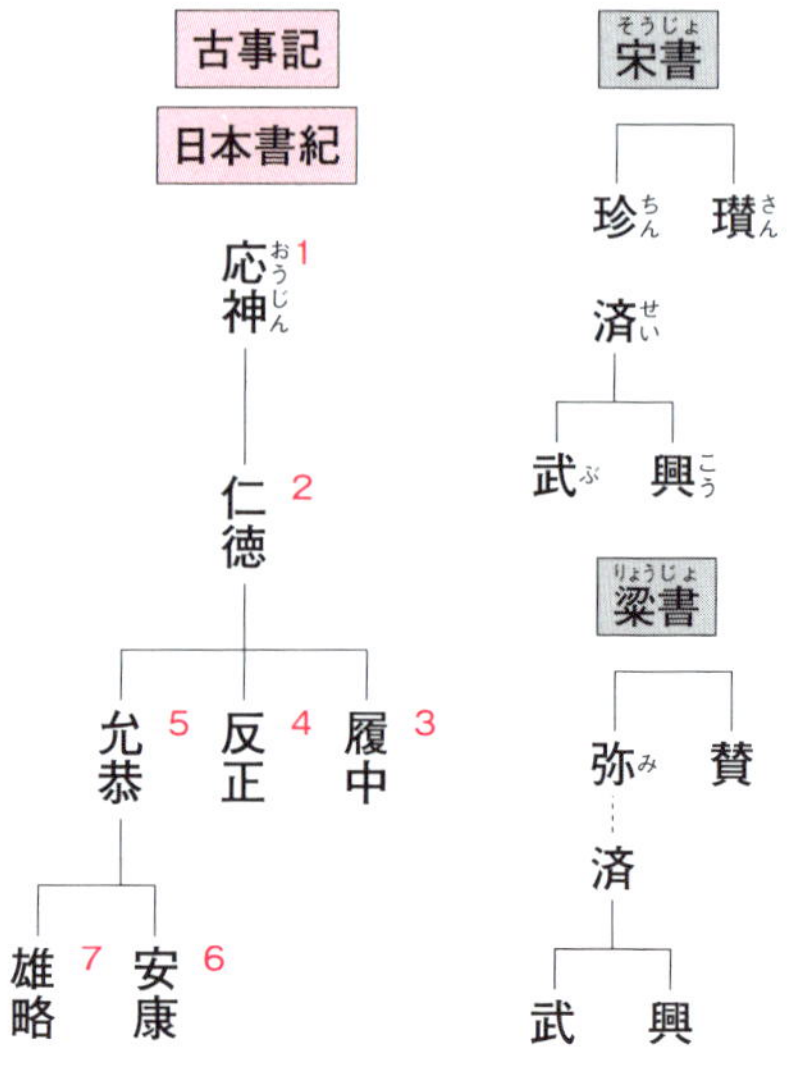

数字は皇位継承の順

20

古墳

2万人もの渡来人のゆくえを辿る

先進技術をもたらした渡来人の本拠地とは

Point

◆渡来人

朝鮮半島で戦乱が勃発

↓

渡来人が多く来日して
先進的な文化や技術を伝える

主な文化・技術

農業・建築・医術・政治制度・酒造・算術・製鉄・須恵器・養蚕・機織など

◆主な渡来系氏族

秦氏
秦の始皇帝の末裔で、土木や養蚕、機織などを伝えた

東漢氏
軍事力に秀で、宮廷の警護や蘇我氏の門衛などを務めた

西文氏
河内国古市郡に住み、文筆を専門にヤマト政権に仕えた

古墳時代は大陸の先進的な文化や技術が流入し、日本に飛躍的な発展をもたらした。その立役者となったのが、朝鮮半島からやってきた渡来人だった。彼らの多くは先進的な知識や技術を有しており、ヤマト王権や豪族から歓迎された。

渡来人は4世紀後半から6世紀にかけて多く来日したが、増加した背景には朝鮮半島の戦乱があった。

4世紀までの朝鮮半島は馬《ば》韓《かん》・辰韓《しんかん》・弁韓《べんかん》の「三韓」が支配していたが、これが高句《こうく》麗《り》・百済・新羅に取って代わられるようになる。国が滅びたことで大勢の遺臣が海を渡り、日本列島に移住したのである。

日本にやってきた渡来人の中には、秦《はた》氏や東漢《やまとのあや》氏、西《かわちの》文《ふみ》氏のようにヤマト王権で活躍した者たちもいた。『古事記』には、渡来人の大移動について「秦造《はたのみやつこ》の祖、漢直《あやのあたい》の祖らが参渡り来つ」とある。

また、『日本書紀』には、「283年、秦氏の祖である弓月君《ゆづきのきみ》、百済より120県の臣民とともに来帰、宇佐に4世紀半ばに移住した」と記されている。283年とあるが、実際に渡来したのはもう少し後の時代だったと考えられて

文=常井宏平

いる。

半島の戦乱を避けて船で渡来した秦氏

秦氏は中国・秦《しん》の始皇帝を祖とする氏族で、朝鮮半島に逃れて辰韓（秦韓）という国家群を形成した。だが356年、辰韓は新羅に滅ぼされ、遺臣が船で脱出して日本へ移り住んだ。

このとき、約2万人が海を渡ったといわれるが、これを手助けしたのが応神天皇だったと、『古代史の謎は「海路」で解ける』の著者で工学博士の長野正孝氏は述べている。

長野氏によると、応神天皇は新羅系の葛城襲津彦《かずらきのそつひこ》の協力を得て中国船や新羅船を調達し、ピストン輸送を行ったという。

当時の船の大きさについては不明な点が多いが、安達裕之氏の『日本の船 和船編』には、「9世紀から14世紀までの記録に従うと、海船は約200石積（載荷重量30トン級）が限界だった」とある。

長野氏はそこから「古代日本ではその半分程度の規模の船（10～12トン）が航行していた」と、当時の船のサイズを導き出している。

ちなみに海を渡った秦氏は、まずは豊前《ぶぜん》国宇佐に拠点を置いた。そして中央政界に進出し、養蚕《ようさん》や機織などの技術を伝えて台頭した。さらに大和国だけでなく山背《やましろ》国葛野郡・紀伊郡、河内国讃良《ささら》郡、摂津国豊嶋《てしま》郡などに土着し、一大勢力を築いた。

ヤマト政権は陶作部《すえつくりべ》や玉造《たまつくり》部《べ》、錦織部《にしこりべ》、鞍作部《くらつくりべ》など、渡来人を品部《しなべ》という技術者集団として編成した。渡来人は学問や農業、建築、医術、政治制度、酒造、算術などを伝えた。特に革新的だった技術が製鉄と須恵器《すえき》で、瞬く間に全国へ広がった。

5－6世紀の渡来人

【5世紀】

●王仁《わに》（百済）…応神《おうじん》天皇の時代、『論語』『千字文《せんじもん》』を伝えたとされる。西文氏《かわちのふみうじ》の祖

●阿知使主《あちのおみ》（本国不明）…応神天皇の時代、文書記録を担当する史部《ふひとべ》を管理したとされる。東漢氏《やまとのあやうじ》の祖

●弓月君《ゆづきのきみ》（百済）…応神天皇の時代、養蚕・機織りを伝えたとされる。秦氏《はたうじ》の祖

【6世紀】

●五経博士《ごきょうはかせ》（段楊爾《だんように》以来、交代で百済から渡来）…513年から儒教を伝える。五経とは『書教』『易教』『詩教』『春秋』『礼記《らいき》』のこと

●司馬達等《しばたっと》（梁《りょう》？）…522年、大和国高市郡に草堂を建て仏像を礼拝したという。孫は鞍作鳥《くらつくりのとり》（止利《とり》仏師）。鞍作氏の祖

●易《えき》・暦《れき》・医《い》博士（百済）…554年、易学（陰陽道《おんみょうどう》）・暦法・医学を伝える

●仏教公伝…百済の聖明王から欽明天皇の時代に伝わる。公伝年には、『上宮聖徳法王帝説《じょうぐうしょうとくほうおうていせつ》』『元興寺伽藍縁起并流記《がんこうじがらんえんぎならびにるき》資財帳』による「戊午年」（538）説と、『日本書紀』による「壬申年」（552）説の2つの説がある。

4世紀の朝鮮半島

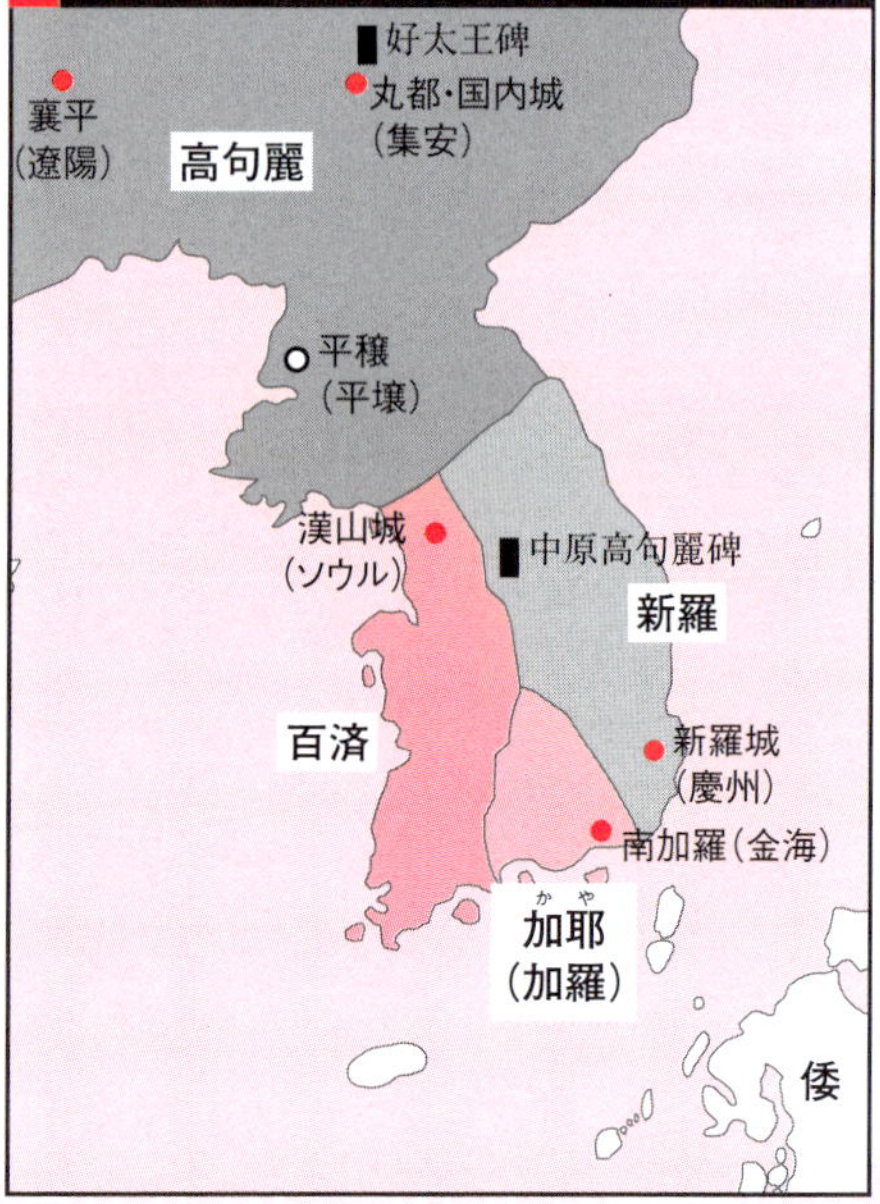

21 古墳

朝鮮半島と九州勢力が継体天皇の即位を支援か

継体天皇の出身地・越国と宮殿の立地を検証

Point

●継体の地盤は越前の三国地方

・三国地方は九頭竜川の水上交通と朝鮮半島との通交で栄えた

↓

・母方の一族とみられる九頭竜川流域の古墳は巨大で、朝鮮、九州との交流を示す遺物も多い

●継体が宮を置いた地は水上交通の便がよかった

・継体紀には百済との交流を示す記載が非常に多い

・「海の王」として常に諸地方との交流と交易が頭にあった可能性がある

・宮の周辺にあった九州の隼人勢力、渡来してきた百済勢力の支援を受けた

継体天皇陵とされる今城《いましろ》塚《づか》古墳（大阪府高槻市）から出土した円筒埴輪には、船の図案がある。それはこの大王のバックボーンを象徴しているようだ。

継体天皇は実在が確実視される6～7世紀の大王だ。多くの日本史年表でも、『日本書紀』を信用し、即位した継体天皇元年（507）が記されている。また、継体天皇に始まる王朝は現代の皇室に連なる新王朝とする見方も強く、『日本書紀』でも前代の武烈天皇の死を皇統の断絶とし、「絶えて継嗣なし」とはっきりと記している。

継体天皇は越《こし》の出身で「応神天皇の五世孫」とされるが、系譜は判然としない。越は現在の福井県東部（越前）から新潟県（越後）にまで及ぶ広大な地域を指すが、継体天皇は越前の人である。日本海文化圏に属する古代の越は、出雲をはじめとする日本海沿岸部、中国・朝鮮の影響を受けた先進地域だった。

越前は碧玉《へきぎょく》の産地として知られるほか、越の中でも畿内勢力と早くから結びついていた特異性があったとみられる。継体天皇の父は近江のヒコウシ王、母は九頭竜《くずりゅう》川流域の豪族の娘のフリヒメ。ヒコウシ

 文＝吉田龍司

が若死にしたので、継体は母の実家がある越前高向（福井県坂井市）で養育された。57歳で大王を要請するヤマトの使者と対面した場所が三国である。

三国は古代に良港として栄えた三国潟があった港町だ。継体天皇は三国潟と九頭竜川水運を擁し、海の王者として越前平野に君臨していたイメージがある。

朝鮮半島や九州勢力と密接だった越前

九頭竜川流域には継体天皇の地盤であるフリヒメ実家の勢威を示すように、丸岡古墳群や松岡古墳群など巨大な前方後円墳がある。遺物には朝鮮半島南部で流行していた金・銀の銅冠があり、交流の深さがうかがえる。

また九州特有の石棺である舟形石棺が多く採用されている点も見逃せない。越前と九

継体天皇の移動路と略系図

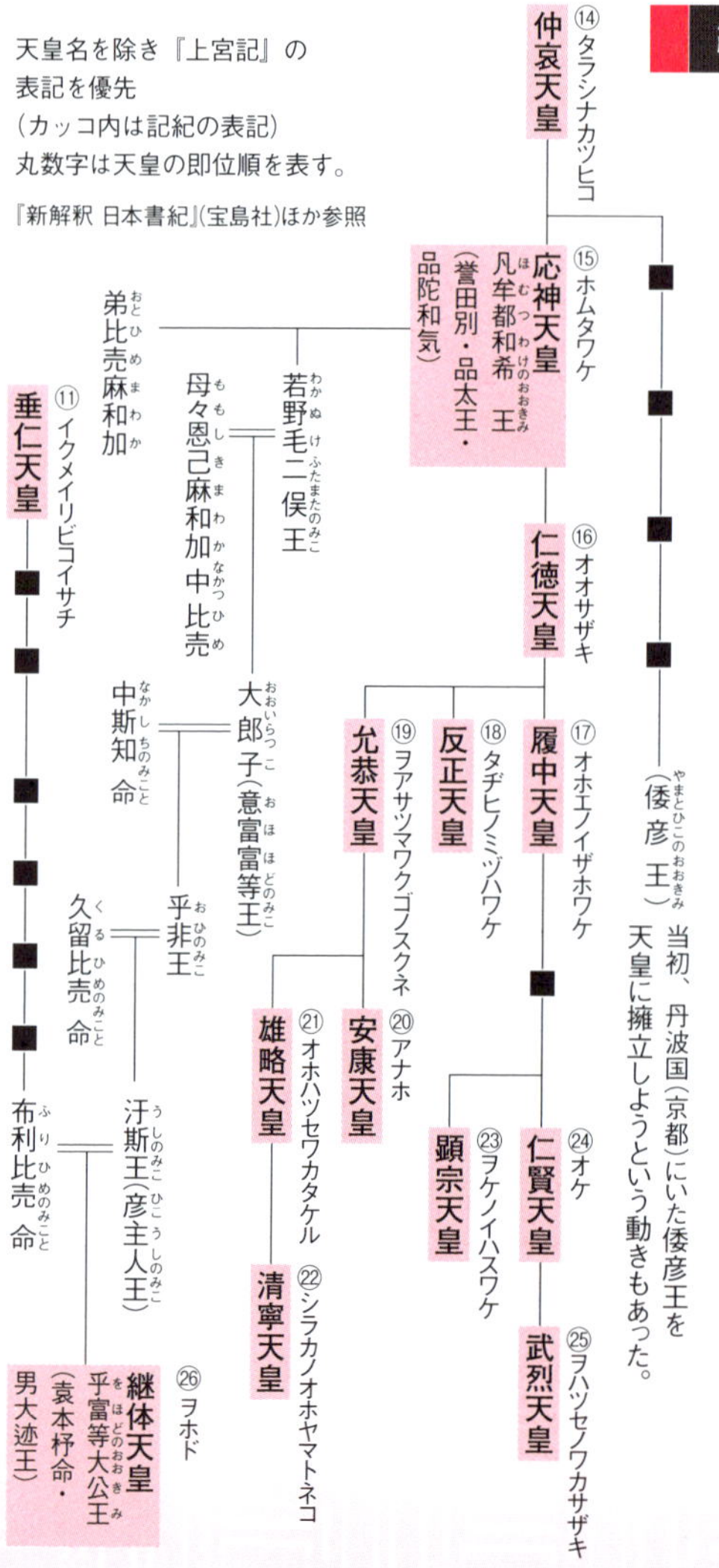

天皇名を除き『上宮記』の表記を優先
（カッコ内は記紀の表記）
丸数字は天皇の即位順を表す。
『新解釈 日本書紀』（宝島社）ほか参照

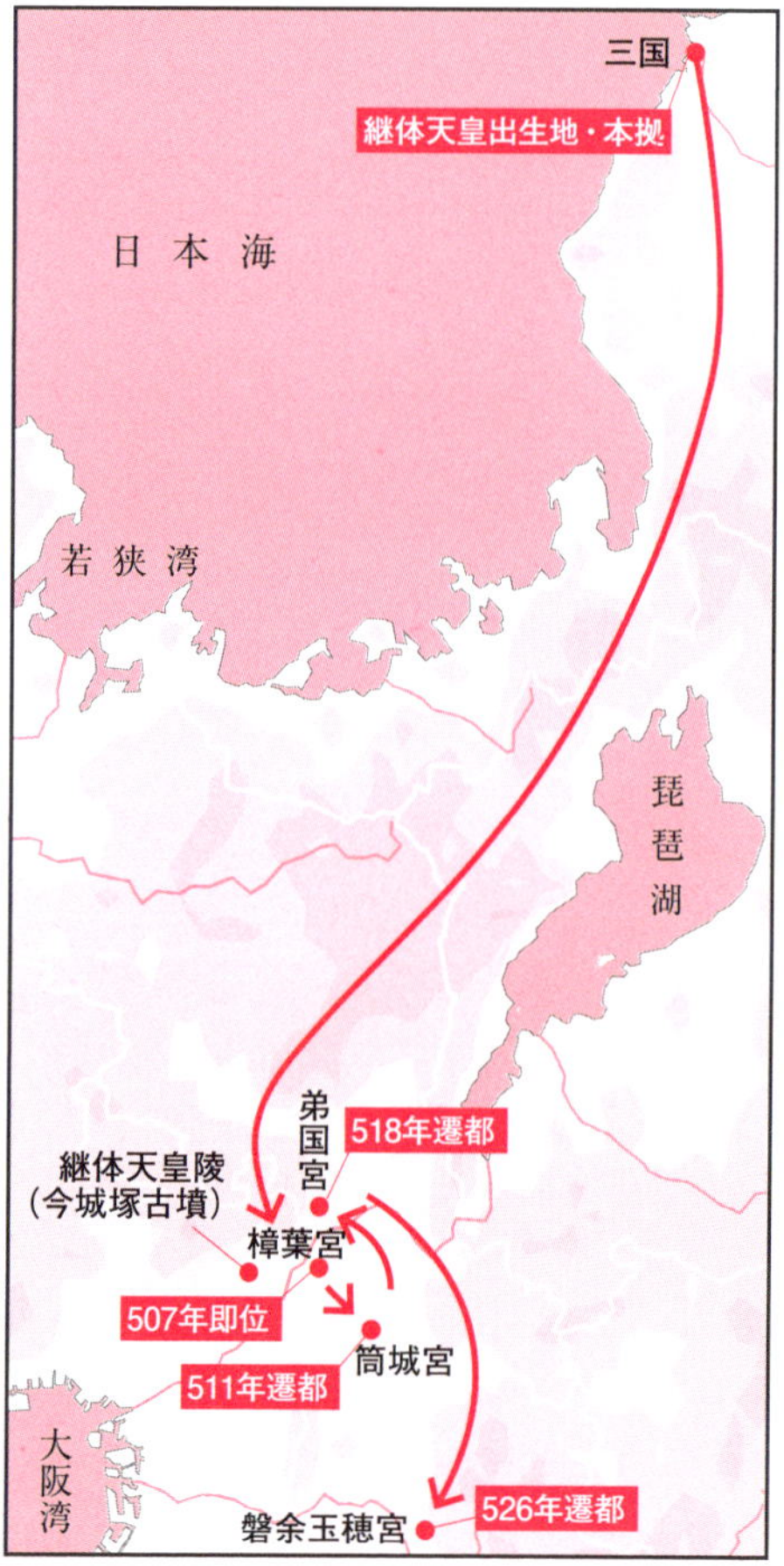

州勢力との関係は、のちの筑《つく》紫《しの》国造《くにのみやつこ》磐井《いわい》と継体の戦い（磐井の乱）が、朝鮮外交をめぐる問題だった可能性があること（親百済《くだら》の継体と親新羅の磐井の衝突）を示唆する。

継体天皇は河内国樟葉宮《くずはのみや》（大阪府枚方市）で即位するが、その後なぜか19年ヤマトに入っていない。既存勢力の抵抗があったともいうが不明だ。地形面では九頭竜川と同様、樟葉宮が淀川沿い、続く山背筒城宮《つつきのみや》（京都府京田辺市）が木津川沿いであることが注目される。継体天皇が水上交通と交易を意識し続けていた証とも考えられよう。

これらの地域には隼人勢力、百済の渡来勢力が移住しており、継体天皇のヤマト入りを支援したという考察もある。越前勢力には海を越えた幅広い支持勢力があり、継体天皇はその力を結集して新王朝を築いたのかもしれない。

今城塚古墳と石棺（推定復元）

今城塚古墳（大阪府高槻市）は6世紀前半の最大級の前方後円墳で、継体天皇陵の有力候補。墳長は約181m、後円部は3段、前方部は2段築成、葺石《ふきいし》と二重の周濠があり、埴輪祭祀場からは精緻な武人埴輪などが発見されている。写真右は、出土した金銅製の馬具や銀象嵌《ぎんぞうがん》の大刀をもとに復元された石棺内部。

写真提供＝ともに高槻市教育委員会

22
古墳

海運と製鉄技術で栄えた古代丹後王国の衰退

Point

●丹後地方の大勢力
・古代より日本海交易圏の中で寄港地として重要な位置を占めた
・玉造、鉄の生産で経済的に発展を遂げる
・朝鮮半島とも直接交流していた可能性が大きい

●独自性が強い
・出雲、北陸で盛んに造られた四隅突出型墳丘墓がない
・独自の祭祀文化を持っていた公算が大きい
・「四道将軍」伝説で唯一、派遣地として名指しされている

●ヤマト王権に従属したのは4世紀半ばか
・同時期に前方後円墳の築造が始まる

日本海沿岸の丹後《たんご》（京都府北部）は、天橋立《あまのはしだて》で知られる地方である。古代、この地に強大な勢力があったとするのが「丹後王国論」と呼ばれる説だ。

現在の京都府中部から兵庫県北部の一帯の丹波《たんば》も丹後に含まれたが、律令国家成立後、切り離されて丹後国・丹波国に分かれた。ゆえに丹波王国ともいうが、その中心は現在の京丹後市を流れる竹野川流域であり、イメージは丹後の大勢力といってよいだろう。

丹後は地勢的に非常に重要な土地だった。日本海の交易圏では海に突き出した丹後半島は欠かせない寄港地であり、強大な勢力ができる素地は十分だった。また古墳時代以降はヤマトを中心とする畿内勢力に隣接するとともに、ヤマトと山陰を結ぶ道として重視されたとみられる。

弥生時代の丹後の特色は、装身具として珍重された玉造が盛んだった。また同時期の墳丘墓からは玉とともに鉄製工具も多数出土している。

日本で本格的な製鉄が始まるのは古墳時代以降とされるが、丹後はそれ以前に製鉄を始めていた先進地域だったとみられる。材料の大半は北九州から交易で得ていたと考え

文＝吉田龍司

られているが、朝鮮半島との直接交流の可能性も強いようだ。事実、大風呂南《おおぶろみなみ》墳丘墓（宮津市）からは、明らかな大陸産のガラスの腕輪が出土している。

畿内や出雲に与しない独立王国として繁栄

交易で豊かとなった丹後には日吉ヶ丘《ほよしがおか》遺跡（与謝野町）にみられるような大型の墳丘墓が造られた。

驚くべきことに出雲や北陸で造られた四隅突出形墳丘墓は丹後含む旧丹波地方にはひとつもない。同じ交易圏ながら、他勢力に与《くみ》しないという丹後の独自性が感じられるところである。

弥生後期末の赤坂今井墳丘墓（京丹後市）は東西36メートル、南北39メートルの方形墳丘墓で、玉類計211個を使った豪華な頭飾りや、耳飾りが出土した。墓は内陸の盆地と海岸平野の交点にあるため、丹後全域を支配する王墓だったとも考えられている。

丹後に前方後円墳が現れるのは4世紀半ばで、ヤマトへの従属もこの頃か。四道将軍の派遣地としてはっきり「丹波」と記されているのはこの地方だけだが、特筆されるだけの有力なクニだったとも受け取れる。

6世紀後半の湯舟坂《ゆふねざか》2号墳（京丹後市）は丹後の大豪族の墓とされる。副葬品の金銅《こんどう》装環頭大刀《そうかんとうたち》はヤマトから下されたものともいうが、丹後勢力の勢威を示す遺物であることは確かだろう。

丹後は5世紀後半より没落したとされるが、理由は諸説ある。4世紀後半からの大型帆船時代の到来で、朝鮮から鉄材料を運ぶ船は若狭・敦賀《つるが》への来港が主流となったので、丹後は寄港地として存在意義を失ったという見方もある。

赤坂今井墳丘墓

東西36m、南北39m、高さ3.5mと、弥生時代のものとしては国内最大級の方形墳丘墓（京都府京丹後市峰山町）。基底周辺には幅5～6mのテラスがめぐる構造で、埋葬施設は墳頂部から6基、テラス部から19基確認された。墳頂部の中心的施設である「第1埋葬」は、長さ14m、幅10.5mあり、全長7mもの舟底状木棺を直葬したとみられる。墓穴上からは、葬送儀礼を行う建物があったと考えられる柱穴列も発見されている。

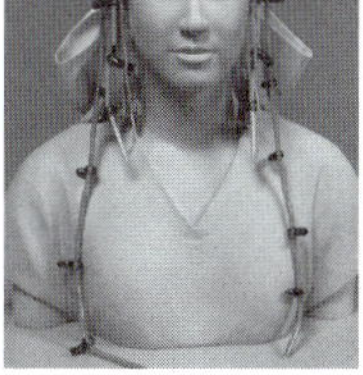

「第1埋葬」に次ぐ規模の「第4埋葬」からは、ガラス製の勾玉や管玉を豊富に使用した豪華な頭飾り（写真は複製）が装着された状態で出土した。

湯舟坂２号墳 金銅装双龍式環頭大刀

全長122cm前後と推定される長大な金銅装の環頭大刀。環頭の内側には、大小2対の龍が向かい合って玉をかむという珍しい装飾が施されている。

写真提供＝すべて京丹後市教育委員会

23 古墳

独自の文化を持つ古代九州勢力とは

古代九州の最大の反乱 筑紫国造・磐井の乱の背景

! Point

◆古代の北部九州

大陸や朝鮮半島の窓口として機能

↓

独自性が高い文化がみられる

・装飾古墳

・石人、石馬

・横口式家形石棺

◆磐井の乱

朝鮮半島の権益を奪回するため、軍勢を差し向ける

↓

筑紫君磐井が行軍を妨害

↓

ヤマト王権軍 VS 磐井軍

↓

鎮圧

ヤマト王権の北部九州支配が強まる

北部九州は古くから大陸や朝鮮半島の窓口として機能し、新しい文化や技術が最初に伝わる場所でもあった。畿内のヤマト王権が勢力を拡大する中でも独立性を保ち、石人《せきじん》・石馬《せきば》や装飾古墳、横口式家形石棺に代表される独自の文化が育まれた。

圧倒的な軍事力をもって支配域を広げたヤマト王権だが、北部九州の勢力に対しては慎重だった。なぜなら、この地域は朝鮮半島の玄関口だったからだ。

ヤマト王権は鉄資源を確保するため、早くから朝鮮半島南部の任那《みまな》諸国と密接に結びついていたが、ときには高句麗や新羅といった半島の国家と戦うこともあった。そのとき、人員や物資を負担したのが北部九州の豪族たちだった。当時のはっきりとした事実はわかっていないが、北部九州の豪族たちは、さまざまな折り合いをつけながら、ヤマト王権と付き合っていたと考えられる。

だが、こうした関係に軋轢《あつれき》が生じ、ついには古代九州最大の乱といわれる磐井《いわい》の乱が勃発することになる。

乱を牽引した磐井は「筑紫《つくしの》国造《くにのみやつこ》磐井」「筑紫君磐井」などと表記され、彼の墓とされ

文＝常井宏平

る岩戸山《いわとやま》古墳は天皇陵に匹敵する大きさを誇っていた。古墳の規模から、磐井が北部九州の豪族を従える実力者だったことがうかがえる。

磐井の乱の鎮圧後 九州に屯倉が置かれる

『日本書紀』によると、継体21年（527）、新羅に奪われた朝鮮半島南部の権益を取り戻すため、継体天皇は近江《おうみの》毛野《けぬ》に6万の兵を与えて半島へ向かわせた。

　これに危機感を抱いた新羅は、北部九州の実力者だった磐井に賄賂を贈り、ヤマト王権軍の行軍を妨害するよう求めた。

　磐井は豊《とよ》の国（豊前《ぶぜん》・豊後《ぶんご》）や火《ひ》の国（肥前《ひぜん》・肥後《ひご》）の豪族を味方につけ、毛野の行軍を阻んだ。毛野と磐井は旧知の仲だったが、磐井は「お前の指示には従わない」といい放ったという。磐井が新羅の求めに応じたのは、彼が常日頃からヤマト王権に不満を抱いていたからと考えられる。

　継体天皇は物部麁鹿火《もののべのあらかい》を将軍に任命し、磐井の討伐にあたらせた。継体22年（528）11月、両軍は筑紫三井《みい》郡で激突。激しい交戦の末、磐井軍は敗北を喫した。磐井の最期については諸説あり、逃亡中に亡くなったとも、麁鹿火に斬られたともいわれる。磐井の子・葛子《くずこ》は糟屋屯倉《かすやのみやけ》を献上し、死罪を免れた。

　この乱の終結後、ヤマト王権は北部九州の各地に屯倉を置いて支配体制を強めた。さらに屯倉の統括機関として那《な》津官家《つのみやけ》（大宰府《だざいふ》の前身）を設置し、北部九州における政治・軍事的拠点となった。

　一方で、北部九州独自の文化の象徴だった石人や石馬はその多くがヤマト王権軍によって破壊された。

九州の石人・石馬の分布

八女《やめ》古墳群・岩戸山古墳

岩戸山古墳(福岡県八女市)は、全長170m(墳長135m)の北部九州最大の前方後円墳。八女古墳群の中心的な古墳で、墳丘の東北隅に43m四方の別区(方形地区)が現存する。古墳からは円筒埴輪のほか、武装した人物、動物などの石製品(石人・石馬)が100点以上出土。内部は横穴式石室と推定され、筑紫君磐井が生前から築造していた。築造年や築造者が判明しているきわめて貴重な古墳。古墳の規模から、筑紫君磐井は相当の力を持っていたとみられ、ヤマト王権が無視できない存在であったことがうかがえる。

写真提供=すべて八女市教育委員会

岩戸山古墳別区

祭儀の場所と推測されている。石人の配置は、盗人がイノシシ4頭を盗んだ罪を裁かれている様子を表しているという。

北部九州に広がる石人・石馬

写真は岩戸山歴史文化交流館に展示されている古墳群から出土した石製品。靫を背負いみづらを結った石人、鞍・鐙・杏葉などの馬具が彫られている石馬のほか、完全な姿で出土した石盾は、各所に赤色の顔料が残る。北部九州の5世紀の古墳からは、このようなエリア特有の石製品が出土。独自性の強まりが、磐井の乱につながったとも推測されている。

24 古墳

屯倉の立地からわかる地方勢力の拠点

屯倉の設置に貢献し勢力を拡大させた蘇我氏

! Point

◆屯倉の役割

地方支配の政治・軍事的拠点

➡ヤマト王権を中心とする支配体制の確立

食糧の安定確保

➡国を豊かにして安定した国家体制を築く

◆蘇我氏の台頭

屯倉の拡大に貢献して政権内での存在感を高める

・渡来人の助けを借りる

・大王家と縁戚関係を結ぶ

・ライバル勢力を斥ける

⬇

大王家をしのぐ実力者に

3世紀頃に成立したヤマト王権は徐々に領域を広げ、日本列島の大半を支配するようになった。そして、地方を支配するに際して置かれたのが「屯倉《みやけ》」だった。

逆に見れば、屯倉が置かれた場所には、もともと強大な地方勢力が存在していたことを意味している。

屯倉は、「屯家」「三宅」「御宅」「三家」などとも記される。「ヤケ」は建物を指しており、ヤマト王権の直轄地の倉庫を表した語とされる。強大な国家を築くには、耕地を広げて国を豊かにする必要がある。そこで各地に屯倉を置き、地域を直接支配したのである。

屯倉の設置時期は諸説あり、4～5世紀に成立した説（前期屯倉）と、6世紀半ばに生まれた（後期屯倉）という見方がある。

前期屯倉は顕宗《けんぞう》・仁賢《にんけん》天皇より前に成立したといわれており、設置地域は茨田《まむた》や依網《よさみ》、淡路《あわじ》、餝磨《しかま》など、畿内とその周辺部に限られていた。これらの屯倉は大王《おおきみ》家が自ら開発・経営し、地域民は狩猟で得た獲物や海産物を納めた。こうした屯倉は「倭《やまとの》屯倉《みやけ》」と呼ばれ、大王家の大事な経済基盤となった。

文＝常井宏平

ヤマト王権の全国支配を後押しした屯倉

『日本書紀』の安閑《あんかん》元年（534）七月一日条には、安閑天皇が大河内直味張《おおしこうちのあたいあじはり》という人物に、彼が所有する「雌雉《きじ》田《た》」を献じるよう命じたことが記されている。屯倉は大王家が直接開発するだけでなく、地方豪族に土地を献上させたものもあった。

そして『日本書紀』の推古15年（607）是歳条には、「亦国毎《またくにごと》に屯倉を置く」という記述がある。

推古天皇は屯倉という支配拠点を全国各地に置き、大王家の支配域拡大を図ったのである。また屯倉設置の記事の前段には、溜池や大きな溝を掘削したことが記されている。これらは灌漑《かんがい》用に整備されたとみられており、推古天皇の時代に生産力が増大したことがうかがえる。

屯倉には耕作地以外に政治的・軍事的拠点という意味合いもあったが、その拡大に貢献したのが蘇我氏だった。『日本書紀』には、宣化《せんか》元年（536）に蘇我稲目《いなめ》が宣化天皇の命令で尾張国の屯倉の籾《もみ》を都へ運んだことが記されている。また欽明《きんめい》16年（555）7月壬午条には、稲目が吉備国（岡山県）に派遣されて白猪《しらい》屯倉の設置に携わったことが述べられている。

蘇我氏は全国の屯倉を拡大したことで政権内での存在感を高めたが、配下として活躍したのが東漢氏や西文氏などの渡来人だった。彼らは水田の開発に長け、屯倉の拡大には欠かせない存在となった。

屯倉は大化の改新で廃止され、その後は国ごとに国府、郡ごとに郡家《ぐうけ》という支配拠点が置かれた。各地に置かれた屯倉は、中央政権の地域支配の先駆けでもあったのである。

主な屯倉の分布

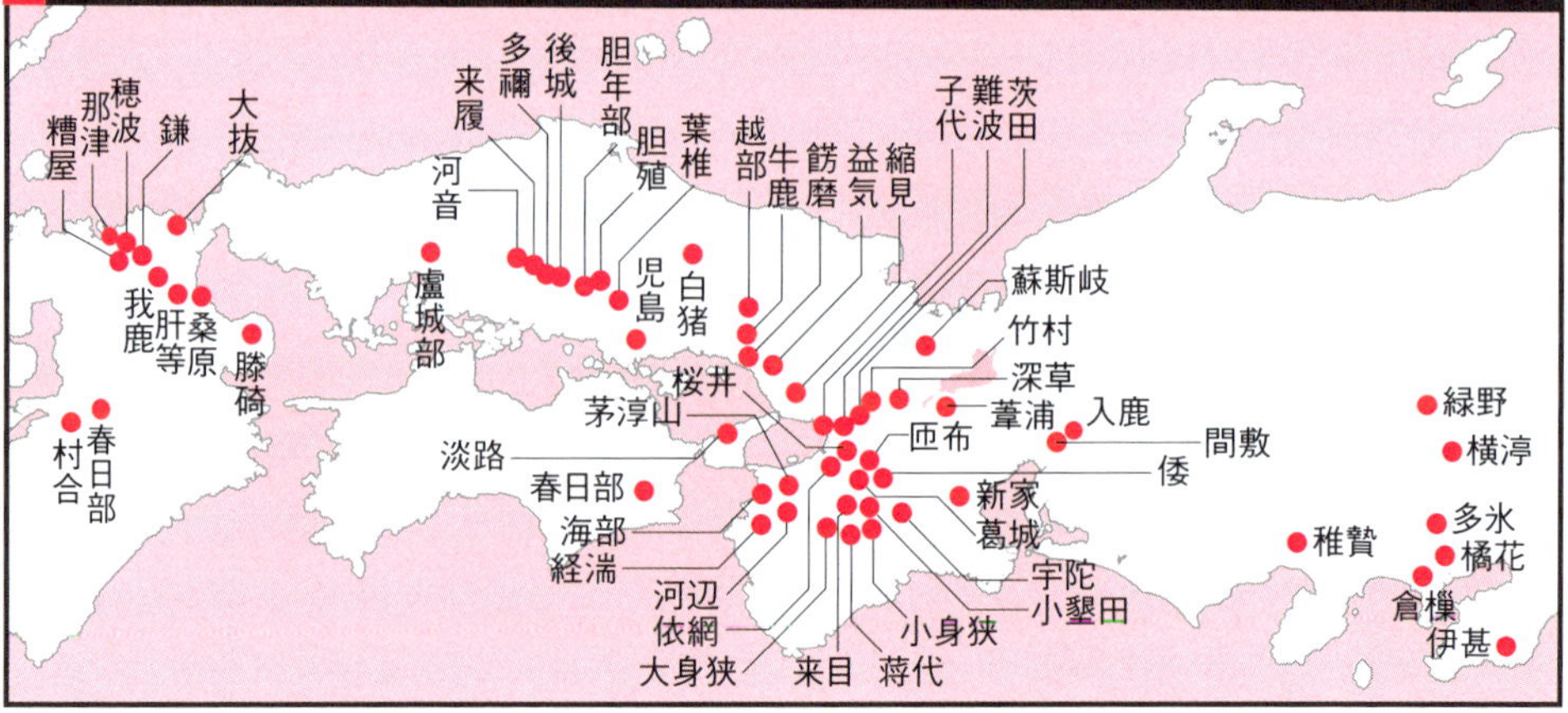

『山川 詳説日本史図録』(山川出版社)ほか参照

ヤマト王権の勢力拡大と古代道の建設

飛鳥から3つの直線道路が築かれた理由とは

Point

◆奈良盆地の直線道路

4里ごとに等間隔で並び、
現在も形跡が残る

上ツ道

途中で箸墓古墳の裾を
回り込むように迂回

中ツ道

道筋は現在の奈良県道51号天理環状
線とほぼ合致し、飛鳥の中心部を通る

下ツ道

平城京のメインストリートである
朱雀大路のもとになぜ直線道路が
敷かれたのか?

↓

・大規模な造営事業のために敷いた?
・軍事用に敷設された?

古墳時代の奈良盆地には大規模な直線道路がいくつもあったが、飛鳥から北に向かって平行に延びているのが、上《かみ》ツ道・中《なか》ツ道・下《しも》ツ道の3本の道路である。道路は4里（約2キロ）ごとに等間隔で並んでおり、現在も形跡が残っている箇所がある。

もっとも東寄りにある上ツ道は、現在の桜井市から天理市を経て平城京の外京《げきょう》端まで延びる。途中で箸墓古墳を通っているが、古墳の後円部の裾を回り込むようにして迂回している。そのため、箸墓が築かれた3世紀よりも後に造られたものと考えられる。上ツ道の跡地は、箸墓古墳の北方約150メートル地点から見つかっている。

上ツ道と下ツ道の間を通る中ツ道は、橿原《かしはら》市の天《あまの》香《か》具《ぐ》山《やま》から北に延びる直線道路である。道筋は現在の奈良県道51号天理環状線とほぼ合致しており、飛鳥の中心部も通る。平安時代には、藤原道長が大《おお》峰山《みねさん》へ参詣するために通ったという記録がある。平成25年（2013）には中ツ道とみられる遺構が発見され、側溝跡からは土器なども出土した。

そして西端にある下ツ道は、現在の五條市から橿原市を経て奈良市に至る道である。平

文＝常井宏平

城京のメインストリートである朱雀大路《すざくおおじ》のもとになっており、側溝は宮を造成する際に埋められたと考えられている。7世紀後半にはすでに造られたようで、天武天皇も巡幸などで通ったという。

土木事業のために直線道路が造られた？

南北に延びる3本の直線道路の敷設年代については諸説あるが、『日本書紀』の孝徳《こうとく》天皇の白雉《はくち》4年（653）六月条には「処処の大道を脩治る」とある。当時は大化の改新と呼ばれる政治改革の真っ最中で、その一環で大道が築かれたと考えられる。

孝徳天皇の崩御後に即位した斉明《さいめい》天皇（天智・天武天皇の母）は、宮を難波から飛鳥に移した。そして宮殿や寺院、貴族の邸宅などを次々と造営したが、そのために必要な材料を近隣から運ばなければならなかった。

そこで材料を運搬するため、3本の直線道路を造ったという説がある。一方で、壬申の乱では3本の道路が有効活用されているので、軍事用に敷設したともいわれる。

斉明天皇は大規模な造営事業に取り組み、壮大な後《のち》飛鳥岡本宮《あすかのおかもとのみや》を築いたほか、7万人を動員して巨大な運河を造らせた。だが労役があまりに厳しかったので、『日本書紀』には人々が巨大運河を「狂心《たぶれごころ》の渠《みぞ》」と呼んで非難したことが記されている。

女帝がこのような土木事業に執着したのは、飛鳥を「水と石の都」にしたかったからだ。そこで巨大な直線道路を通したのかもしれないが、結局は人々の恨みを買う結果となった。

大和三道と古代の宮都

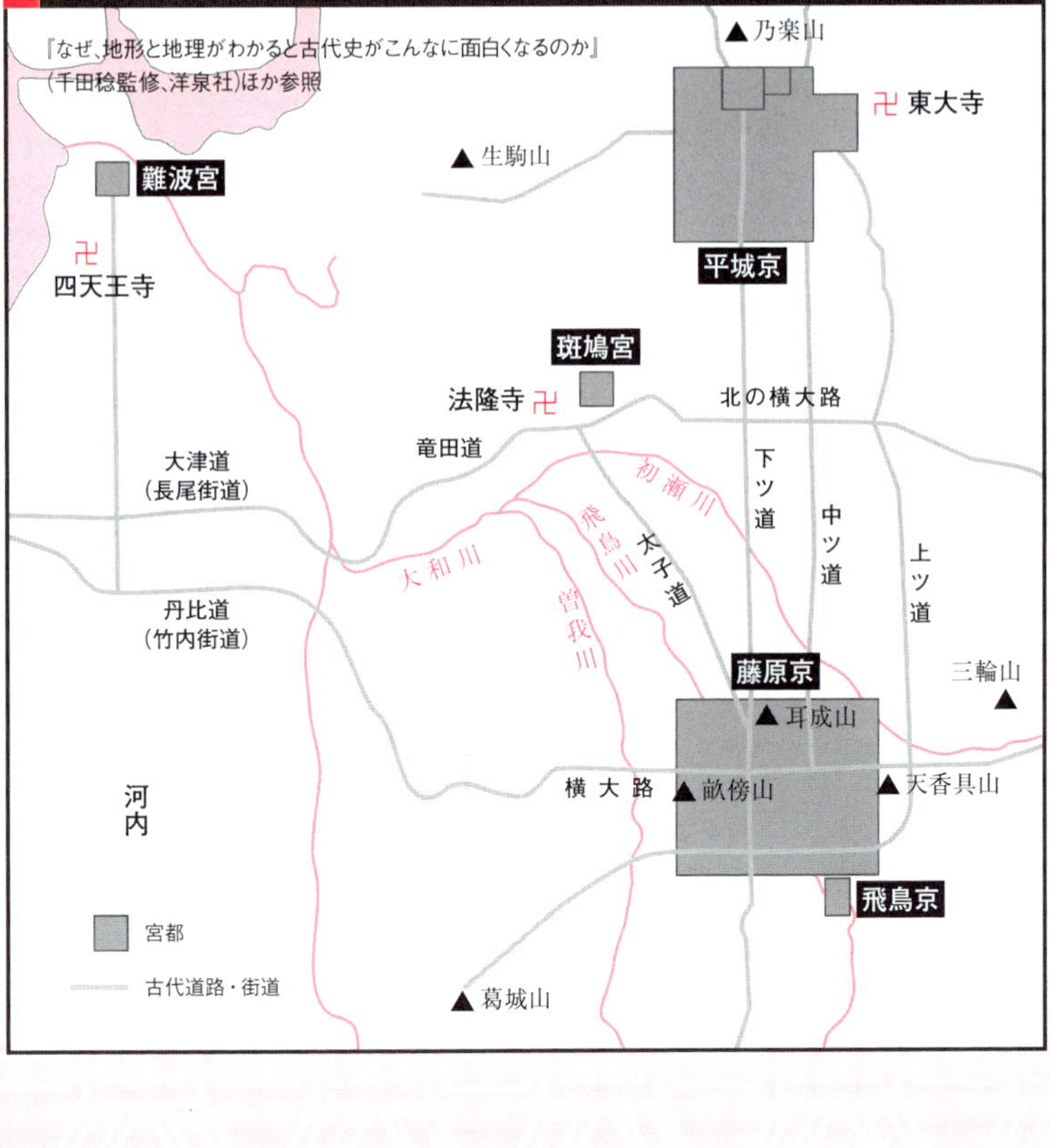

飛鳥から南北に延びる3本の直線道路と、難波への道を示したもの。厩戸皇子（聖徳太子）が飛鳥から離れた斑鳩に宮を建てたのは、当時の外港であった難波を意識してとも考えられている。

飛鳥時代

26 飛鳥

険しい道のりを経て伝来した仏教の影響

物部氏と蘇我氏の対立 朝廷を二分した仏教の伝来

! Point

◆仏教の伝来ルート

前6世紀に釈迦が提唱

↓

アジア各地に広まる

上座部仏教

スリランカから海路で東南アジアへ

大乗仏教

中央アジアからシルクロードに乗って東アジアへ

↓

朝鮮半島を経由して日本に伝わる

◆飛鳥寺の特徴

・百済の工人や技術者を活用

・百済の王興寺をモデルにする

・伽藍様式は高句麗の金剛寺と同じ

↓

朝鮮半島の仏教文化の影響を色濃く受けている

飛鳥時代の大きな特徴として、仏教思想の浸透がある。当時の最先端文化だった仏教は、新しい時代が到来したことを示す宣伝材料となった。日本に仏教が伝わったのは、一説には宣化《せんか》３年（５３８）または欽明《きんめい》13年（５５２）だが、仏教の成立はそれより１０００年以上さかのぼる。前6世紀、インド北部のガンジス川中流域で釈《しゃ》迦《か》が提唱し、弟子たちによってアジア各地に広まった。

仏教は、出家して戒律を堅持することに重きを置く上座《じょうざ》部《ぶ》仏教と、他者に尽くすことを重んじる大乗《だいじょう》仏教に大別される。上座部仏教はスリランカに伝わり、さらに海路を通じてタイやミャンマー、カンボジア、ラオスといった東南アジア地域に広まった。

一方、大乗仏教は主に陸路を通じて中央・東アジア地域へ伝わった。そのルートはまずインドから中央アジアにもたらされ、シルクロードによって西域や中国へと拡大。中国では東晋《とうしん》（３１７〜４２０）の時代に制度が整い、梁《りょう》（５０２〜５５７）の時代に最初の興隆期を迎えた。その流れを受けて朝鮮半島にも仏教が伝わり、そこから日本列島にも伝わった。

文＝常井宏平

朝鮮半島の仏教文化の影響を受けた飛鳥寺

日本に仏教を伝来させたのは百済の聖明王《せいめいおう》で、仏像や経論などを欽明天皇に贈った。天皇が「我が国でも礼拝すべきだろうか」と群臣に尋ねると、物部尾輿《もののべのおこし》や中臣鎌子《なかとみのかまこ》らは「我が国にはすでに古来神がいるので、新たに異国の神を迎える必要はありません」と述べた。

一方、蘇我稲目《いなめ》は「ほかの国では皆仏教を崇拝しています。我が国だけ敬わないわけにはいきません」と仏教の受容を提言する。意見は真っ二つに分かれたが、最終的には稲目が仏像を授かり、個人的に崇拝することになった。

蘇我氏が仏教の受容を提言したのは、渡来人と密接に結びついていたからだ。彼らの中には仏教と深くかかわっている者もいて、稲目は受容すべきと判断した。これを機に崇仏派と排仏派による争いが巻き起こったが、最終的には崇仏派の蘇我氏が勝利を収めた。

蘇我稲目の子・馬子《うまこ》は崇峻《すしゅん》元年（588）、飛鳥寺の造営を始めた。だが、当時の日本はまだ仏教文化が十分に浸透していなかったので、百済の工人や技術者が造営に携わった。平成20年（2008）には飛鳥寺が百済の王興寺を参考に建立したことが明らかになったが、日本の初期仏教が朝鮮半島の影響を多分に受けていたことをうかがわせている。

飛鳥寺は塔を中心に東・西・北の三方に金堂《こんどう》が配置されているが、これは日本ではほかに類例がない様式である。高句麗《こうくり》の金剛寺《こんごうじ》（現在の清岩里《せいがんり》廃寺）と同じ様式なので、これも朝鮮半島の仏教文化の影響を受けたものとみられる。

仏教の伝播ルート

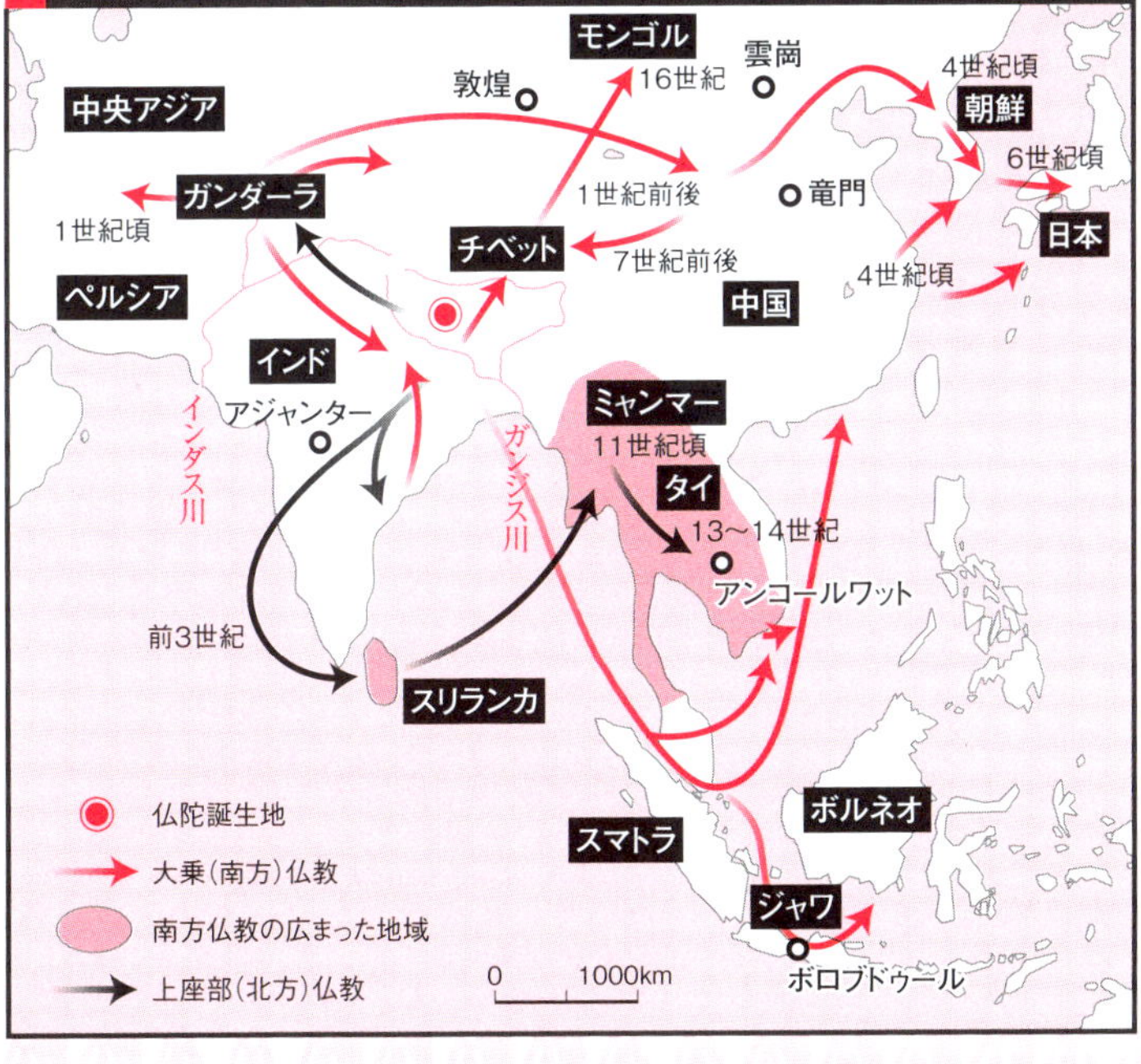

仏教は前6世紀にインドで誕生。中央アジアを経て紀元前後に中国に伝わった。朝鮮半島経由で日本に伝わった仏教は、中国で変容した中国仏教だった。

飛鳥寺復元模型と飛鳥大仏

写真提供＝奈良文化財研究所

蘇我馬子が建立した飛鳥寺（法興寺）は、一塔の周りに3つの金堂を配置する壮大なものだった。写真下は「飛鳥大仏」とも呼ばれる本尊の釈迦如来像。鞍作鳥《くらつくりのとり》（止利《とり》仏師）作の現存する日本最古の仏像で、後世に補修を受けるが、顔や右手の大半は造立当時のものといわれる。

飛鳥寺蔵　写真提供＝明日香村教育委員会

飛鳥彫刻の様式の比較

北魏《ほくぎ》様式
（鞍作鳥〈止利仏師〉の一派）

●杏仁《きょうにん》形の目と仰月《ぎょうげつ》形の唇
●衣文《えもん》（衣服）が左右対称
●顔立ちが力強く端整

飛鳥寺・釈迦如来像（飛鳥大仏）
法隆寺金堂・釈迦三尊像
法隆寺夢殿・救世《ぐぜ》観音像

百済《くだら》・中国南朝様式
（非止利派）

●顔立ちが柔和
●衣文の表現が自然
●写実的で全体に丸みがある

法隆寺・百済観音像
広隆寺・半跏思惟《はんかしゆい》像（弥勒菩薩《みろくぼさつ》像）
中宮寺・半跏思惟像（弥勒菩薩像）

27 飛鳥

瀬戸内海航路はいつ確立されたのか

神功皇后や中大兄皇子が突き進んだ戦いの航路

Point

◆**瀬戸内海航路**

古代、5世紀まで瀬戸内海は
航路として使われていなかった

↓

第21代雄略天皇が水路を開き、
水軍編成、造船所・港津を造成し、
瀬戸内海航路が成立する

↓

白村江の戦い
7世紀後半、第37代斉明天皇が
滅亡した百済を援護すべく瀬戸内海
航路を使って征西。4世紀とみられる
神功皇后の三韓征伐はこれを
モデルとした伝説ともされる

↓

斉明天皇崩御後、中大兄皇子が
指揮を執り、九州・筑紫から
朝鮮半島に軍を派遣。663年の
白村江の戦いで敗北する

古来、日本では瀬戸内海が航路として大いに利用されてきた印象がある。『日本書紀』によれば、九州から近畿に向かった神武天皇の東征は瀬戸内海を通ったとされ、また、神功《じんぐう》皇后の三韓征伐軍は瀬戸内海を経由して畿内に帰還したという。『日本書紀』によると、神功皇后の三韓征伐は4世紀にあたり、どこまで史実かは疑問が残るが、遠征中にのちの応神天皇を出産したという。当時、瀬戸内海に小船は行き来していたが、九州から畿内まで約400キロに及ぶ航路ができあがるのは5世紀、雄略天皇の時代を待たなければならない。

瀬戸内海は干満差が厳しく、激流と岩礁が多い。航路をさぐりながら澪標《みおつくし》を立て、航行に適した水路を定めていく必要がある。それらの作業を勅命で行ったのが雄略天皇だと『日本書紀』には記されている。6世紀になってヤマト政権が沿岸に中継基地となる屯倉《みやけ》を設置していき、物資供給も可能になったことから、瀬戸内海は重要航路となる。これはまた邪馬台国が、大陸との関係から見て近畿ではなく九州にあったとする説の根拠のひとつにもなっている。

文＝尾崎克之

鉄の利権を守るために瀬戸内海航路から大陸へ

660年、唐と新羅の連合軍によって百済が滅ぼされ、女帝・斉明天皇は残党を援護すべく、出兵を決める。翌年、68歳の斉明天皇は大阪の難波津から船出し、九州の筑紫に向かった。斉明天皇が百済を重視したのは、鉄の交易利権確保のためだ。工具、武具製作に欠かせない鉄製品は半島からの輸入に頼っていたのである。

船には、息子の中大兄《なかのおおえ》皇子と大海人《おおあま》皇子も乗っていた。瀬戸内海上で大海人皇子の后が大来皇女《おおくのひめみこ》を産む。のちの持統《じとう》天皇も同船しており、九州の地で大海人皇子との子・草壁《くさかべ》皇子を産んだ。斉明天皇の果敢な行動と一連の出産のエピソードが、三韓征伐に伝わる神功皇后とイメージが重なるのである。

斉明天皇は出兵を待たずに崩御し、中大兄皇子が遠征軍の指揮を執った。まず、百済王子・豊璋《ほうしょう》の帰国援護に5000人の軍を派遣。続いて新羅攻撃軍として2万7000人を派遣する。記録によれば船1隻あたり30人、のべ約1000隻の船団は対馬を経由し、百済までの海路約250キロを半島沿いに航海する。当時、天測航法は確立されておらず、陸地を目視しながら進む沿岸航法しかない。

百済の残軍は、錦江《きんこう》下流右岸にある周留《する》城に立てこもっていた。それに合流すべく日本軍は錦江河口を目指したが、時すでに遅く、白村江《はくすきのえ》と呼ばれたその地には、強力な唐の水軍170隻が待ち伏せていた。日本軍惨敗の様子は『旧唐書』(945年成立)に「煙と炎は天にみなぎり、海水は真っ赤に染まった」と記されている。

船形埴輪

宝塚1号墳(三重県松阪市)から発見された装飾船型古墳。全長140cm、高さ90cm、最大幅25cmで、当時の実際の装飾船をほぼそのままの形で表現している。

松阪市教育委員会蔵

朝鮮半島への出兵のルート

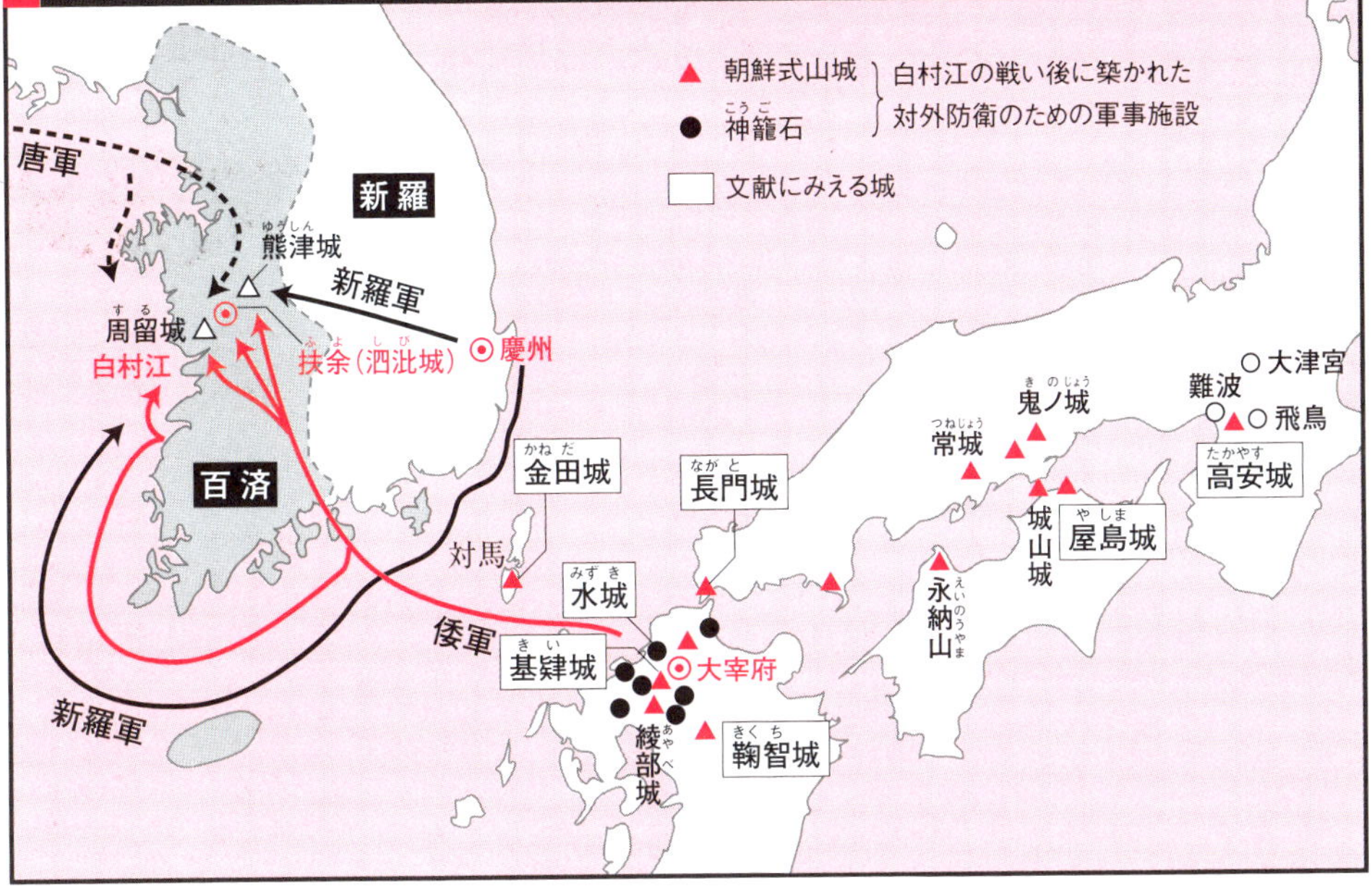

朝鮮半島に到達した倭国軍は、陸と海の二手に分かれて周留城を目指したが、半島を船で迂回してきた新羅軍と南下してきた唐水軍の連合軍に、白村江で待ち伏せに遭って大敗する。

白村江の戦い

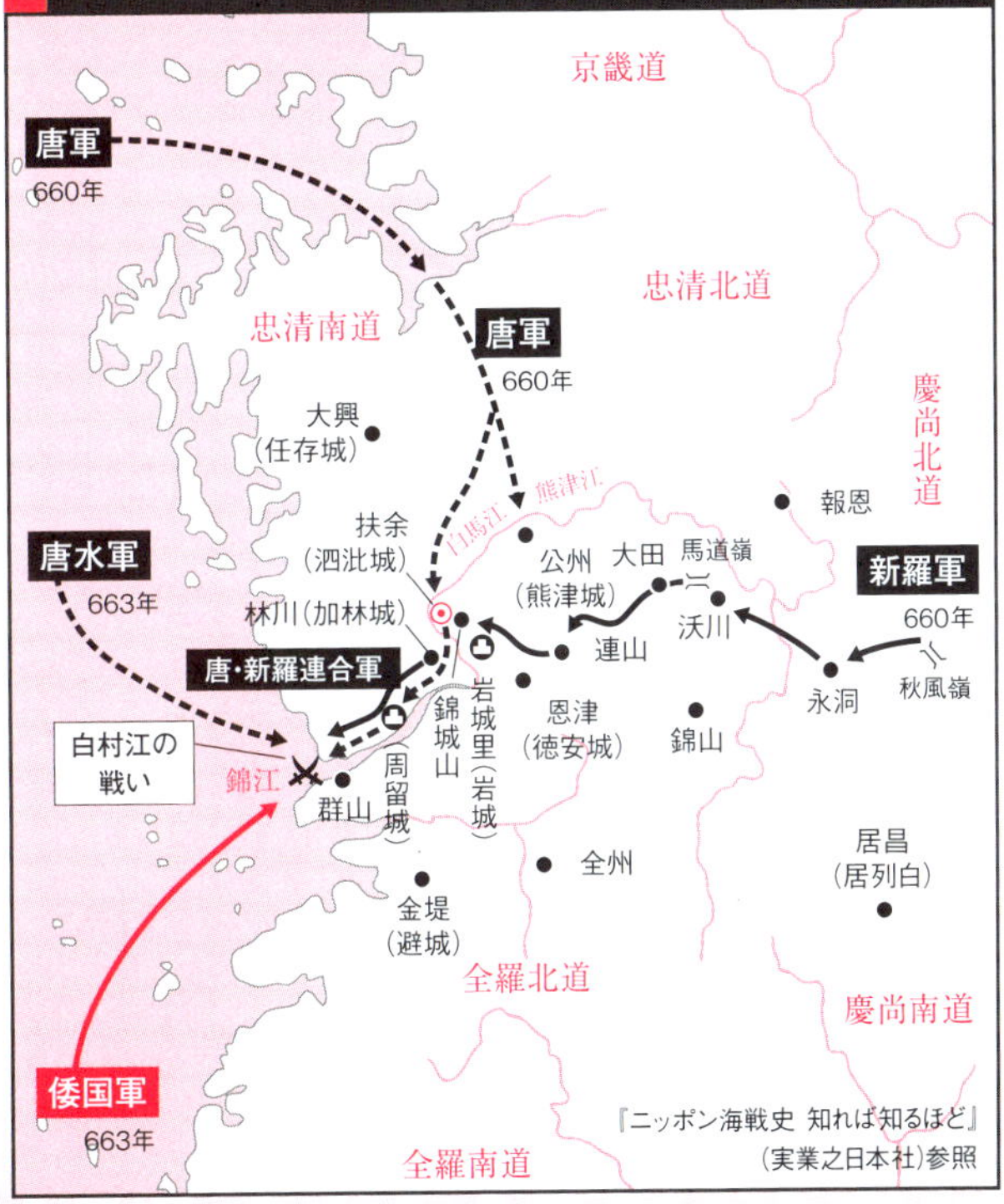

『ニッポン海戦史 知れば知るほど』(実業之日本社)参照

朝倉《あさくらの》橘《たちばなの》広庭宮《ひろにわのみや》

筑紫に入った斉明天皇が造営した宮。はっきりした場所は特定されていないが、福岡県朝倉市に石碑が建てられている。

写真提供=朝倉市教育委員会

28 飛鳥

中大兄皇子が考えた日本の防衛策

唐帝国の侵攻経路を予測し築かれた防衛拠点

Point

◆唐帝国侵攻の危機感

白村江の戦いの敗北から、
中大兄皇子は、本当の脅威は
新羅ではなく唐帝国だと認識する

↓

対馬島と壱岐島、筑紫に防人を配備し、
のろしによる情報伝達施設
「烽」を設置する

↓

「遠の朝廷」と呼ばれた大宰府
玄界灘沿岸に防壁となる大型の
堤防施設・水城を設置。政庁を
内陸へ移転し、防衛拠点として
大野城、基肄城を築く

↓

政庁には城壁が設置され、
権限も強化。天智天皇の代に
大宰府（筑紫大宰府）の呼称が定着

白村江の戦いの敗北の原因は、唐・新羅連合軍との軍備・軍略の差にある。そしてその背景には、当時の国際情勢とヤマト政権の認識との誤差があった。

　斉明天皇と中大兄皇子は敵国を半島の小国家・新羅とし、軍備・軍略を対新羅に絞って考えていたらしい。しかし、実際には新羅に加担する唐の強力な軍事力に大敗した。大陸の帝国・唐の脅威はいまだ半島諸国に対してのみ存在するという認識は、ここに改められることになった。唐帝国はヤマト政権にとって、緊急の対策が必要な、切実な脅威となったのである。

　ヤマト政権の都は飛鳥にあった。外敵は可能な限り国家中枢から遠隔の地で食い止めるのが軍事の鉄則である。皇位につかず称制《しょうせい》として政権を主導する中大兄はまず、半島と九州の間に浮かぶ対馬と壱岐《いき》、九州の要衝・筑紫に防衛兵・防人《さきもり》を配備し、烽《とぶひ》を設置した。烽とは、昼は煙、夜はかがり火を使って情報を伝達する装置である。

　大国・唐にしても、当時、沿岸航法による航海技術しかなく、対馬、壱岐に沿った海路を辿る以外にない。唐の船団から島が見えるなら、当然、

文＝尾崎克之

島からも船団の来襲は発見できるのである。

防御を固めることに注力した天智天皇

時のヤマト政権は、唐の侵攻経路を対馬→壱岐→玄界灘と判断し、那津《なのつ》（福岡市）にあった政庁を内陸に移転する。連携する軍事施設として基山に基肄《きい》城、大城《おおき》山に大野《おおの》城を築城した。ともに朝鮮式山城《さんじょう》と呼ばれる様式で、百済からの亡命者が技術指導したという。特に大野城は標高410メートルの大城山頂を中心に、土塁と石塁の城壁が尾根から谷へと約6・8キロ続く大規模な山城で、約70棟の施設群からなる城域も東西1・5キロ、南北3キロの規模を誇る。

朝鮮式山城は古代山城とも呼ばれ、天智天皇代に築城された山城を総称する。その分布は、対馬から九州北部、瀬戸内海の中国・四国沿岸、奈良に及ぶ。つまり半島から玄界灘、瀬戸内海航路を経て畿内に至る海路からの侵入の防衛を目的としている。唐帝国の侵攻に備える防衛ラインなのだ。

瀬戸内海航路を防衛する山城として現在、復元もされてよく知られているものに岡山県総社市の鬼ノ城がある。約2・8キロの鉢巻状の城壁に守られた山城だ。

ヤマト政権はまた、山城に先駆けて筑紫の平野部に土塁と外濠からなる城壁・水城《みずき》を築いている。平野部を横断するかたちで造成された堤防で、海側からの侵入を遮断する目的を持つ。

大宰府の名称は天智天皇晩年の記録に現れ、『万葉集』では「遠《とお》の朝廷《みかど》」とも表現された。国防の最前線として、緊急時には朝廷決済を待たない作戦実行の権限も十分に与えられていたはずである。

大宰府政庁跡

白村江の敗戦後、朝廷は那津の官家《みやけ》を移して大宰府を設置。九州の統治の拠点とするだけでなく、国土の防衛と外国との交渉の窓口となる役所とした。写真は10世紀後半～11世紀中頃の復元模型。この時代の大宰府は、雑務の従事者を含めると1000人以上が勤務していたという。

撮影＝桂伸也　写真提供＝グレイル

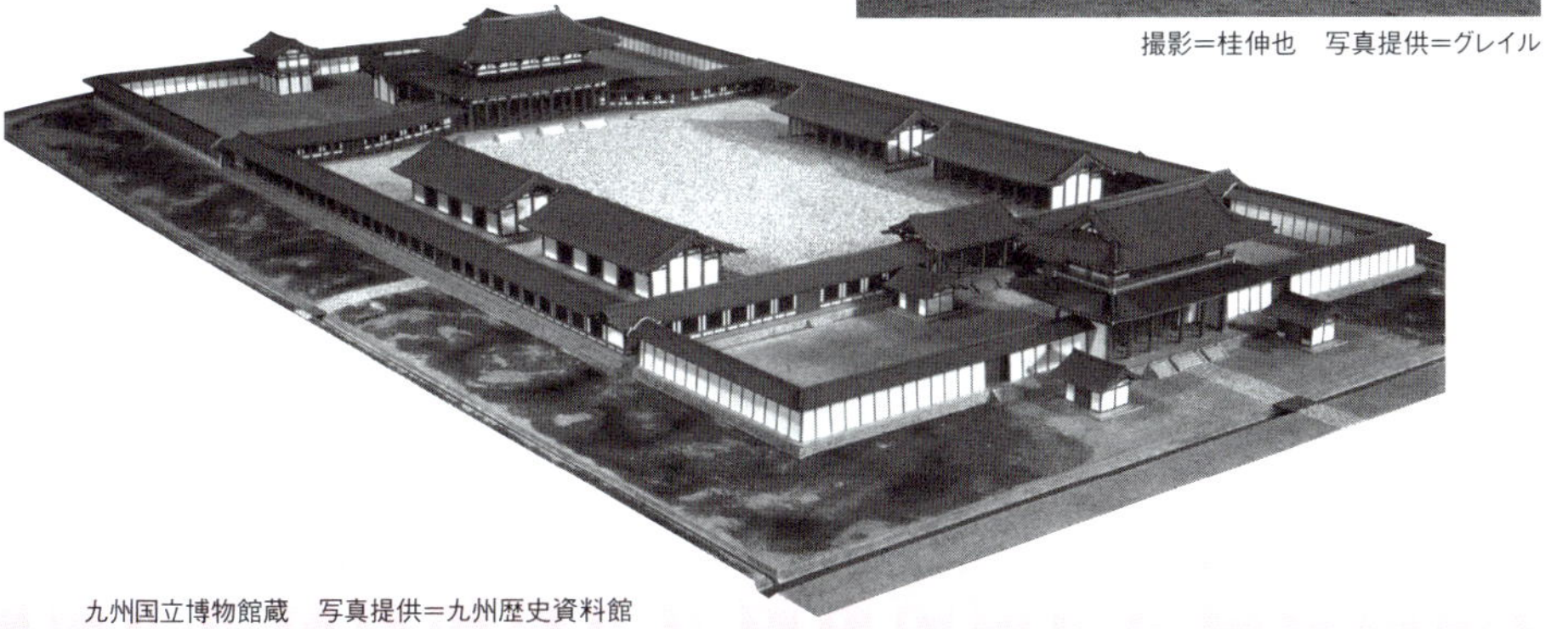

九州国立博物館蔵　写真提供＝九州歴史資料館

水城と大野城

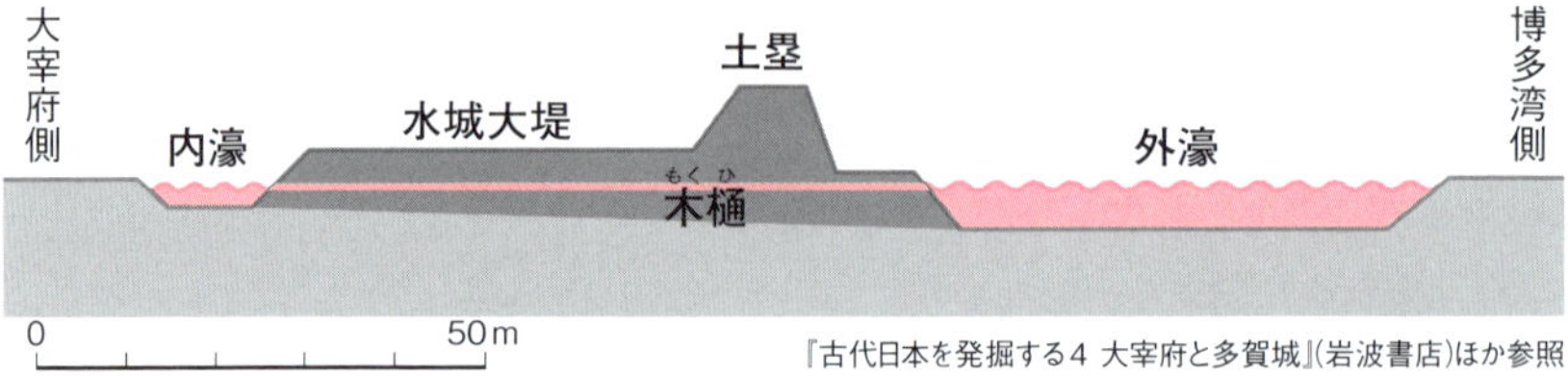

『古代日本を発掘する4 大宰府と多賀城』(岩波書店)ほか参照

水城の横断面図

博多湾から唐・新羅連合軍が攻めてくることを想定して築かれた水城は、縦に伸びる土塁とそれに並行する外濠(博多湾側)、内濠(大宰府側)で構成される。全長1.2km、上成土塁は高さ10m、下成土塁は幅80mにも及ぶ。

朝鮮式山城・大野城

大宰府背後にある四王寺《しおうじ》山でもっとも高い大城山に築かれた朝鮮式山城。山腹をめぐる土塁や石垣、建物跡などが残っている。

写真提供=ともに太宰府市教育委員会

29 飛鳥

都からもっとも近い大陸への窓口だった難波

歴代天皇が都建設を望んだ難波の地形と重要性

！Point

◆大化改新で難波遷都

乙巳の変にともなって皇極天皇が
譲位。後継した孝徳天皇は
難波に遷都し、改新事業を推進

↓

難波はその後も副都として天武天皇、
聖武天皇に重要視される。
聖武天皇は一度、難波に遷都

↓

経済動脈「近畿水回廊」説
6世紀、第26代継体天皇が日本海海運
と瀬戸内海海運を直結する「近畿水回
廊」を整備したという説がある。この
物流支配がヤマト政権を不動のものに
したとされ、難波はその要衝にあたる

↓

桓武天皇代に難波宮は解体されるが、
難波は摂津国として格上げされ、
畿内五国のひとつとなる

645年の乙巳《いっし》の変は、その首謀者、実行動機の真相についての議論が絶えることがない。蘇我氏に牛耳《ぎゅうじ》られた国家運営を天皇家に取り戻すために中大兄皇子（天智天皇）が画策・実行したというのが通説だが、その一方で、皇極《こうぎょく》天皇の後継にあたる孝徳天皇一派によるクーデターだったという説も、その後の孝徳天皇の政権運営を見たときに説得力を持つ。

孝徳天皇が行った律令制導入による大化改新は、『日本書紀』編纂者による後付けの捏造だという説もある。しかし、その後の斉明天皇（皇極重祚《ちょうそ》）が頻繁に展開した都市開発工事と征西、大規模な百済出兵を見れば、孝徳・斉明天皇の時代にきわめて効果的な財政再建と統治改革が行われたことは明らかだ。孝徳天皇は、難波長柄豊碕宮《なにわのながらのとよさきのみや》（前期難波宮）遷都という大事業も行っている。

即位とともに造営が開始され、652年に完成した難波長柄豊碕宮は、瀬戸内海航路の起点である港・難波津を目前に建つ。孝徳天皇は難波津を整備し、瀬戸内海、九州を経て朝鮮半島と直結する外交都市を完成させるつもりだったようだ。

文＝尾崎克之

しかし、難波津は流れが定まらず、治水工事の難所でもあった。結局、孝徳天皇の港湾都市計画は失敗するが、その後も難波津は重視され続ける。開発の手が止むことがない理由は、6世紀、継体天皇の時代にさかのぼる。

難波津はヤマト政権の政治と経済、両方の基盤

雄略天皇によって瀬戸内海航路が開かれる5世紀以前、古代日本には闊達《かったつ》な日本海沿岸海運路が存在していた。沿岸各地に類似する神話や遺跡が残っているのはそのためだという。朝鮮半島からは鉄を輸入し、日本からはヒスイを輸出していたとされ、特に敦《つる》賀《が》（福井県）は国際都市として興隆した。

この日本海交易を開拓したのが応神天皇であり、雄略天皇が瀬戸内海の物流を追加。そして、長野正孝氏によれば、継体天皇が敦賀から琵琶湖を経由して淀川に通じ難波津に至る「近畿水回廊」を整備したという。

これは、一部、陸路を経由するが、畿内を中心に日本海と瀬戸内海を運河によって結ぶようなもので、ヤマト政権の経済を支える動脈である。

つまり、孝徳天皇の難波長柄豊碕宮は、外交都市の誕生であると同時に、「近畿水回廊」の完成を意味する。大陸との交易利権のほぼすべてを手中にできるのである。

孝徳天皇の崩御で都はいったん飛鳥に戻るが、のちの天武天皇は難波を副都としている。8世紀、聖武天皇はあらためて難波宮（後期難波宮）を造営し、一度は公式に遷都している。桓武天皇の時代、長岡京への遷都にともない難波宮は解体されたが、難波津の開発と保全は摂津国の統治のもと、その後も一貫して継続されていく。

河川でつながった都と難波

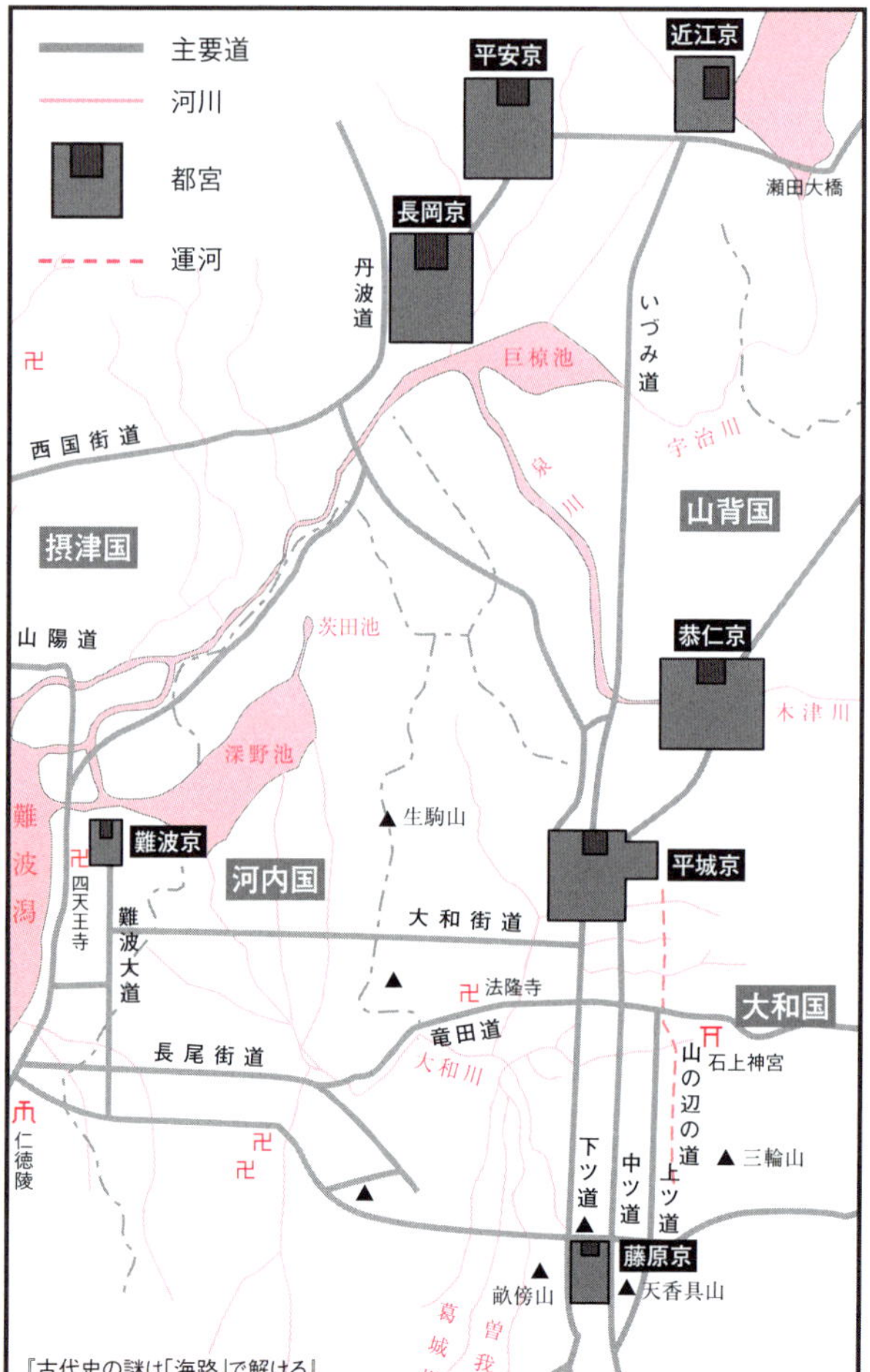

『古代史の謎は「海路」で解ける』
（長野正孝、PHP研究所）ほか参照

30 飛鳥

地勢が勝敗を分けた壬申の乱

旧都・飛鳥を制圧した大海人皇子の作戦とは

! Point

◆壬申の乱の勝敗は地勢がカギを握った

大海人の軍略

(1) 近江と東国をつなぐ不破道を押さえ、大友側と東国の連携を遮断した
(2) 大伴吹負に飛鳥京を制圧させ、反近江軍の拠点にしようとした

大海人軍の大伴吹負の動向

- 山背と河内の二方面からの近江軍来襲に備え、飛鳥へつながる道を押さえた
- 兵を分散したので大苦戦したが、援軍到来で飛鳥京を守り抜いた

天智天皇の弟・大海人皇子（のちの天武天皇）と天智の子・大友皇子が争った壬申の乱は古代最大の内乱である。戦いは畿内各所で繰り広げられる大乱戦となり、双方とも進撃と防衛、味方の勢力との連携ルートの確保が軍略の焦点となった。

白村江の敗戦後、日本は大陸での拠点を失ったうえ、唐の脅威の前に危機的状況に陥った。そして６６７年、天智天皇（当時は中大兄皇子）は飛鳥京から近江大津宮（滋賀県大津市）への遷都を断行した。

遷都の理由は不明だが、天智は抵抗勢力の多い飛鳥を捨てることで政治体制を刷新し、権力の強化を図ったともいう。ただし、近江は畿内・東国間の交通の要衝であるうえ、琵琶湖畔の大津は日本海側へつながる利点があり、国防上の理由もあったとみられる。

『日本書紀』には豪族や民衆が遷都に大反対したとある。長年の出兵で疲弊していた民衆が天智に不満を高めていたのは事実だろう。

天智は大友皇子を新しく設けた太政大臣（政府の最高職）に任じ、後継者とする意志を示した。６７１年、病床の天智は大海人皇子に大王位

文＝吉田龍司

を譲ろうとしたが（その真意は諸説ある）、危険を感じた大海人は出家して吉野山に入った。同年、天智は没した。

大海人方の大伴吹負が飛鳥京を平定

翌672年、大海人と大友の対立は激化し、大海人は吉野を脱出する。大海人の軍略は以下の2つ。まず大海人自身は東国を目指す。具体的には自領の湯沐邑《ゆうのむら》（岐阜県安八郡）で兵を募り、畿内から東国への入口にあたる不破《ふわ》道（同関ヶ原町付近）を封鎖する。不破を押さえれば、近江方は東国との連携が不可能になる。

次が、味方の有力豪族・大《おお》伴《ともの》吹負《ふけい》による飛鳥京（倭古京）の制圧である。歴代の大王ゆかりの聖地を、大海人皇子は反近江陣営の拠点にしたかったのだろう。吹負は巧みに朝廷の留守部隊を内応させ、飛鳥京を制圧する。この報を聞いて政権から疎外されていた豪族たちも次々に吹負軍に参陣した。

一方、近江方は飛鳥京奪回に向け、山背・河内の二方向から進軍した。吹負軍は直接近江に進軍しようと下《しも》ツ道（大和盆地を南北に縦断する三官道のひとつ）を北上して奈良方面に向かったが、吹負は河内からも敵軍が来襲すると知り、河内―飛鳥間をつなぐ竜田《たつた》・大坂・当麻《たいま》の三道に兵力を分散する三面作戦をとり、近江軍の進攻を食い止めさせた。

奈良の吹負本軍は山背からの近江軍に押され、飛鳥へ撤退せざるを得なくなる。だが苦戦する吹負のもとに大海人より援軍が送られ、全軍は息を吹き返す。そして、上ツ道・中ツ道・下ツ道で近江軍を迎撃して勝利を収め、飛鳥を死守した。

大和・河内の道路網と大友吹負軍（大海人方）の合戦地

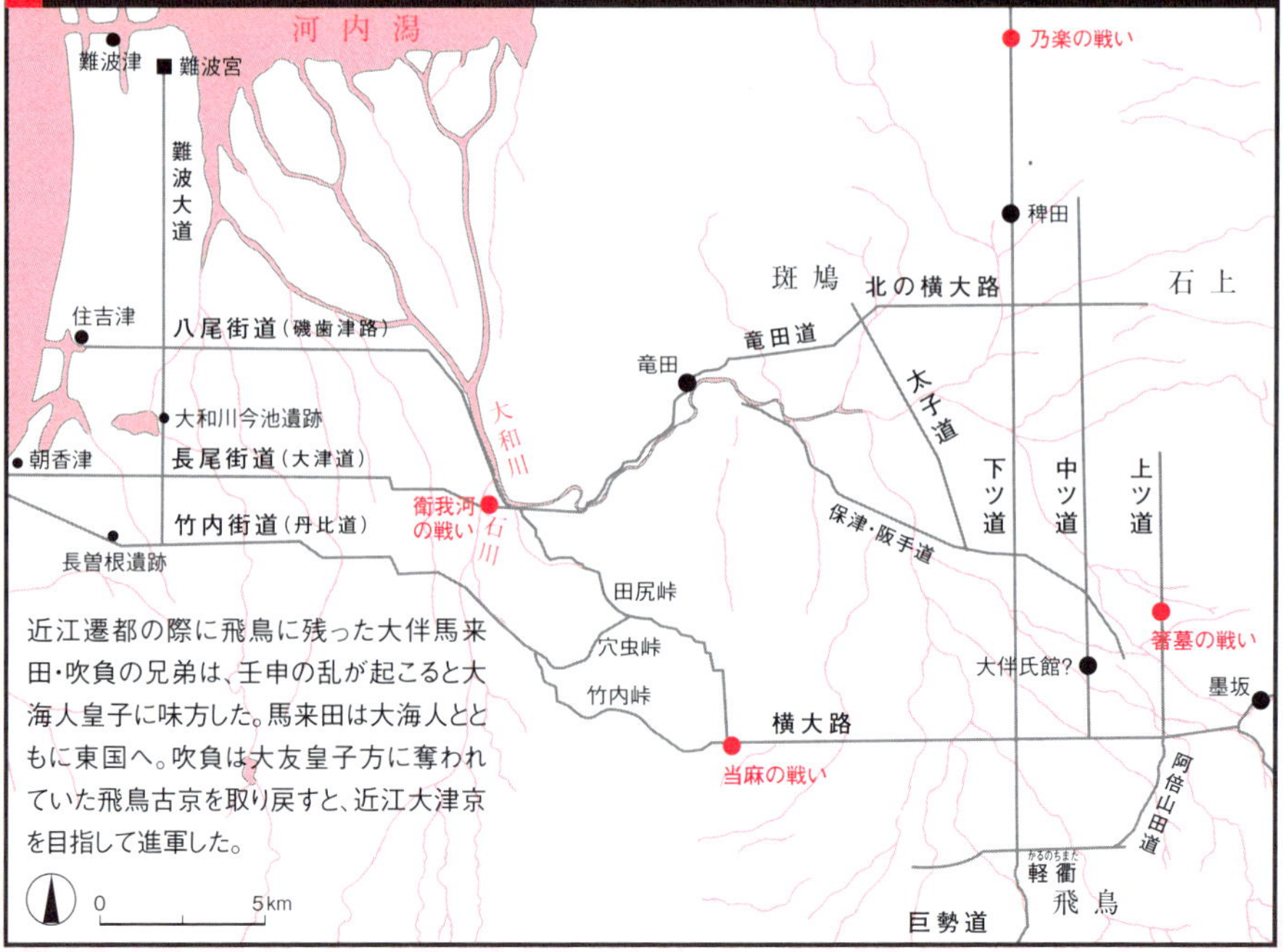

近江遷都の際に飛鳥に残った大伴馬来田・吹負の兄弟は、壬申の乱が起こると大海人皇子に味方した。馬来田は大海人とともに東国へ。吹負は大友皇子方に奪われていた飛鳥古京を取り戻すと、近江大津京を目指して進軍した。

『道が語る日本古代史』（近江俊秀、朝日新聞出版）ほか参照

31 飛鳥

要衝を押さえ大友軍の救援要請を断つ

不破道・瀬田の確保が大海人軍の勝利を決めた

Point

◆大海人皇子の勝利のカギ

- 隠遁地の吉野は反近江朝廷陣営と連絡至便な地だった
- 湯沐邑で数日のうちに3000の兵を整える
- 美濃と尾張の国司の協力をとりつける
- 大伴吹負の飛鳥京制圧、各地の近江朝廷への非協力など多数派工作の痕跡が見える
- 不破道、瀬田の唐橋が重要であることを十分認識していた

大海人皇子は近江朝廷に追い詰められたので「やむなく」吉野を脱出し、挙兵を決断したという。だが、その後のあまりに手際のよい動きを見る限り、挙兵は綿密な計画に拠ったものだった可能性が高い。

大海人皇子は６７１年10月に吉野入りし、翌年６月22日に従者の村国男依《むらくにのおより》ほか２名に徴兵の任務を与えて湯沐邑に先発させ、自身も24日に正妻（のちの持統天皇）らとともに吉野を脱出した。鈴鹿山道を経て26日に朝明郡家《あさけのぐんけ》（三重県朝日町か）に着いたとき、早馬に乗ってきた男依が４日ぶりに現れ、「３０００の兵で不破道を塞ぎました」との報告をしている。まさに電光石火の動きだ。日数と距離を考えると、挙兵は打ち合わせ済みだったことになる。

大海人が約９カ月滞在していた吉野は決して田舎でなく、北に飛鳥、東に伊勢を望む要衝で、反近江陣営各所との連絡に、有利な場所だった。ゆえに大伴吹負の飛鳥制圧も準備を重ねたものであった。

不破道の確保と多数派工作はその後の大勢を決めた。美濃や尾張の国司は大海人側につき、２万の兵を率いて参陣した。大海人挙兵を知った近

文＝吉田龍司

江朝廷の対応は後手に回った。東国で兵を募ろうとした使者は不破で捕らえられ、河内、吉備、九州への援軍要請にも失敗している。

美濃勢力を味方にした大海人皇子の勝利

　大海人の不破道進駐軍に加え、2万の援軍の大部分も美濃兵だったとされる。美濃は古墳時代初期に前方後方墳の分布が多く、反ヤマト勢力だったともいう。4世紀半ばより前方後円墳が造られており、この頃ヤマトに従属し、東進の前進基地となったとみられる。

　木曽川を挟んで隣接する美濃・尾張は「濃尾《のうび》」という言葉があるように、7世紀頃は政治的に一体的な関係を持っていた。尾張国司が2万の美濃兵を率いてきた理由もそれだ。なお戦国時代まで木曽川本流は、岐阜県下を流れる境川下流部で、羽島市・羽島郡が尾張に属していたことも付記したい。

　大海人は6月27日に不破の野上（岐阜県関ケ原町）に行宮《あんぐう》を構え、乱が終わるまで滞在した。4日間で約186キロの移動だった。

　7月22日、最後の戦いが始まる。有名な瀬田《せた》の唐橋《からはし》をめぐる攻防だ。ここは畿内から東海道・東山道の渡河点という戦略上の大要衝であり、承久の乱など日本史上数々の決戦で名が出る。戦いは大海人軍の勝利に終わり、敗れた大友は自害。大海人は天武天皇となる。

　大津宮時代の瀬田橋の橋脚台の遺構が、現在の唐橋の下流80メートルの川底で発見されている。橋の幅員《ふくいん》は約18メートルだったとみられ、250メートルの川幅を8〜9基の橋脚を持つ壮大な橋がかかっていたと想定されている。

不破関復元模型

東海道の鈴鹿関、北陸道の愛発関《あらちのせき》と並び、古代三関のひとつに数えられる不破関。この関所は西側を藤古川に守られ、残る三方は土塁で守られていた。

写真提供＝関ケ原町歴史民俗資料館

壬申の乱関係地図

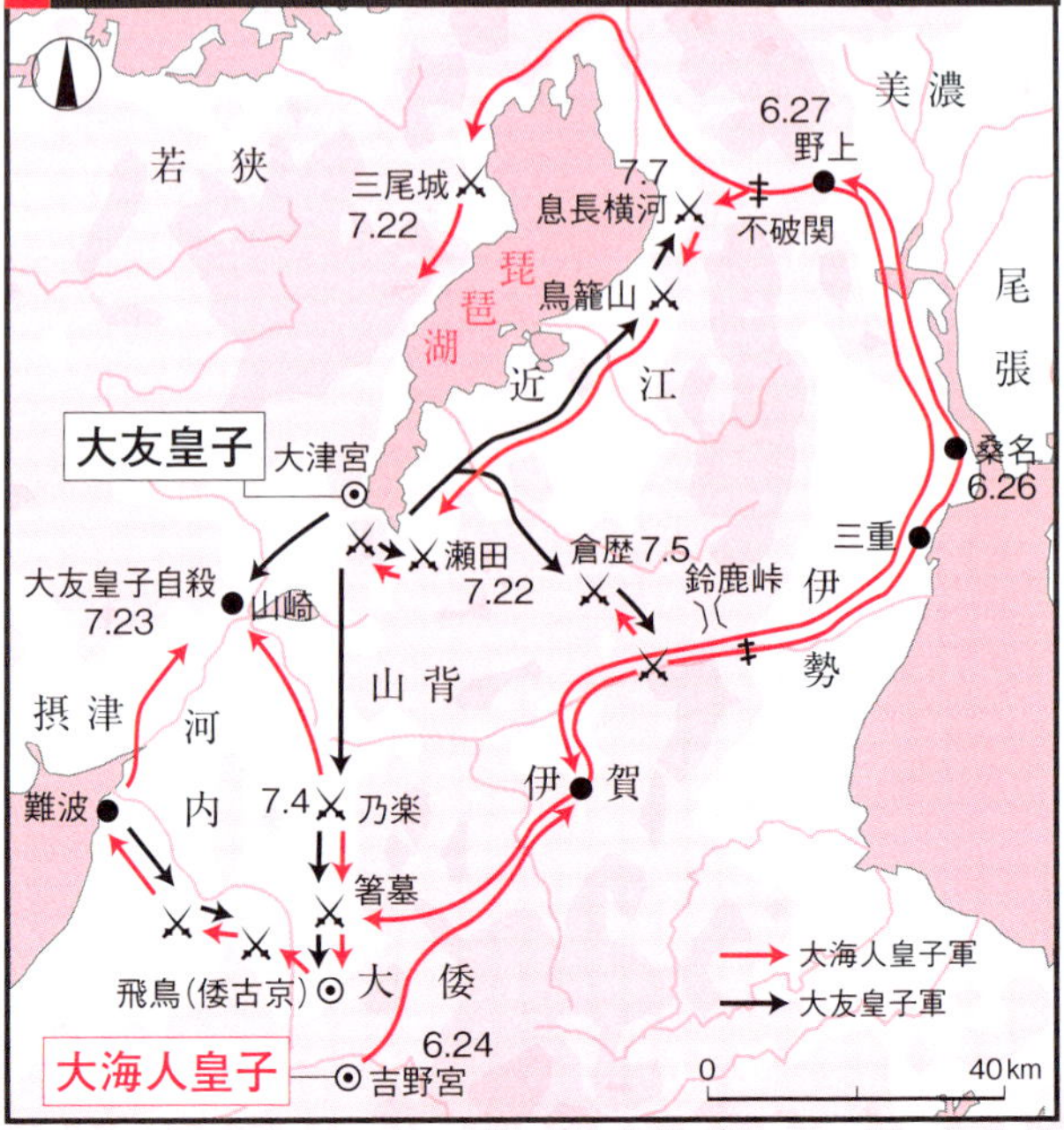

32 飛鳥

藤原京遷都以前の歴代天皇の宮殿の謎

飛鳥の王宮が場所を遷して建てられた背景

! Point

◆歴代遷宮は家族形態が理由

邪馬台国以降、政治主体となった天皇は代が替わるごとに宮殿＝首都を変えた（歴代遷宮）

↓

歴代遷宮の主な理由は、天皇とその子が別の住まいを持つ慣習にあるとされるが、諸説ある

↓

藤原京と律令制

694年に遷都した藤原京に持統・文武・元明の3代にわたって天皇が居住し、歴代遷宮の慣習は終わる

↓

歴代遷宮の終了は、法律による国家運営体制である律令制の確立と時期をともにする。行政の仕組み、人員ともに規模は大きくなり、遷都は簡単ではなくなった

初代の神武天皇以来、代が替わるごとに天皇の宮殿は遷されたと、『日本書紀』に書かれている。歴代遷宮は、古代の天皇家の伝統だった。第33代の推古天皇以降、飛鳥時代には次のように遷宮されている。

推古天皇　小墾田宮《おはりだのみや》
舒明天皇　飛鳥岡本宮《あすかのおかもとのみや》
皇極天皇　飛鳥板蓋宮《あすかのいたぶきのみや》
孝徳天皇　難波長柄豊碕宮《なにわのながらのとよさきのみや》
斉明天皇　後飛鳥《のちのあすかの》岡本宮
天智天皇　近江大津宮《おうみのおおつのみや》
天武天皇　飛鳥浄御原宮《あすかのきよみはらのみや》

天智天皇の次代に弘文《こうぶん》天皇（大友皇子）が存在するが、壬申の乱で敗死したので治世は半年だった。

歴代遷宮の理由には諸説あるが、おおよそ次のようなものである。天皇の崩御による死穢《しえ》を忌避して新天皇は新しい宮殿をほかの場所に建設したという説。当時の掘立柱、茅《かや》・檜皮葺《ひわだぶき》の宮殿建築の耐用年数によるという説。新天皇の即位に際しては、占いで決めた適地に高御座《たかみくら》を設けて即位式を行い、宮殿建設地としたという説。そのときどきの人事刷新など、政治的解決のために遷都したという説。そして、父子別居の天皇家の慣習により、皇子の宮殿へ遷宮したという説である。

文＝尾崎克之

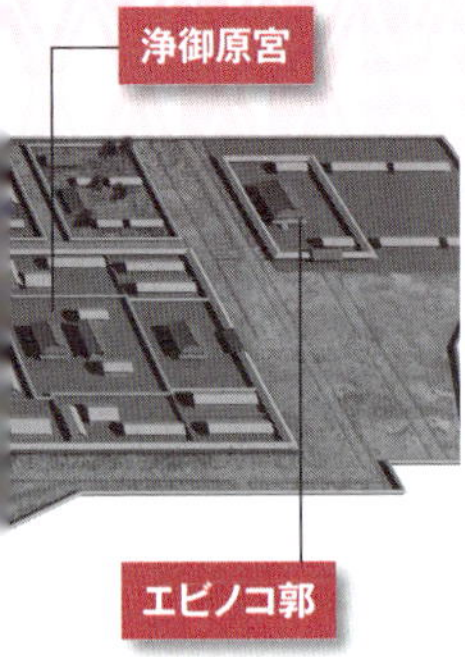

見直されつつあった歴代遷宮という慣習

　死穢忌避説は即位式を旧宮で行った例があること、耐用年数説は移転の決定的な理由にならないこと、占い適地説は宮殿決定の権威追認策だった可能性も否めないこと、政治的解決説は結果論的であることなど、諸説には一長一短がある。理由はひとつではないと考えられているが、なかでも父子別居は有力視されている。

　父子別居の慣習によるという説は、江戸時代中期の国学者・本居宣長《もとおりのりなが》によって著書『古事記伝』の中で発表された。当時、天皇家の夫婦は必ずしも同居しない。時代はのちになるが平安期の『源氏物語』に描かれているように、夫は生家で暮らす妻のもとに通い、間にできた子は母の家で成人するまで住む。そしてその子の居住地が新たな宮殿となるのである。

　歴代遷宮は６９４年に持統天皇が藤原京に遷都し、文武・元明天皇の3代にわたって天皇が居住することで終わった。

　藤原京は、大陸型都市計画である碁盤目状の条坊制を初めて取り入れた都とされる。中央集権国家体制の基盤となる「律令制」を確立させるために建設された大規模政治都市であり、以降、遷都の主な理由は天皇の崩御ではなく、政治的な動機となっていく。

　藤原京以前、孝徳天皇の難波長柄豊碕宮がすでに条坊制だったという説がある。大化改新が確かに一大事業としてあったことを裏付ける説だ。だとすれば歴代遷宮はそこで終了した可能性もあり、時代の要請によって見直されつつある慣習だったということができる。

エビノコ郭・大殿

エビノコ郭の大殿を復元した模型。エビノコ大殿は、のちに国家的儀式や政治を行う場所として建てられた藤原京や平城京の「大極殿」の原形と考えられている。

写真提供＝奈良県立橿原考古学研究所附属博物館

浄御原宮時代の飛鳥京・復元CG

CG画像提供＝東京大学 池内・大石研究室

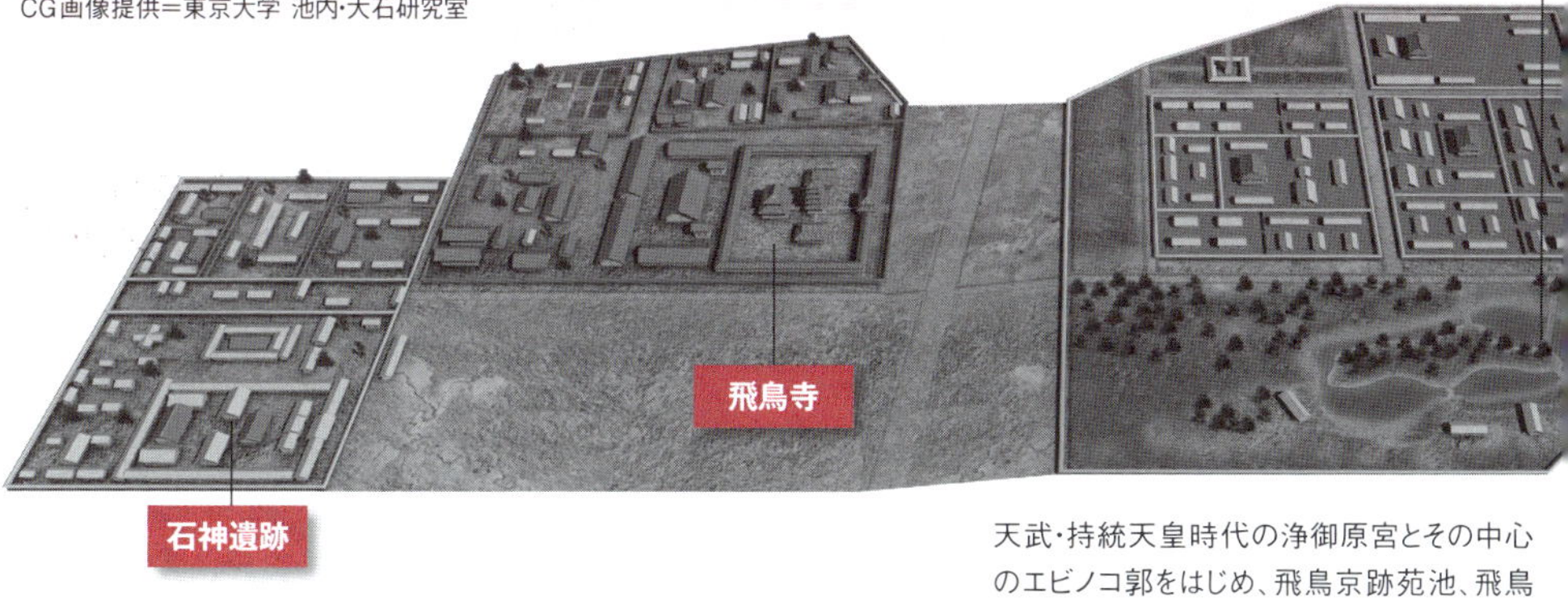

天武・持統天皇時代の浄御原宮とその中心のエビノコ郭をはじめ、飛鳥京跡苑池、飛鳥寺、石神遺跡を再現したCG。

古代飛鳥の王宮の位置

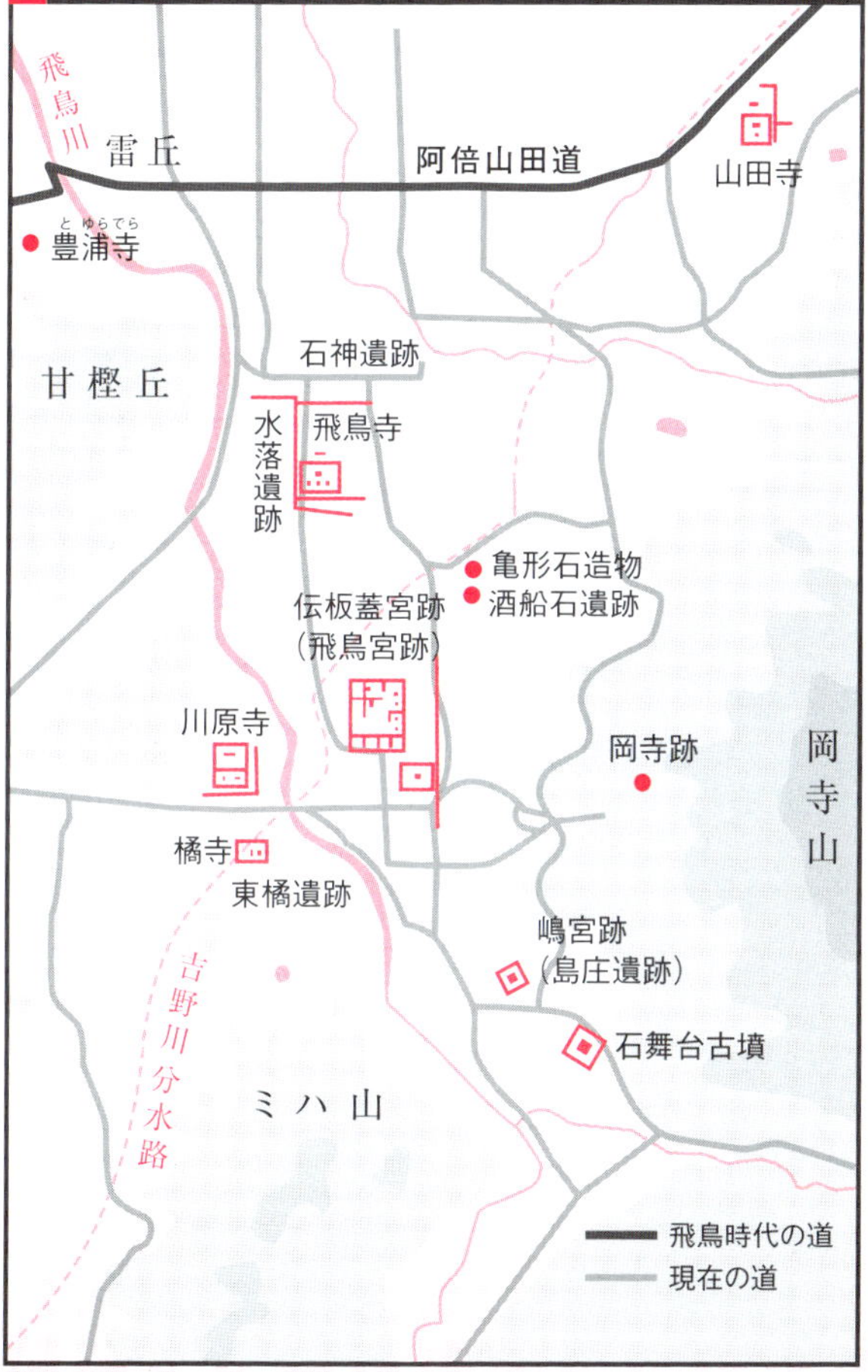

浄御原宮跡（飛鳥板蓋宮跡）

浄御原宮は、皇極天皇の板蓋宮跡、斉明天皇の後飛鳥岡本宮跡に建てられた南北720m、東西100〜450mに広がる宮殿。外郭内と宮域の周辺には、飛鳥苑池や官衙《かんが》が建ち並んでいたと考えられている。また、後飛鳥岡本宮の内郭の南東には、「エビノコ郭」と呼ばれる東西94m、南北55mの区画が増設されている。

写真提供＝フォトライブラリー

飛鳥京跡苑池《えんち》

浄御原宮の宮殿に付属する庭園。渡堤で仕切られた2つの池と建物からなり、天皇が饗宴や祭祀を行う特殊な施設だったと考えられている。

写真提供＝奈良県橿原考古学研究所

33

飛鳥

大内裏が中心にあった藤原京の地形

中央に宮城がある藤原京は長安がモデルではない？

! Point

◆大和三山内側の小規模都市？

藤原京は当初、東西1.1km、南北3.2km 程度の、大和三山の内側にある小さな都と考えられていた

↓

1990年代の発掘調査で、5.3km四方、面積25平方km強の規模と判明。広さでは平城京、平安京をしのぐ

↓

短命だった藤原京

日本初の条坊制を敷いた大陸型の政治都市とされる藤原京。唐の長安城をモデルとしたとされるが、大内裏が中心に位置する点で大きく異なる

↓

藤原京の歴史は16年間。短命だった理由は北西に向かって傾斜する地形にあったともされる

藤原京は持統天皇によって建設された都だが、その構想は持統の夫であった先帝・天武天皇によるものだったとされる。

天武天皇は法の遵守《じゅんしゅ》で安定を図る「律令制」による統一的な国家建設を目指していた。律令制は大陸の政治に範をとったものだが、藤原京もまた、その政治形態にあわせ、大陸の政治都市計画を参考とした都である。

『日本書紀』に、天武が「三《み》野王《のおう》と宮内官大夫《くないかんのかみ》らに地形を視察させ、都を造ろうとされた」とある。当時の地形視察とは主に風水、神仙《しんせん》思想から見た適地判断だ。耳成山《みみなしやま》、畝《うね》傍山《びやま》、天香久山《あまのかぐやま》の大和三山は、都を鎮護する山で、飛鳥の地もこの内側にあたる。

歴史学では当初、藤原京は北の耳成山、西の畝傍山、東の天香久山に囲まれた中に造営された小規模な都と考えられていた。それが1990年代の発掘調査で東西に走る京極大路が発見され、その長さから評価が大きく変わる。

5・3キロ四方、面積25平方キロ強の藤原京は、24平方キロの平城京、23平方キロの平安京をしのぐ規模だったのだ。大和三山の内側に位置していたのは大内裏の藤原宮に

すぎず、都自体は広くその外側へ延びていたのである。

都としての理想が追求された藤原京

藤原京は唐の長安城をモデルにしているとされるが、決定的な違いがある。長安城の皇城は都の北端の中央に位置するが、皇城にあたる大内裏が藤原京では都の中心にあるのだ。また、長安城がやや東西に長い長方形であるのに対して藤原京は十条十坊の正方形である。現在までの調査研究結果からすれば、藤原京が長安城をモデルとしているとはいえない。

儒家の経書のひとつに『周《しゅ》礼《らい》』がある。前11～前3世紀の中国古代王朝・周の政治理想をまとめたものとされている。ここに十条十坊の正方形で中心に皇城が位置する都が理想の都として登場することから、近年、藤原京は長安城ではなく、この『周礼』の理想を実現させようとしたものだという説がある。

ただし、藤原京が確かに十条十坊の正方形であったかどうかは、いまだ調査と研究の段階にあり、また、『周礼』の理想の都についての記述も短く、詳細が見えないという点も指摘されている。

藤原京は16年間というきわめて短命に終わった都である。その理由のひとつに北西に向かって傾斜する地形の問題があった。

大内裏は南に向かって入口を開けて建っている。つまり、天候によっては排水を含む水が宮廷内に流れ込みやすかった。また、飛鳥川が、南北に通る都のメインストリート・朱雀《すざく》大路を横断してもいた。これらの地形的な問題点をすべてクリアして再建設されたのが、次の平城京でもあったのである。

藤原京・大極殿復元CG

CG画像提供・協力＝奈良産業大学 藤原京CG再現プロジェクト

藤原京復元模型

中国の都城制を模して造られた藤原京だが、外周には外敵を防ぐための城壁はなく、外堀と大垣だけだった。また、大極殿のある藤原宮が藤原京のほぼ中央にある点も中国とは異なる。その理由は、遣唐使の中断により、長安の都の情報を得ることができなかったためなどの説がある。

写真提供＝橿原市教育委員会

藤原京・大極殿跡

現在の藤原京の大極殿跡。発掘調査をもとに、部分的に柱が復元されている。正面奥に見えるのが耳成山。

写真提供＝PIXTA

物部氏vs.蘇我氏 勝因をさぐる

物部氏の本拠地

現在の奈良県天理市が物部氏の本拠地といわれる。市内で発見された布留遺跡は、旧石器時代から現代まで続く複合遺跡で、布留川を挟んで東西約2km、南北2kmにも及ぶ。ただし、継続して集落が営まれたのは弥生時代の終末から。古墳時代には、首長の館・工房・祭場のほか、遺跡の南と北に墓も築かれた。すぐ近くに物部氏ゆかりの石上神宮もある。この地から飛鳥へは山の辺の道が続き、途中には33面の三角縁神獣鏡が出土した黒塚古墳や行燈山古墳（伝崇神天皇陵）などの巨大古墳が見られる。

写真提供＝PIXTA

日本古代史を代表する内乱のひとつ丁未の乱

『日本書紀』には、古代の内乱がいくつか記述されている。筑紫君の磐井が、新羅から賄賂を贈られて6万からなる大和軍の朝鮮派兵を阻んだために起きた「磐井の乱」。大海人皇子と大友皇子が皇位継承を争った「壬申の乱」。そして、これらの内乱の間、587年に勃発した「丁未《ていび》の乱」

文＝尾崎克之

が代表的なものである。

物部守屋《もりや》の変とも呼ばれる丁未の内乱は、蘇我氏が物部氏を滅ぼした戦いとして知られる。大臣・蘇我馬子と大《おお》連《むらじ》・物部守屋の対立に、厩戸《うまやど》皇子らの皇族がからむ。馬子側には諸皇子だけでなく、推古天皇政権の群臣がほかにも多数味方していた。

『日本書紀』によれば、仏教の礼拝をめぐって蘇我馬子と対立した物部守屋がまず乱を起こす。そして馬子が政権内の意見をまとめることに成功し、物部守屋追討軍の派遣を決定する。

蘇我氏と物部氏の対立は宗教的対立とされるのが通説で、その発端は第29代欽明天皇の時代、馬子の父・稲目《いなめ》と守屋の父・尾輿《おこし》の、崇仏論争と呼ばれる対立にさかのぼる。しかし、この説には検討の余地がある。

蘇我氏対物部氏の崇仏論争は利益獲得競争

稲目は「西の諸国は仏法を奉じている。わが国だけがそうしないわけにはいかない」といい、尾輿は「わが国にはすでに天地に１８０の神がいる。異国の神を崇めるなど許されない」と主張したという。

当時、仏教（仏法）は最新の知識教養で、このことから、蘇我氏は開明派であり、物部氏は反動の守旧派だったと解釈されている。物部氏の拠点集落のひとつとみられる布留《ふる》遺跡（奈良県天理市）の東部には、神剣フツノミタマを祭神とする石上神宮があり、古来、物部氏が祭祀を司ってきた。石上神宮は天皇家の多くの刀剣を保管する武器庫だった。つまり物部氏はヤマト政権の武器を管理する軍事氏族でもあったのである。

まず、時の国際情勢から、崇仏論争の実在には疑問の余地がある。このときに伝わった仏教は百済王から公的に、外交のひとつとして献上されたもので、拒むという選択肢は政権にはなかったはずである。実際、物部氏は本拠地である河内国に寺院を建立してもいる。しかし、蘇我氏と物部氏の間に緊張があったことは事実である。それは利害の対立というべきもので、開明派対守旧派、宗教的対立という内容では決してなかった。

当時、仏の数々は蕃神《ばんしん》つまり異国の神とされていた。蘇我氏は、この厄介な蕃神を祀る役目を天皇から委託されたのである。蘇我氏の勢力圏には渡来人が多く住み、彼らの技術能力が権勢の背景にあった。仏教を司ることは蘇我氏の利益に見事に合致する。かたや物部氏にとっては宮中祭

島庄《しまのしょう》遺跡・方形池の堤

『日本書紀』に「飛鳥河の傍にあった」「小さな池があった」などと記される、蘇我馬子の最盛期の邸宅と考えられている飛鳥川西岸から東橘まで広がる遺跡。

写真提供＝奈良県立橿原考古学研究所

祀の担当シェアを奪われることになり、放置すれば、軍事氏族としての役割まで脅かされることになりかねないのである。

蘇我馬子を勝利に導いた大和・河内間の直線道路

丁未の乱において、物部守屋が先に挙兵したのかどうかはわからない。蘇我馬子の策略だった可能性も高い。守屋の館は河内国渋川郡（大阪府大阪市周辺）にあった。馬子軍は政権のあった大和から進軍する。そして、この乱での馬子勝利の大きな要因となったのが、当時すでに整備されていた大和・河内間の直線道路である。この道があったからこそ、馬子は進軍を決定したともいえるだろう。

　飛鳥の地からは下ツ道という直線道路を北上し、東西に走る横大路というこれもまた直線道路を西進する。その先は山間部となり、田尻峠から穴虫《あなむし》峠あるいは竹内峠を経由して河内に至る。蘇我氏軍は餌《え》香《が》川（現在の石川）周辺で物部氏軍とまず交戦する。蘇我、物部ともにどれくらいの兵力だったか定かではないが、このときの戦いで数百人の戦死者が両軍から出たという伝聞記録があり、大戦争だったことは間違いない。

蘇我氏軍は道の利を得て大兵力を動員したとみられるが、軍事氏族・物部の実力は予想以上だったのだろう。退却を重ねる自軍を目の当たりにして厩戸皇子が、仏法の加護を求めて四天王像を作り、戦勝を祈願したほどだ。このときに、祈願成就すれば仏塔を建て仏教の普及に努めると誓った結果が、聖徳太子建立七大寺のひとつとされる大阪の四天王寺である。

写真提供＝奈良文化財研究所

甘樫丘東麓遺跡

甘樫丘の麓から発見された蘇我蝦夷・入鹿の邸宅跡とみられる遺跡。焼けた壁土や土器片などが出土したことから、蝦夷が自らの邸宅に火を放ち討たれたという『日本書紀』の記述とも一致する。

奈良時代

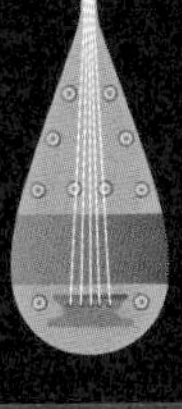

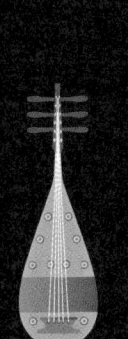

34 奈良

長安城の宮城に近づいた平城京建設の背景

下ツ道がそのまま朱雀大路に連結する新都の造営

Point

◆前都・藤原京の失敗

藤原京遷都から10年ほどで
文武天皇は遷都を計画

↓

遣唐使が持ち帰った情報を参考に、
長安城により近い都の造営を
目指したのが平城京

↓

◆平城京に藤原氏の威光

飛鳥の幹線道路・下ツ道が都の中央の
朱雀大路に連結するかたちで、
平城京のロケーションは定められた

↓

長安城と決定的に異なる点が左京外側
に張り出した、いわゆる外京。
時の政治実力者・藤原氏の権勢
を示すために設置したともされる

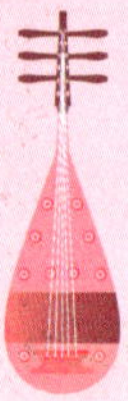

古代中国の政治論書『周《しゅ》礼《らい》』を参考に理想的都として造成したとされる藤原京だが、前述の通り問題がいくつかあった。北西に傾斜する地形による排水の問題と、メインストリート朱雀大路が幅24メートルしかなく国家的威容を示すには規模が足りず、さらに飛鳥川が大路を横断していた。

『続日本紀』によれば、707年、持統天皇から譲位された文武《もんむ》天皇は遷都を議論するよう詔《みことのり》を発した。だが、同年、文武天皇が崩御し、後継した元明《げんめい》天皇が翌年、平城遷都の詔を発する。

おそらくはいまだ造成中だった藤原京を廃してまで遷都を急いだ背景には、地形の問題のほか、内政の大変革と当時の国際情勢がある。天武天皇の詔以来20年をかけて編纂を続けてきた大宝律令《たいほうりつりょう》が701年に完成し施行された。明治維新期までその骨格が生き続けたともいわれる法律体系である。そして704年に帰国した大宝の遣唐使という大事業があった。

この遣唐使は、白村江の戦い以来対立関係にあった唐との正式な国交回復を目的としていた。「日本」の国号を対外的に初めて使用したのもこ

文＝尾崎克之

のときである。大宝律令で国家運営体制を固め、唐との国交を再開し、確かな独立国として国際社会にデビューするための舞台こそが平城京だったのである。

国家威厳を表明するための外交都市、平城京

難波津は、瀬戸内海から九州を経て朝鮮半島へ至る国際航路の拠点である。当時、難波津から朝廷の本拠地である奈良盆地へは、南北および東西に走る直線道路で連結されていた。峠を経て奈良盆地に入ってからは、東西に横大路と北の横大路の直線道路が2本あり、南北に等間隔で並ぶ下ツ道、中ツ道、上ツ道の3本の直線道路が横切る。それぞれ道幅が17～24メートルあったという。

下ツ道をまっすぐ北上すると、そのまま平城京の中央を走る朱雀大路へとつながる。難波に上陸した海外使節は、難波大道を南下して長尾街道に入り、山間の竜田道《たつたみち》・北の横大路を進み、さらに下ツ道から平城京の幅74メートルとも85メートルともいわれる朱雀大路に入る（92ページの地図参照）。そのまままっすぐに3キロほどを進んで平城宮に入ると、唐風建築の壮麗な大極殿を見上げることになるのである。

長安城にはない平城京の特色のひとつに外京の存在がある。左京の外に不自然に張り出しているが、当初から計画造成されたものであることが発掘調査からわかっている。外京は、大宝律令の編纂も担当した重臣・藤原不比等《ふひと》の邸宅敷地だったとされる。不比等は、大化改新の功で天智天皇から藤原姓を賜った藤原鎌足の子である。外京跡に今も建つ興福寺は、藤原氏の氏寺として知られている。

第一次大極殿（復元）

発掘調査で判明している基壇や恭仁宮の大極殿跡に残る礎石の状態などから、大きさや形を推定し復元された。

写真提供＝grail

平城宮（奈良時代後半）

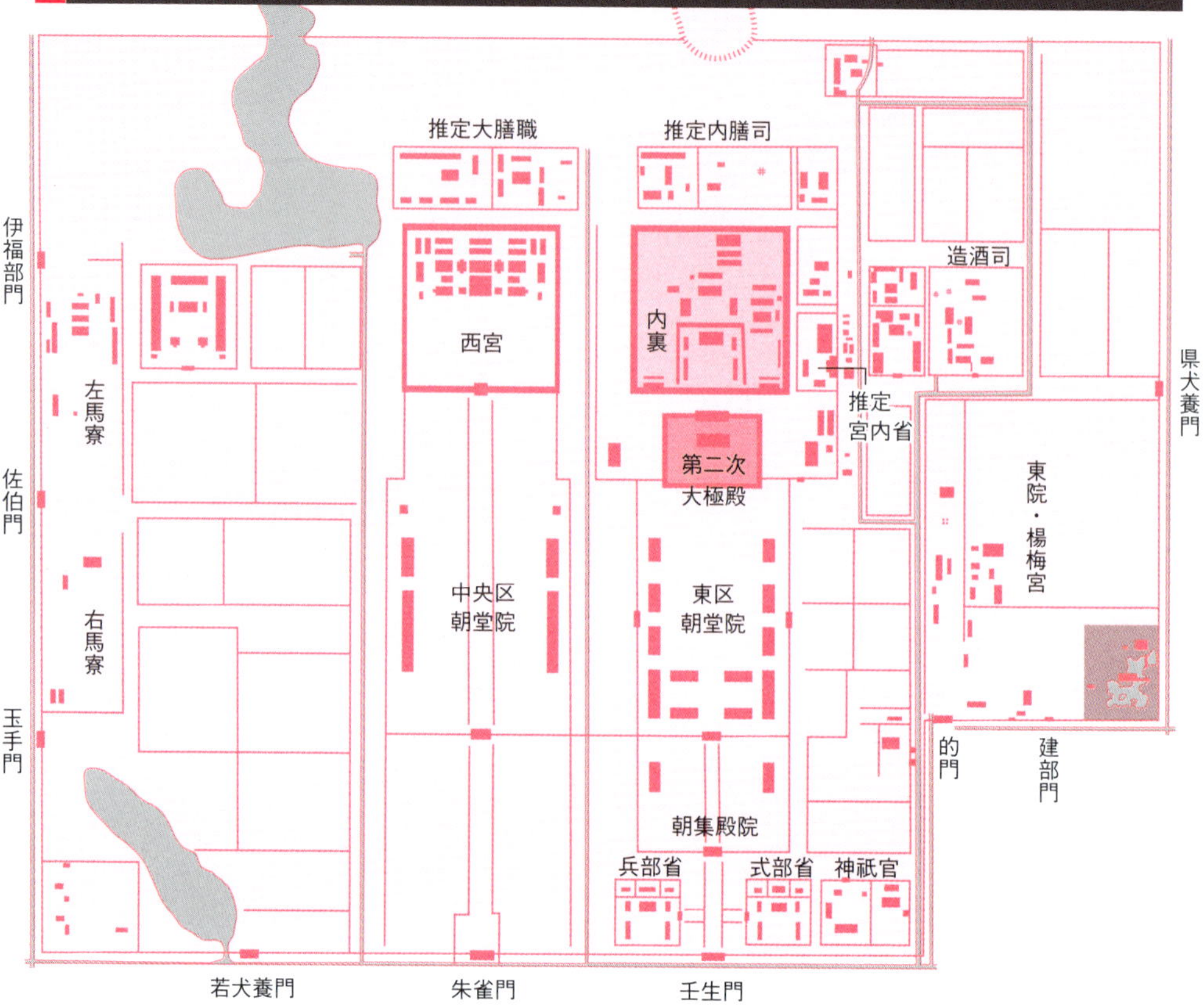

平城京の中心部・平城宮は、政治や国家的儀式の場所である「大極殿・朝堂院《ちょうどういん》」、天皇が住まう「内裏」、役所が日常業務を行う「曹司《ぞうし》」、宴会場である「庭園」などの区画に大別できる。「大極殿・朝堂院」は奈良時代の前半は朱雀門を入った正面にあったが（第一次大極殿）、奈良時代後半はその隣（第二次大極殿）へとその位置を大きく変えている。ただし、内裏は同じ場所にあった。

図版提供＝奈良文化財研究所

朱雀門（復元）

幅75m、全長4km幅の朱雀大路の北の先に、平城宮の正門である朱雀門がある。写真は復元された朱雀門で、中央奥に第一次大極殿（復元）が見える。

写真提供＝grail

35 奈良

失明するほど困難をきわめた鑑真の渡来

鑑真を乗せた遣唐使船は遭難ルートを辿っていた

Point

◆必要となった仏僧資格の国家管理

8世紀、聖武天皇の治世下、自称出家者の仏僧が増え社会問題化

↓

国際標準である唐の戒律にのっとって公式に仏僧の資格を与える権威を高僧・鑑真に求めた

↓

鑑真を乗せた遣唐使船は揚州を出航して沖縄へ。北上して屋久島を経由し、九州の秋妻屋浦（鹿児島県坊津）を経て大宰府入りした

↓

当時、遣唐使船の航路は北路と南路の2ルート。沖縄を経由するのは、遭難した結果のイレギュラールートだった

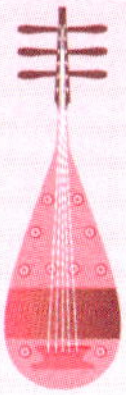

8世紀の僧・行基《ぎょうき》は、東大寺四聖の一人に数えられている大僧正である。彼は僧尼令で禁じられた寺院外での集団布教、無許可の托鉢《たくはつ》を行うほか、説教施設の建設など数々の社会事業を行った。溜池、灌漑のための溝と堀、橋や困窮者救済施設の建設などである。行基と行動をともにする人々は行基集団と呼ばれた。

律令違反を犯した行基に対し、当初、朝廷は弾圧策をとった。しかし行基集団の実績と民衆支持は無視できず、宥和《ゆうわ》策に変更する。行基を大僧正と認定し、奈良の大仏建立の責任者として招聘した。東大寺四聖の一人とされているのはこのためである。

しかし、ここには国政上の大問題があった。行基の出家の根拠が明らかではないのである。行基自身はのちに正式に大僧正となっているが、当時、このような自称出家の僧尼が大量に発生していた。僧尼は免税だからである。

免税者の増加は国家財政を揺るがす。早急に国際標準である唐の僧資格・受戒《じゅかい》の制度を導入して僧尼を国家管理する必要があった。そのためには受戒を行う戒師《かいし》を招聘せねばならず、栄叡《ようえい》と普照《ふしょう》が唐に

渡って鑑真に指導を求めた。

聖徳太子や長屋王を評価していた鑑真

栄叡と普照はそのとき帰国用の船を用意していたという。数人の仏僧を紹介してもらい連れ帰るつもりでいたらしいが、鑑真は自ら渡日する意向を見せた。鑑真は当時の唐を代表する高僧である。一説には、聖徳太子や長屋王《ながやのおおきみ》の仏教帰依《きえ》に敬意を表し、日本への布教に情熱を燃やしたとされる。

鑑真が渡日するまでには11年間を必要とした。5つの渡航計画を練り、うち2つの計画で実際に船出し遭難している。5度目の計画のときに栄叡が死に、鑑真は失明したとされる。753年、鑑真65歳のときに、帰路につく遣唐使船に乗り込み、渡日は果たされた。

鑑真を乗せた遣唐使船の渡

8−9世紀の東アジアと遣唐使のルート

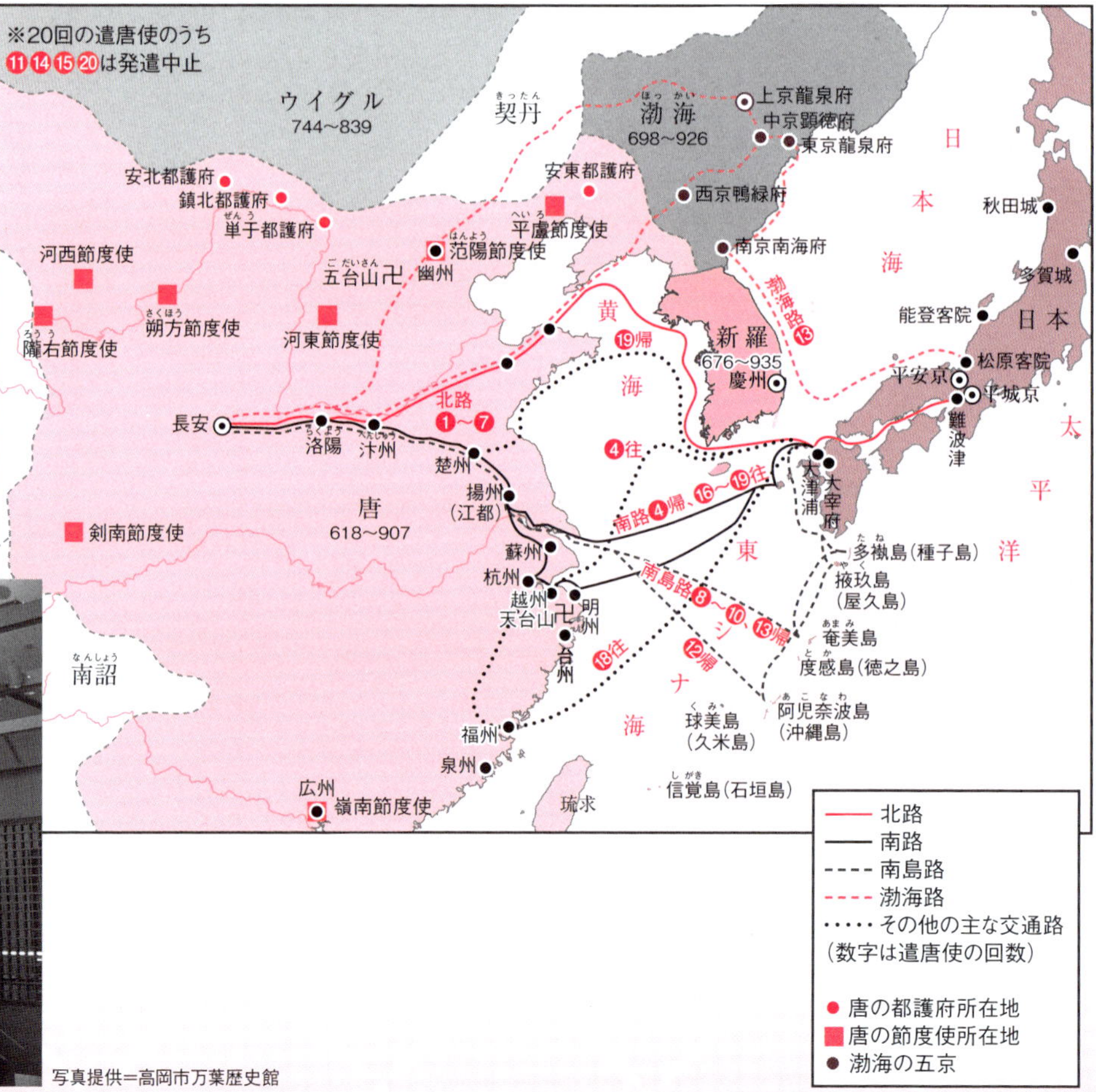

写真提供=高岡市万葉歴史館

航ルートは揚州→沖縄→屋久島→九州の秋妻屋浦《あきめやのうら》である。遣唐使船の帰路ルートには、登州→黄海→朝鮮半島→対馬→九州の北路と、長江河口域→東シナ海→九州北端の南路ルートがあった。鑑真のルートは、気象の悪化などで遭難した結果の臨時ルートにすぎないとされている。実際、船団4隻のうち1隻は、ベトナムまで流されてしまったことがわかっている。

当時の遣唐使に用いられた船は中国の大型外洋航行船で、前後に2本の帆柱を持ち、櫓も装備されていた。太陽または北極星で方向を確かめる以外に船の位置は確認できず、その航法は、とにかく東に向かえば日本に着くというレベルだったとされている。しかし記録に残る遣唐使船の帰還率は約7割とされ、近年ではその技術を再評価する研究が進んでいる。

唐・新羅・渤海と日本

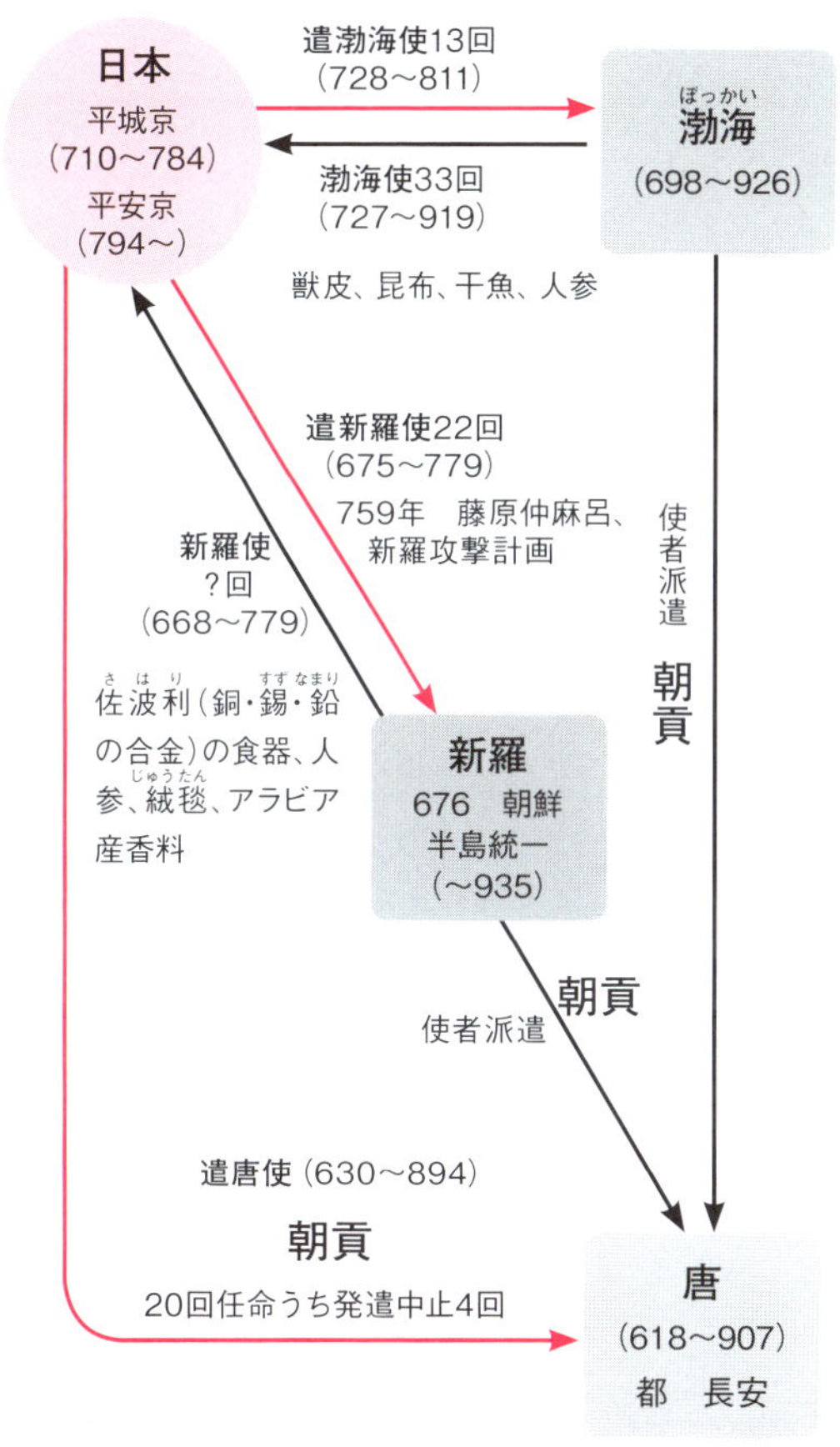

7～8世紀の日本・新羅・渤海の3国は、それぞれ中国・唐に臣従。使者を派遣し朝貢している。また、3国は互いに使者を送り合い、活発な交易を行っていた。

※使者の派遣の回数や期間については諸説あり。

遣唐使船模型

遣唐使船には、大使などの朝廷の使節団のほか、通訳や医師、留学生、船の漕ぎ手など、1隻に約120人が乗船した。復元された船の長さは長さ約30m、幅7～8m、帆柱2本の平底で、鉄釘をほとんど使わず、平板を継ぎ合わせて造られていたとみられる。遣唐使船は、当初は難波津から瀬戸内海、博多を経て朝鮮半島西岸を北上する「北路」を採用したが、新羅との関係が悪化したため、危険な「南島路」や「南路」をとるしかなかったようだ。

36
奈良

短命の京の立地からその理由をさぐる

聖武天皇の行幸の背景と水運・防衛に長けた新都造成

Point

◆５年間に４度遷都した聖武天皇

聖武天皇は741～745年の間に
恭仁京、難波宮、紫香楽宮と遷都し
平城京に戻った

↓

聖武天皇が平城京を捨てたかった
理由は、反藤原氏、蘇我氏勢力
復興にあったという説がある

↓

一方、聖武天皇が建てて遷都した都は、
水運を生かしつつ
地政学的に優れたものだった

↓

のちの長岡京はこれを参考とした。
巨椋池のほとりに建設された理由、
洪水によって短命に終わった理由も
ここにある

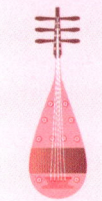

７３７年、天然痘が平城京で大流行する。大陸から大宰府経由で伝染したとされているが、大納言・藤原武智麻呂《むちまろ》を筆頭に房前《ふささき》、宇合《うまかい》、麻呂《まろ》の四兄弟が死亡し、藤原政権が物理的に消滅した。

とって代わった橘諸兄《たちばなのもろえ》政権は藤原氏勢力一掃を狙ったものとみられ、要職にあった宇合の子・広嗣《ひろつぐ》を大宰府に左遷。この広嗣が政権奪還をにらんで７４０年に大宰府で挙兵する。朝廷から1万７０００人の軍を派遣するほどの大規模な内乱となったが、この乱のさなか、聖武天皇は東国への行幸を敢行する。都へ戦火が及んだ場合を恐れてとするのが通説だ。

聖武天皇は伊賀、伊勢、美濃、近江をめぐり、かねてより遷都を命じてあった恭仁京《くにきょう》に入る。この経路は壬申の乱の際に大海人皇子（天武天皇）が使った戦略ルートそのものだ。そこで聖武天皇はこれをなぞったという説が浮上する。聖武天皇は不比等を祖父とする藤原直系だが、天武天皇の曾孫でもある。天武天皇は、蘇我氏の政策を推進した孝徳天皇の改革を受け継ぐ親蘇我派だったともいわれる。対して、鎌足を祖とする藤原氏は、天智天皇とともに乙巳《いっし》の変を招いた反蘇我勢力だった。聖武天皇の行動は、藤原勢力から距離を置いたとも見て取れる。

短期間に実行された遷都は聖武天皇の三都体制計画

恭仁京は大臣・橘諸兄の本拠地に諸兄推薦のもとで建設されたが、注目すべき点に、地形的な防衛力がある。南側に流れる木津川が平城京からの攻撃を阻む。山岳地帯を背にしており、退避場所が確保できる。また、木津川を使えば、巨椋《おぐら》池を経由して淀川へ直結する。琵琶湖とも巨椋池経由の水運が利用できるのである。

その後の紫香楽宮《しがらきのみや》は、さらに東の山間へ奥まった、より防衛力も高い離宮として建設されたものとされる。この地での水運には琵琶湖に向かって流れる信楽川があり、恭仁京との交通も確保される。2つの宮の間には恭仁京東北道と呼ばれる街道も整備されていた。聖武天皇は紫香楽宮のほど近くに甲賀寺（現・護国寺）を建て、大仏はここに建立されるはずだった。

聖武天皇は744年に難波宮に遷都している。宮は新造だが、難波は大化改新にあたった孝徳天皇ゆかりの地である。聖武天皇は平城京を捨て、難波宮・恭仁京・紫香楽宮の三都体制での国家運営を画策していた可能性がある。

784年、桓武《かんむ》天皇が平城京から遷都した長岡《ながおか》京は、聖武天皇の都造りを大いに参考としたものだった。巨椋池のほとりに建ち、桂川や宇治川などの大河が淀川となる合流点が近くにあり、山崎津という港も設けられた。

しかし、792年、大雨で川が氾濫して都の8割が冠水。わずか10年で平安京へ遷都されるのである。

歴代の都の位置

『なぜ、地形と地理がわかると古代史がこんなに面白くなるのか』（千田稔監修、洋泉社）ほか参照

37
奈良

蝦夷征討ルートと前線基地の立地をさぐる

蝦夷討伐と柵の建設で東北支配を進めた朝廷

Point

7世紀、朝廷は東北に進出
大化改新後、唐・新羅の外圧に備え、
朝廷は富国のために東北に侵攻

↓

新潟および東北の日本海側に
城（柵）を築く

↓

8世紀、東北の太平洋側に城（柵）を
建設し侵攻（大仏建立のための
金の獲得が目的のひとつとも）

↓

朝廷の支配強化から蝦夷が反発し、
三十八年戦争開始
坂上田村麻呂の平定を経て
811年に終了

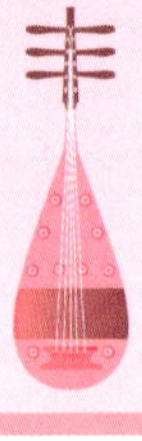

古代、列島北方には独自の文化を持つ集落があった。北海道には歴史学上、続縄文《ぞくじょうもん》文化と呼ばれる鉄器文化があり、東北および新潟地方も同様で、日本海を経由して高句麗と交易を行っていたとみられている。

『日本書紀』に蝦夷《えみし》という言葉が現れるのは、第12代景行《けいこう》天皇の条である。伝説的な内容ではあるが、有力豪族の武内宿禰《すくね》が北陸から東北を視察し、「日高見国という国があり、そこに住む人々は蝦夷と呼ばれ、刺青をしている。土地は広く、よく肥えている。支配すべきだ」と報告したという。

本格的に朝廷が東北侵攻を実施するのは7世紀中頃以降のことだが、日高見国は豊かな国であることは古くから知られていたのだろう。

大化改新後、大陸では唐帝国が興隆していた。のちの百済の滅亡、白村江の戦いでの敗北にみられるように、唐を中心としたアジアの情勢の変化は、朝廷に国防および富国の必要を迫るものだった。

朝廷はまず、現在の新潟市東区付近に渟足柵《ぬたりのき》という城柵を設置した。城柵はいわば「城」で、四方を木の柵で高く囲み、内部に数棟の殿を建

文＝尾崎克之

てる。殿は蝦夷が朝貢するための役所で、城とはいえ行政施設としての性格が強かった。狙いは大陸との交易で富んだ日本海側諸国の経済である。続いてその北方に磐舟柵《いわふねのき》を設置する。同じく現在の新潟県内である。

朝廷支配を拒んだ蝦夷と呼ばれた人々

７世紀当時の朝廷は、朝貢に応じる蝦夷に対しては、冠位の授与、兵力援助を含めた優遇策をとっている。８世紀に入ってまもなくさらに北に進出し出羽柵《でわのき》を設置し、律令制の整備にともなって、東北の日本海側を出羽国とした。律令制統治、納税への反発と想像されるが、東北太平洋側・陸奥国《むつ》の蝦夷が反乱を起こし、陸奥国平定のために現在の宮城県に多賀城《たが》を設置する。陸奥国府もここに置かれ、朝廷の東北拠点となった。

この頃より蝦夷の反乱が目立つようになる。東北の在来諸国は強国だった。朝廷は出羽柵を移転して秋田城を設置し、最北の拠点とした。秋田城はまた、高句麗の再興国家・渤海《ぼっかい》との交易拠点ともなったという。朝廷は陸奥国に桃生《ものう》城、伊治《いじ》城と築城を続けるが、その背景には陸奥に産出する金の獲得があったとされる。聖武天皇の大仏建立が控えており、実際、開眼式の３年ほど前に陸奥国守が陸奥産の黄金を献上している。

朝廷と蝦夷の対立は７７４年、桃生城に侵攻した蝦夷を征討したことに始まる。朝廷は坂上田村麻呂を征夷大将軍に任じ、陸奥国に胆沢《いさわ》城、志《し》波《わ》城を築いて戦乱を収束させた。征夷大将軍は令外官《りょうげのかん》で臨時職だが、田村麻呂は蝦夷征討終了後も名乗り続けた。のちの武家社会最高役職名の先《せん》鞭《べん》である。

多賀城政庁復元模型

陸奥国府と鎮守府が置かれ、朝廷の東北支配の拠点となった多賀城は、724年に大野東人が築城したという。周囲を築地塀・材木列塀がめぐり、その中に政庁や役所・倉庫群などがあった。

写真提供＝東北歴史博物館

東北地方の城柵

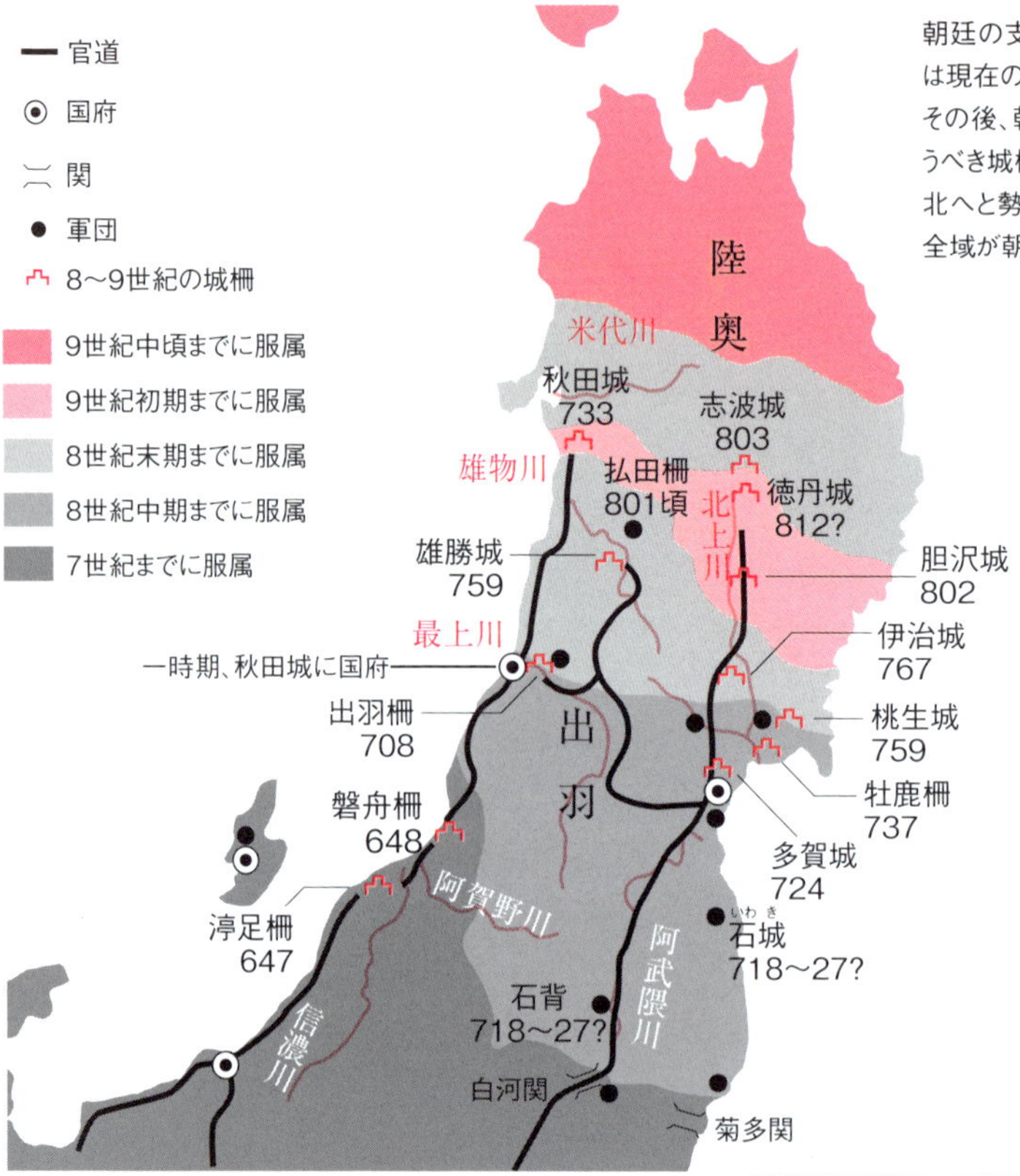

朝廷の支配下にあった東国は、7世紀頃は現在の福島県白河市あたりまでだった。その後、朝廷は国境に最前線基地ともいうべき城柵と呼ばれる役所（官衙《かんが》）を築き、北へと勢力を拡大。9世紀中頃には本州全域が朝廷に服属した。

志波城・外郭南門復元

坂上田村麻呂が蝦夷を降伏させた翌803年に築かれた最北端の城柵。蝦夷に対する最前線基地にあたり、外郭は928m四方の堀と840m四方の築地塀の二重の区画を持つ。その内側に政庁が置かれた。その外郭規模は国府・多賀城に匹敵するものだった。

写真提供＝盛岡市教育委員会

秋田城・政庁正殿跡

733年に移された当初は「出羽柵」と呼ばれたが、760年頃から「秋田城」といわれるようになる。常置された出羽国司の次官（秋田城介）が、出羽北部の統治を担当した。正殿は同じ場所で6回建て替えられたとみられる。当初は掘立柱建物だったが、最後は礎石式が採用された。

写真提供＝秋田市教育委員会

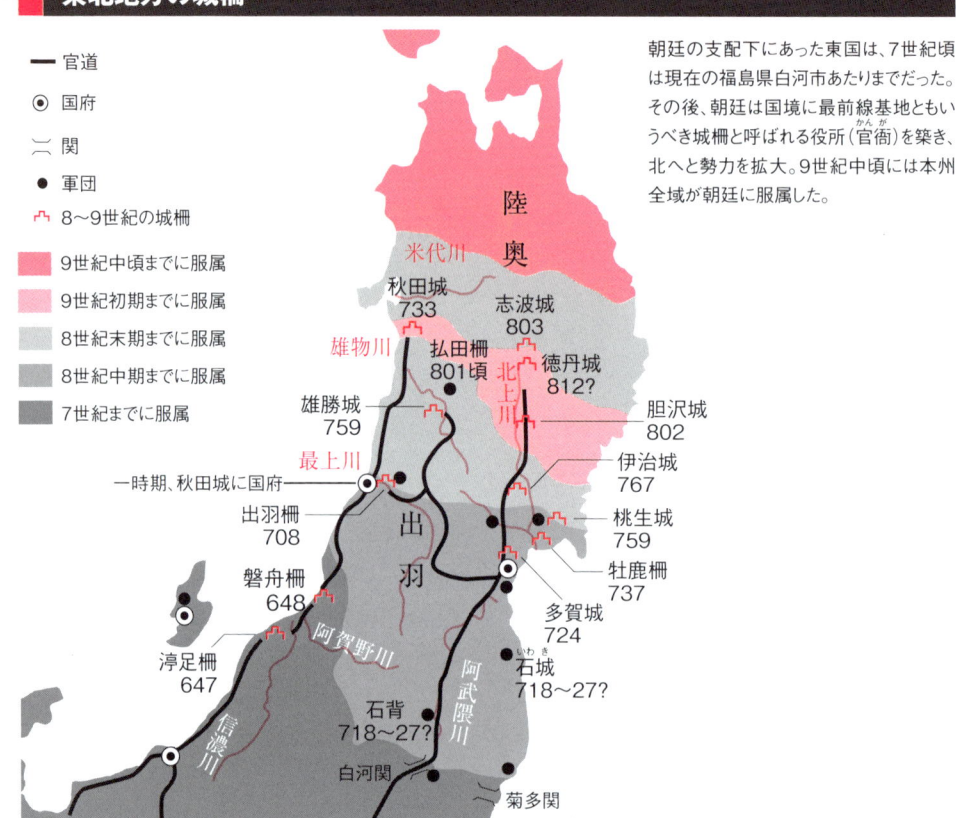

38

奈良

現在まで受け継がれた古代ハイウェイ

全国をつなぐ道路網 七道駅路と駅制の整備

! Point

◆古代の通信制度「駅制」

飛鳥時代には、馬を使った緊急通信制度「駅制」が整備されていた

↓

駅制にしたがって公的な使者「駅使」が通行する道路を駅路という

↓

◆七道駅路の完成

7世紀、天智天皇から天武天皇の時代に行政単位が七道に区分された

↓

七道の区分にともない、都と七道をつなぐ駅路が、直線道路で建設された

駅《えき》制《せい》とは、馬を使った情報伝達制度である。駅とは中継基地のことであり、公的に認められた使者「駅《えき》使《し》」に食糧を提供し、乗換え用の馬を準備する。駅制で使われる馬を「駅馬《えきば》」、通行する道路を「駅路《えきろ》」と呼ぶ。

駅制は主に緊急連絡に使われる。『日本書紀』に最初に駅制が登場するのは、6世紀後半、第29代欽明天皇崩御の際の記事である。当時皇太子の敏達天皇を呼ぶために駅馬を走らせたという。また、蘇我馬子が首謀したとされる崇《す》峻《しゅん》天皇暗殺の際には駅使が九州・筑紫に飛んでいる。

646年に孝徳天皇が発したとされる改新の詔には、駅馬・伝馬の制度設置が短い条文の中に明記されている。国家運営において、きわめて重要度の高い制度だった証拠だ。

律令制の整備によって、朝廷のある畿内を除いて全国は7つの道に区分された。道とは現在の都道府県にあたる行政単位のことである。

現在の関東にあたる東海道、中部にあたる東山道、北陸道、山陽道、山陰道、四国にあたる南海道、九州にあたる西海道をつまり七道というが、この七道と都は駅路で結ばれていた。この駅路が最近の発掘

文＝尾崎克之

調査により各地で発見されているが、驚くべきことにそのほとんどが、必要に応じて埋め立て工事、切り通し工事を行った幅6メートルから最大30メートルほどの直線道路だったのである。

律令国家体制下の情報高速伝達システム

七道駅路は地方行政区と都を、最速連絡を目的に結んでいたことになる。七道駅路は「古代のハイウェイ」と呼ばれることもあるが、これはあながち比喩ではなく、現代の高速道路とルートのあり方、インターチェンジと駅の位置がほとんど一致するという研究まであるのだ。

七道駅路がいつ、誰によって建設されたか、2つの説がある。まず、7世紀後半の天智天皇の命によるという説で、軍事道路として建設されたという。白村江の戦いの敗北による国防整備が目的である。しかし、当時の軍隊構成から、地方から都へ軍が集結する必要もなく、また地方に派遣する軍勢が都には用意されていなかったことで疑問視されてもいる説である。

もうひとつは7世紀末、天武天皇の命で、律令国家体制の確立のために建設されたという説。発掘調査から年代に合致すること、駅路の直線が、律令制下の税計算に欠かせない土地区画の基準線となっていることなどから、現在、この説が有力となっている。

律令国家体制は、中央が派遣した官僚が地方を治める体制であり、駅路による情報の高速伝達は不可欠だった。また、道路の整備は対外国に権威と国力を示すものでもあった。天武天皇は目に見えないシステムと見えるシステム、両方の完成を目指したといえるだろう。

隠岐国駅鈴《えきれい》

駅鈴は、中央官庁と地方国衙(国府)が持っているもので、官人が公務で七道を通る際に交付。駅でこの駅鈴を提示することで、駅馬が供与された。写真は隠岐家に伝えられた、現存唯一の駅鈴。

写真提供=隠岐の島町教育委員会

後期野磨《やま》駅家跡

掘立柱建物群が発見された落地遺跡(兵庫県赤穂郡上郡町)は、山陽道と播磨国最西端に置かれた野磨駅家跡と考えられている。

写真提供=上郡町教育委員会

七道駅路

畿内と各地の国府を結ぶ道路「七道」の総延長は約6300km。約16kmごとに「駅家」が設置され、都の情報を素早く地方へと伝達できるよう工夫されていた。

西海道肥前路・祇園原《ぎおんばる》

写真の中央をまっすぐ延びるのが、佐賀平野を約16km一直線に通る古代の西海道駅路の跡。

写真提供＝佐賀県教育委員会

39
奈良

古代ハイウェイに取り入れられた最新工法

現代の道路工法とほぼ同じだった七道駅路

Point

◆残されていない七道駅路の工事記録

『日本書紀』をはじめ、史料には
七道駅路の工事記録は残されていない

↓

他の公共道路の記録から、
道路建設には、地方の在民が
あたったらしい

↓

頑丈さも求められた七道駅路
発掘された駅路から、その構造は
現代の工法と変わらないことがわかった

↓

溜池をあわせ持つ駅路も発見
駅路建設は土地活用を含む
総合的公共事業だった

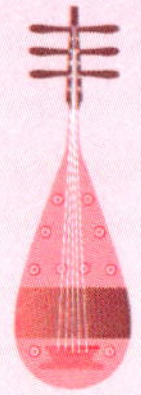

七道駅路は、まず直線設計に驚かされる。その測量は人員3名で可能だったという。一人が基準点に立ち、もう一人が棒を持って離れて立つ。さらにその向こうに3人目が棒を持って向かい、基準点に立った者が、棒が重なり隠れるように誘導する。

基本的にこれを繰り返すことで直線を作成していくのである。また、直角を割り出すいわゆるピタゴラスの定理も活用されていた可能性が高いが、これには前方後円墳の設計という先達がある。

七道駅路の工事記録は、史料にはほとんど残されていない。他の道路建設についての記録も、『続日本紀』に、蝦夷征討のため軍事道路を６０００人の兵が2カ月で東北に建設したという記事と、美濃と信濃の国境に吉蘇路を通したという記事が、わずかにあるくらいだろう。

吉蘇路については褒賞の記録で、道路建設は中央からの派遣官僚が地元住民を使役して建設したことがわかる程度の史料である。

したがって、七道駅路に関するもっとも雄弁な記録は、各地で発見されている発掘現場そのものだということになる。現在も調査研究が進むな

文＝尾崎克之

か、その工事方法は現代工法にひけを取らないものであることがわかってきた。

駅路建設にもみられる優秀な土木工事の伝統

現代の道路工法は、まず路床を固め、目の粗い砂利を下層路盤として敷き、その上に目の細かい砂利を上層路盤として敷く。最後にアスファルトを敷いて表層とするが、七道駅路もほぼこの構造で建設されている。

例えば東京都国分寺恋ヶ窪で発見された東山道駅路は、砂と小石の川床の上に枝材や木の皮などを敷いて固め、その上に直径10〜20センチほどの石を敷き詰めて頑丈にし、さらに赤土と黒土の盛り土を交互に積み上げてあった。そしてこの盛り土の脇には丸太が並べられ、杭を打ち込んで固定してある。

枝材や木の皮などには湧き水を吸収する効果があり、石詰めには、地下水が盛り土に染み込むのを防ぐ効果があるという。

地盤改良を行った駅路もある。埼玉県吉見町で発見された駅路には、表面の脆弱な粘土部分を掘削して除いたところに石を詰め、さらに石を積み上げて粘土で固めて路面を仕上げる工法が使われていた。石を使って盛り土した古代道路は朝鮮半島にもみられ、渡来人の技術者が工事を指導した可能性もあるとされている。

また、福岡県朝倉市の池の上遺跡などから、同時に溜池建設が行われたとみられる駅路が発見されている。盛り土の幅は30メートルを超え、谷を遮断して堤防の役割を果たしていた。

農地の支給と農産物の収用は、律令国家を支える基盤である。七道駅路の建設は、まさに総合的公共事業だったといえるだろう。

東山道武蔵路

武蔵路は武蔵国府に至る往還路（東山道の支路）で、各地で発掘が進められている。写真は東京都国分寺市で発掘調査されたときのもので、幅12mの道路跡が台地上から谷部にかけて490mの長さで確認された。

写真提供＝武蔵国分寺跡資料館

古代道路の工法

『道が語る日本古代史』(近江俊秀、朝日新聞出版)ほか参照

❶

地盤の粘土層を、深さ20cmほど掘削する

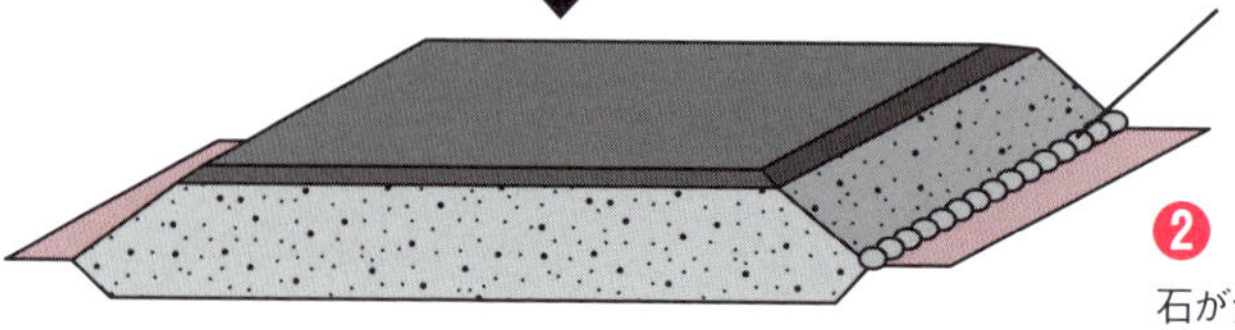

❷

石が混ざった砂を75～95cm盛り土する。その上に①で取り除いた粘土に砂を混ぜたものを15cmほど盛り、表面を突き固める。

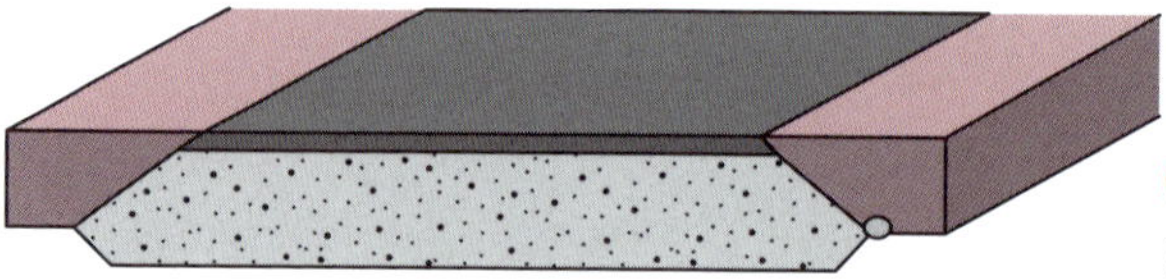

❸

道路の両サイドが道路と同じ高さになるよう、粘土を盛る。

❹

路面の両側を溝状に掘り、側溝とする。

東海道駅路・曲金北《まがりかねきた》遺跡

曲金北遺跡は、JR静岡駅南側一帯に広がる古代道路遺跡で、写真からも盛り土や側溝の様子がよくわかる。周囲には弥生時代後期～古墳時代後期の水田が重なって発見された長沼遺跡があり、この道路遺跡の側溝も水田の用水路も兼ねていたとみられている。

写真提供＝静岡県埋蔵文化財センター

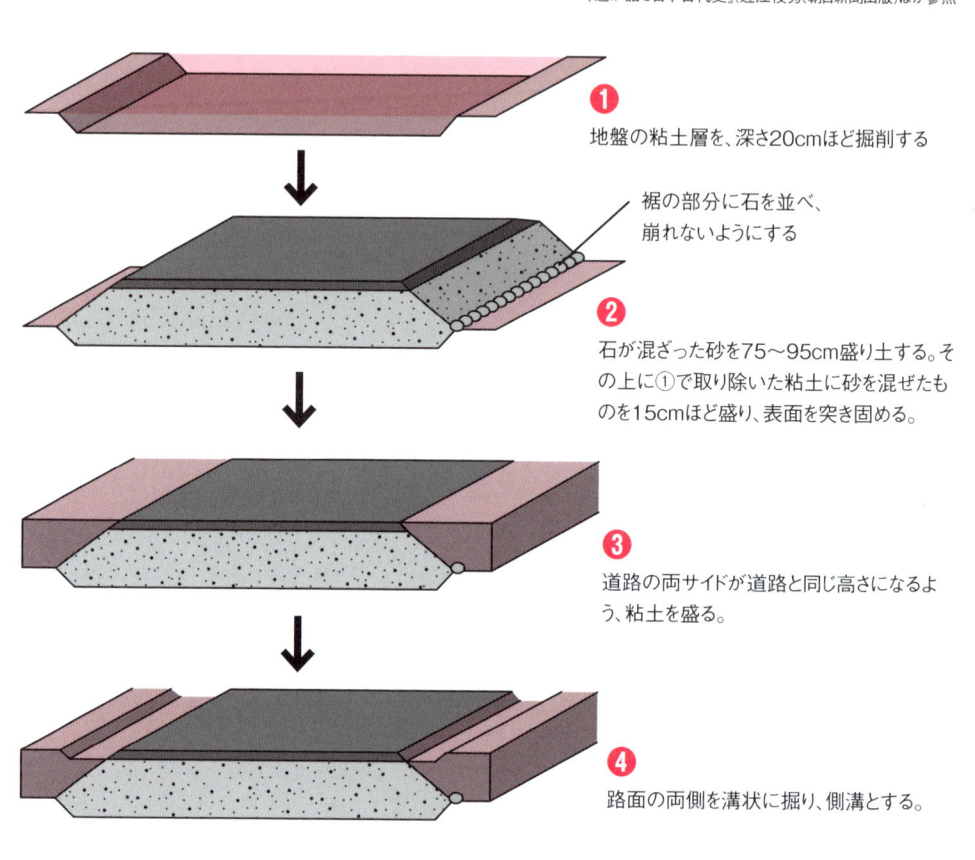

40 奈良

『万葉集』の歌に見る防人の赴任経路と境遇

防人の歌からうかがえる当時の厳しい生活

Point

◆律令に定められた防人の制度

『日本書紀』に記された改新の詔に、防人は重要な制度として条文化されていた

↓

白村江の戦いで敗北を喫した朝廷が対唐・新羅軍防衛のために本格的に実施

↓

◆防人は難波津まで歩いて集合

七道駅路を使った難波津までの旅はすべて自弁。難波津から公用船で瀬戸内海航路経由で九州に赴任した

↓

任期は3年とされていたが、そのまま九州に留まって生活を続けた者も多かった

防《さき》人《もり》とは、大陸からの軍事的侵攻に備えて、主に東国から徴兵されて九州地方に赴任した兵士たちのことである。

『日本書紀』によれば646年に発された「改新の詔」の2条目に、防人という制度を置くことが明記されているが、これが実施されたかは疑わしい。のちの大宝律令で定められた防人の制度は、勤務期間3年であり、在任中は納税はじめ課役を免除され、勤務終了帰国後には国内軍への勤務が3年間免除されるというものだった。

防人制度の本格的な実施は、白村江の戦い敗戦直後の中大兄皇子称制下である。予想された唐・新羅連合軍の侵攻に備えて中大兄はまず、朝鮮半島と九州の間に浮かぶ対馬と壱岐、九州の要衝・筑紫に防衛兵・防人を配備した。

防人たちは有事の際には武器を取って戦うことになるが、平時は大陸からの船団来襲を監視し、烽《とぶひ》と呼ばれるのろしによる通信設備で連絡業務にあたった。

難波までは陸路を辿り瀬戸内海航路で九州へ

防人は主に東国から徴発された。古来、東国の軍事的実

文＝尾崎克之

力は朝廷も認めるところであり、防人はそれら東国各国の軍団兵士が務めた。

防人は、律令制に定められた地方行政の長・国司に統率されて難波まで陸路で赴く。各国から集合した防人たちは難波を公用船で発ち、瀬戸内海航路を使って九州入りするのである。

防人たちは駅路を使って難波へ向かった。東国を発つ防人は、中部を経由する東山道、あるいは太平洋沿岸を経由する東海道を馬または徒歩で移動した。

『万葉集』には、武蔵国に住んだ女性・宇遅部黒女《うじべのくろめ》の〈赤駒を山野に放し捕《はが》りかにて多摩の横山徒歩《かし》ゆか遣らむ〉という歌がある。馬が用意できず、防人として赴任する夫を徒歩で出発させなければならないことを悔やむ歌である。

この歌から、少なくとも難波までの移動には公的な手当てがなかったことがわかる。多摩の横山は、現在の東京都多摩市・府中市にかけて存在する丘陵地帯のことで、ここを駅路・東海道が通っていた。

難波までは、交通手段のみならず食糧も自弁だが、難波津から九州までは大宰府の管轄となって食糧をはじめ公的な手当てが出る。ただし、武器については終始自前が原則で、この負担が特に厳しかったという。

経済力のある東国人は代理出兵も可能だった。したがって防人には貧しい者が多く、空いていた土地を与えられ九州にそのまま留まって暮らすものも多かった。任期は必ずしも厳格に守られたわけではなく、当然、『万葉集』防人歌には望郷の歌が多く収録されている。

東国からの防人徴発は757年に廃止され、以降、防人の制度は有名無実化していく。

諸国より京への運脚日数

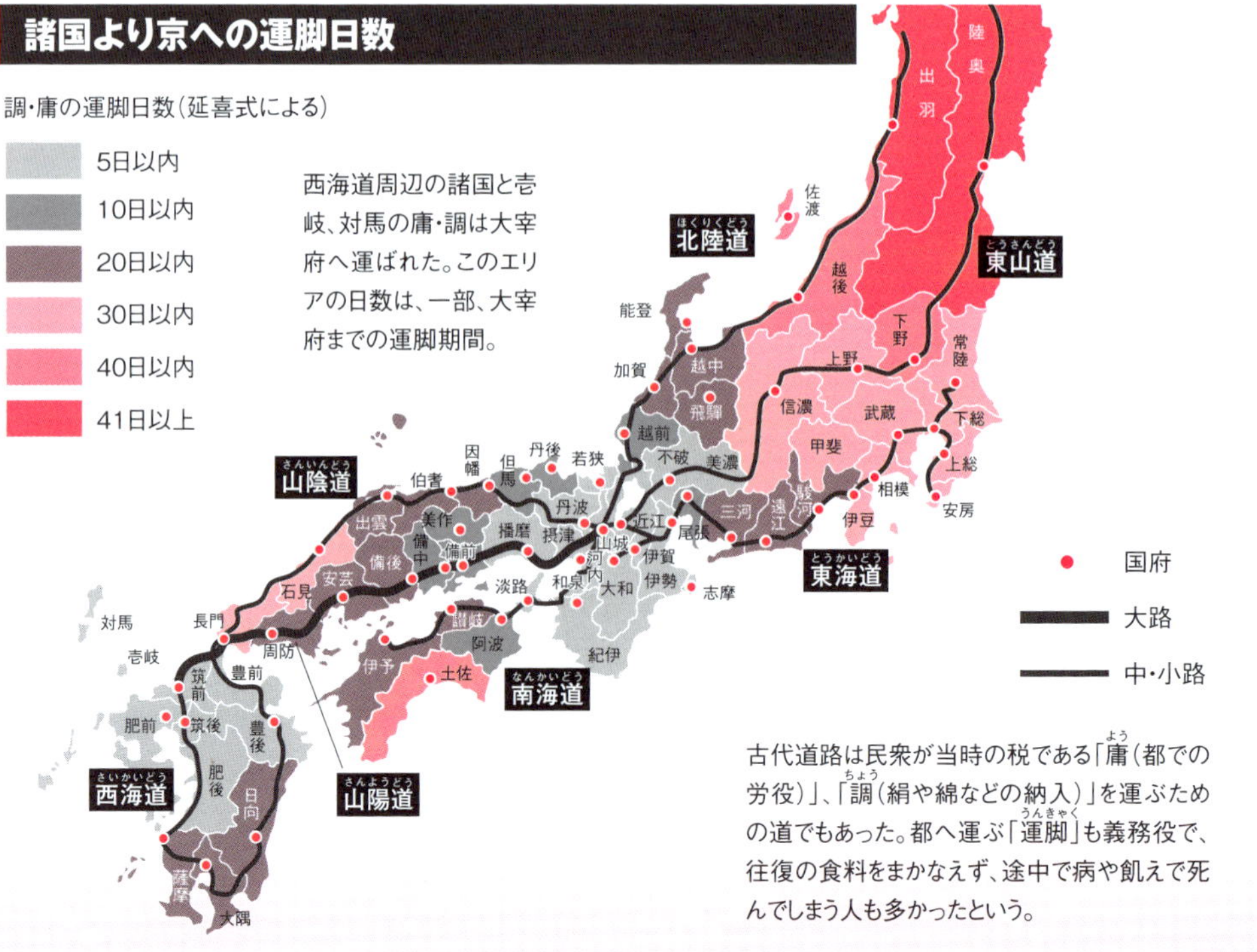

古代道路は民衆が当時の税である「庸《よう》（都での労役）」、「調《ちょう》（絹や綿などの納入）」を運ぶための道でもあった。都へ運ぶ「運脚《うんきゃく》」も義務役で、往復の食料をまかなえず、途中で病や飢えで死んでしまう人も多かったという。

41
奈良

死罪よりも苦痛とされた流刑

流刑地に定められた立地の条件とは？

Point

◆流刑は死罪よりも苦痛

流刑は移住を含む、それまでの
生活基盤を剥奪される刑である

↓

利権が剥奪されるため、
特に高官にとっては
死以上の苦痛ともされた

↓

◆律令に定められた三流

唐の律令に倣い、距離によって
流刑の等級は定められた。
近流、中流、遠流の三流である

↓

奈良時代の流刑者として修行者・
役小角が知られ、流刑先だった
伊豆に今も伝説が残る

罪を犯して本拠地を追われる例としてよく知られるものに、『古事記』におけるスサノオノの神逐《かんやらい》がある。スサノオは高天原での粗暴な振る舞いを理由に、葦原中国《あしはらのなかつくに》つまり地上に追放される。その際、スサノオは全財産を没収され、ヒゲを切られ、手足の爪を抜かれた。アマテラスの天の岩屋につながっていく神話である。

現実に律令で定められた流刑も、スサノオの追放神話と本質的には変わらない。それまでに蓄積した生活基盤と特権を奪う刑罰である。律令制下の高官にとって、社会的に保証された地位を失うことになる流刑は、死よりも苦痛なものだったという。

この「律」には5つの刑罰方法があった。「笞・杖・徒・流・死」の五刑で順に重罪刑となる。流刑（流）は懲役刑である徒よりも重く、死罪に次いだ。

政権内にある人間は減刑の特権を持っていたが、八虐《はちぎゃく》と呼ばれる「謀反《むへん》・謀大逆《ぼうたいぎゃく》・謀《む》叛《ほん》・悪逆・不道・大不敬・不孝・不義」は国家反逆罪であり、恩赦も認められなかった。高官が死罪となるケースももちろんあり、その際には自宅での自刃も許可された。

文＝尾崎克之

都からの距離が罪の重さに比例

　律令制下の流罪は、3種類に分かれていた。近流、中流、遠流で、三流と呼ばれ、もちろん罪の重大さに比例して都から遠くなっていく。平安期の律令の細則記録『延喜式』では、近流300里、中流560里、遠流1500里とされている（当時の一里は約533・5メートル）。

　原則として律令は大陸の法体制に倣《なら》っている。三流は、唐の2000里、2500里、3000里の刑からとったものだ。つまり、都からの距離の量が罪の重さに比例する刑であり、したがって遠島、島に流すという考え方は三流には含まれていないのである。

　三流の配流先はおおむね次の通りである。

　近流＝越前、安芸
　中流＝信濃、伊予
　遠流＝伊豆、安房、常陸、
　　佐渡、隠岐、土佐

　遠流に該当する罪人は、死刑にもっとも近い重罪人だったということができる。

　奈良時代の流刑者でよく知られる人物に修行者の役小角《えんのおづぬ》がいる。民衆を扇動したと密告され、文武天皇が伊豆配流とした。

　役小角は流刑の身でありながら、毎日海上を歩いて渡って富士山に登り修業していたという。御殿場市には役小角が建立したという青龍寺が残り、当地で今も伝説として語り継がれている。

　のちに、後鳥羽《ごとば》上皇、後醍《ごだい》醐《ご》天皇が隠岐に配流となったのも律令を根拠とする。能楽で有名な俊寛《しゅんかん》の配流先は鬼《き》界《かい》ケ島とされる。実際の場所については鹿児島県の喜界島など諸説あるが、距離からしても俊寛は大重罪人の扱いである。

大和から流刑地までの距離

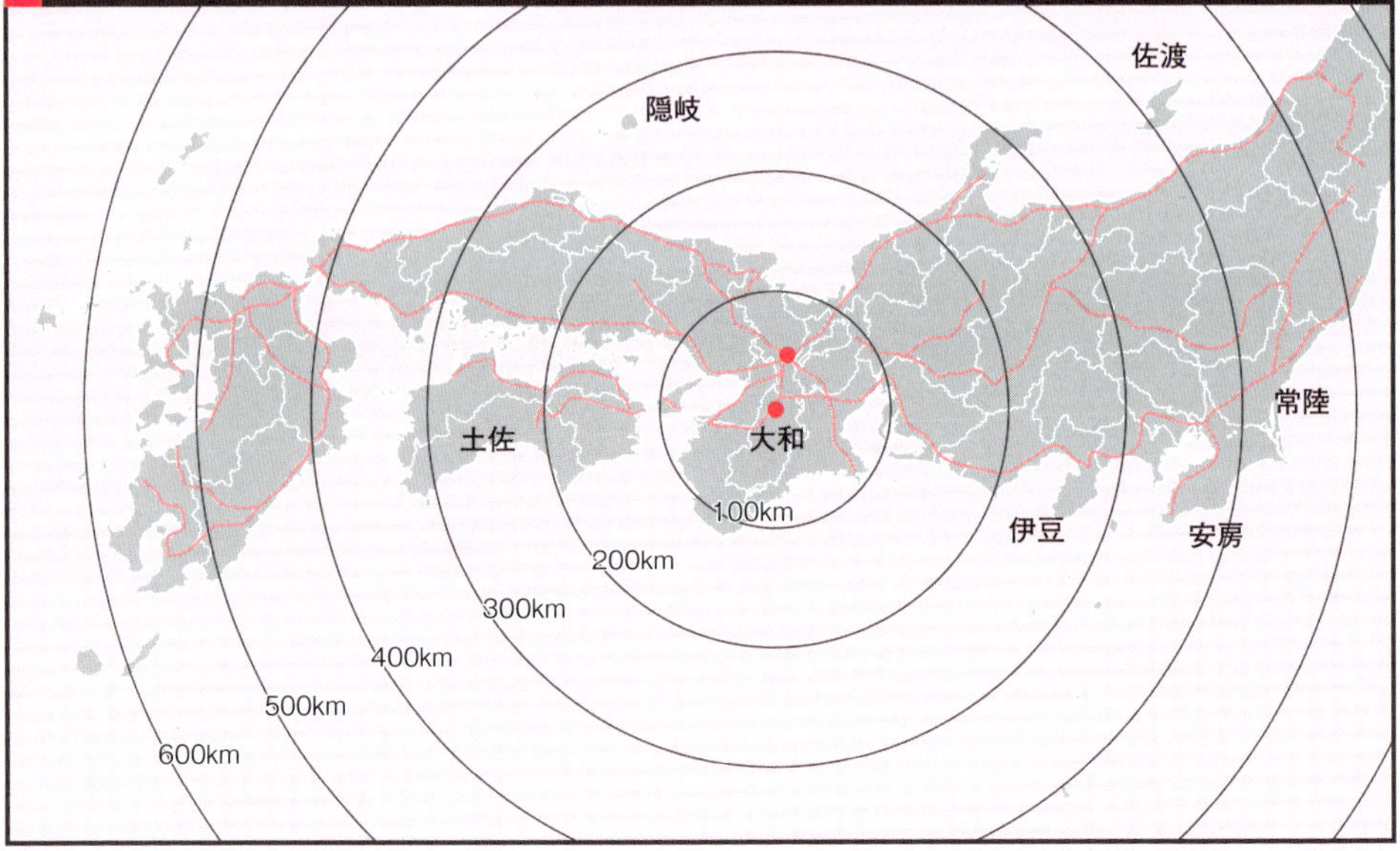

『なぜ、地形と地理がわかると古代史がこんなに面白くなるのか』(千田稔監修、洋泉社)ほか参照

独自の鉄器文化が栄えた北海道・東北の古代史

遮光器土偶レプリカ

縄文時代晩期（前1000～前400）、青森県つがる市亀ヶ岡遺跡から出土した土偶。東北地方の晩期土偶に多い様式で、大きく表現された目が、イヌイットが雪中の光除けに着用した「遮光器」に似ていることからその名がついた。

写真提供＝つがる市教育委員会

古代の東北にあった豊かで強い国

蝦夷《えみし》とは、関東以北、現在の東北にあたる地方の諸国を構成していた人々を呼んだ名称である。したがって、現代の歴史学上でいう民族の名称ではない。

蝦夷という言葉は、『日本書紀』の景行《けいこう》天皇条に初めて現れる。忠臣・武内宿禰《すくね》が北陸と東方諸国を視察し「東の夷の中に、日高見国有り。その国の人、男女並に椎結《かみをわ》け身を文《もどろ》けて、人となり勇みこわし。是をすべて蝦夷という。また土地沃壌えて広し、撃ちて取りつべし」と報告した。

身を文けてとは刺青《いれずみ》をしているという意味で、宿禰が出会った人々は、アイヌ人である可能性が高い。ただし、景行天皇自体、実在が確認され

文＝尾崎克之

たわけではなく、この記述は『日本書紀』編纂時の創作であろう。

アイヌ文化は、北海道を中心に発展していた「続縄文《ぞくじょうもん》文化」「擦文《さつもん》文化」に代わって13世紀に興ったとされる。これは、先住民族にアイヌ人がとって代わったということではない。アイヌ人の文化圏の推移がどのようなものであったかは今後の研究を待たなければならないが、ともかく宿禰が訪れた古代東北の先住民がこの地に「日高見国」を建設していたのである。宿禰が直々に天皇に侵攻を進めるほどその土地は広く、国は豊かだった。

一説には、岩手・宮城の両県を流れる北上川の名は日高見国に由来する。また、「日高見国」こそは日の本つまり日本国であって、日本の国号は、ヤマト朝廷が東北にあった国家・日高見国を併合したのをきっかけに使い始めたものだという説もある。

大陸との独自の交易の可能性

前3世紀頃から7世紀にかけての北海道を中心とする地域には、続縄文文化が栄えていた。本州西部で水稲が始まり、その文化が本州をほぼ覆い、呼称として弥生時代に移行するが、北方では水田を持たない生活様式が続けられたことから「続縄文」と呼ばれている。時代的には本州の古墳時代まで並行して続いた。

続縄文文化は鉄器文化である。鉄器は本州から伝播したものという見方があるが、ここには検討の余地がある。当時、オホーツク文化圏にあたる北海道北部や樺太方面では朝鮮半島北部の靺鞨《まっかつ》と、北海道南西部では本州と交易していたとみられる。また、新潟地域も大陸の高句麗と交易していた。

大陸・朝鮮半島を経由して近畿以西に伝わった大陸型の鉄文化は、一方で北方に直接伝播していた可能性は十分にある。7世紀から本格化する朝廷の蝦夷征討で、朝廷は東北諸国に融和策をとらなけれ

モヨロ貝塚（北海道網走市）

オホーツク海にそそぐ網走川の河口に位置する、オホーツク文化を代表する遺跡（国史跡）。約1300年前、たくみな航海術と海獣狩猟・漁場の技術を持つ人々が、北の大陸から渡来して定着したとみられる。写真は中心が住居跡で、向かって右が墓の遺構。

写真提供＝PIXTA

北海道地方周辺の文化圏

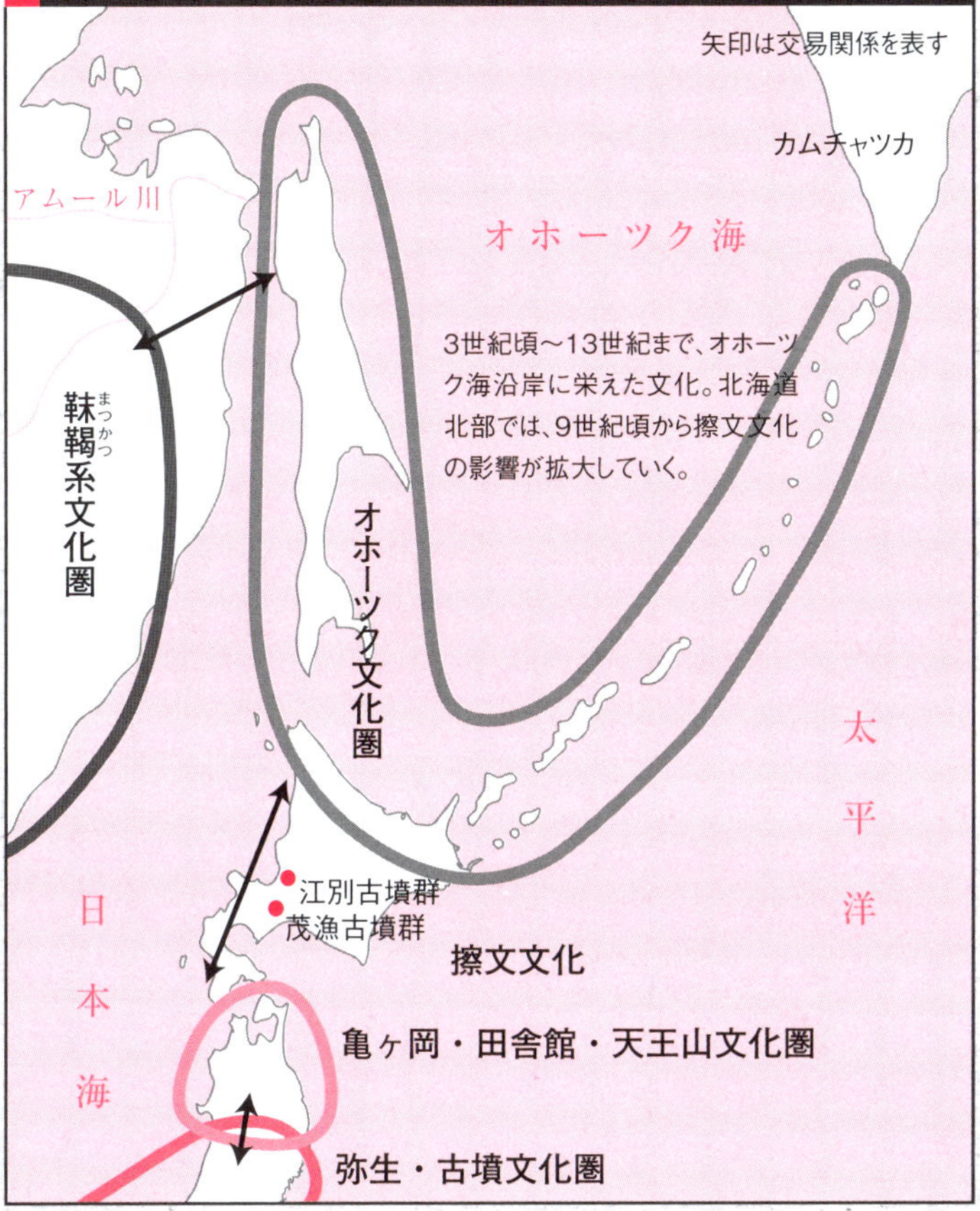

『なぜ、地形と地理がわかると古代史がこんなに面白くなるのか』（千田稔監修、洋泉社）ほか参照

ばならなかった。

8世紀から9世紀にかけての三十八年戦争では、アテルイとの戦いをはじめ苦戦を強いられている。東北先住民による軍組織の、兵器を含む実力が、少なくとも一時的には朝廷の実力と同等、あるいはそれ以上だったことを物語ってもいるだろう。

続縄文文化から擦文文化そしてアイヌ文化へ

続縄文文化は、7世紀に擦文文化に移行する。縄目の模様に特徴がある縄文土器に代わって、へらなどを使って擦った模様を表面に持つ擦文土器が中心となっていくことからそう呼ばれる。本州の土《は》師器《じき》と同様の特徴を持ち、その影響を受けたとされるが、独自に発展したものとする説もある。

人々は河口の丘陵上に大集

落の本村、上流に分村を建設して共同体を形成していた。サケ、マスの収穫期以外は分村が狩猟の本拠地となるのだ。同時に麦、粟、キビ、ソバ、ヒエ、緑豆などの栽培も遺跡から確認されている。わずかに米も発見されており、本州との交易を示すものと考えられている。

13世紀、鍋などの食器にも鉄を使用するアイヌ文化が擦文文化に代わる。本州体制対アイヌを代表する15世紀のコシャマインの戦い、17世紀のシャクシャインの戦いを経て蝦夷地は江戸幕府直轄となり、明治維新後に北海道と改称。屯田《とんでん》兵など明治政府による開拓を経て現在に至るのである。

カリンバ遺跡（北海道恵庭市）

縄文後期後半～晩期初頭の大規模集落・墓地遺跡。3基の合葬墓からは、漆塗りの櫛、頭飾り、耳飾り、腕輪、腰飾り帯などの装身具ほか、約400点の副葬品が発見された。函館から室蘭にかけて内浦湾沿岸エリアは、三内丸山遺跡など、本州・青森と共通の文化圏にあったとみられている。

写真提供＝恵庭市郷土資料館

平安時代

42 平安

四神相応の理想の都 平安京の地形をさぐる

右京が衰退したのは低湿地帯のせいだった

Point

◆当初は左右バランスのよい都

市場や寺にいたるまで、朱雀大路を基線に見事に左右対称に設計されていた平安京

⬇

10世紀頃から右京は荒れ、左京ばかりが栄えていく

⬇

◆右京衰退の理由は地形の傾斜

東北から南西にかけて傾斜していた平安京。右京は湿地帯に近かった

⬇

中には、その地形の不利を利用して土地開拓し、利益を得た貴族もいた

長岡京は水利を図った戦略的な都だったが、それと引き換えに洪水が都を壊滅に追い込んだ。桓武天皇に遷都を進言したのは高官・和《わ》気清麻呂《けのきよまろ》である。山背国葛野郡宇太村に臣下を派遣して調査させ、自ら造営大夫の任について新京造営にあたった。

風水では、東西南北を守護する神が鎮座する四神相応《しじんそうおう》の地が理想とされる。平安京では、東の鴨川が青竜、西の山陽・山陰道が白虎、南の巨椋《おぐら》池《いけ》が朱雀、北の北山が玄武にあたり、その守護によって平安がもたらされるというわけだ。

平安時代の歴史書『日本紀略』には、「葛野の大宮の地は、山川も麗しく、四方の国の百姓の参出で来む事も便りにして云々」「又子来の民、謳歌の輩、異口同辞、号して平安京と曰ふ」とあり、すでに平安京の呼称がある。

平安京は、東西約4・5キロ、南北5・2キロのやや長方形。中央に幅84メートルの朱雀大路が通り、その北端に平安宮があった。

朱雀大路を境に都の東半分つまり平安宮から見て左側を左京、西半分の右側を右京と呼ぶ。東寺・西寺、東市・西市をはじめ、きれいに左右対称に整備されていた平安京だったが、遷都後100年ほどを経て右京は廃れてしまう。

左京は山の手 上流貴族の高級住宅街

右京の荒廃の理由はまさに平安京の地形にあった。全体的に東北から南西にかけて傾斜していたのである。水はけの問題から、当然、都の西側、右京は低湿地帯とならざるを

文＝尾崎克之

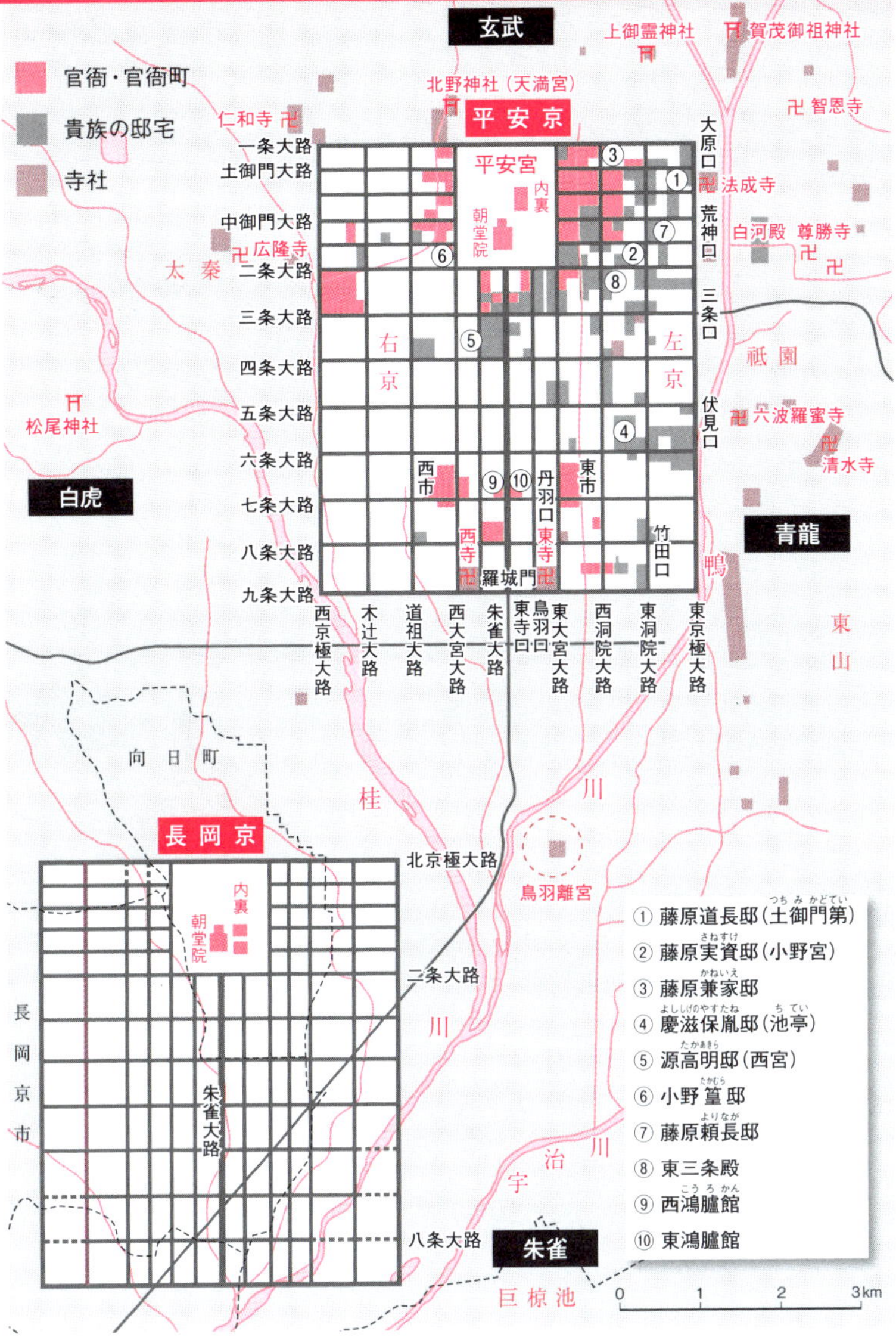

えなかった。

10世紀の平安貴族・慶滋保《よししげのやす》胤《たね》の『池亭記《ちていき》』は、保胤が左京に購入した邸「池亭」をめぐる随筆で、右京の荒廃の様子が数段にわたって繰り返し書かれている。

それによれば、右京は人家も稀でほとんど幽墟であり、去るものはいるが来る者はなく、壊れる家はあるが造られる家はないという。

左京の地価は当然高騰し、比較して右京は安くなる。それを利用して商いした人物の話が『今昔物語』に収録されている。とある役人が水びたしに近い右京の湿地を安値で買い取った。葦を大量に敷き、また積み重ねて土地改良を行い、貴族に売却して大もうけをしたというのである。

左京は現在の「山の手」ともいうべきエリアで、上流貴族の住宅街となっていた。『池亭記』も、左京に居を構えることをなかば自慢にして書かれたものだという。

『源氏物語』はフィクションではあるが、その主人公・光君の大邸宅・六条院も左京にあったという設定になっている。もともとは六条御息所の地所だったところを拡張して建てた邸であり、その規模は四町を占めた。

町とは平安京の基準区画で、1町は約120メートル四方の敷地である。のちにこの場所には、後白河法皇の六条殿が建てられている。

43 平安

地形から見る平将門の乱の真相

反乱を起こした平将門は騎馬ではなく船で進軍した

Point

◆坂東（東国）の武士団

古代は蝦夷征討の軍事基地となり、東国武士団の素地が生まれた

↓

律令国家からの自立の機運が平将門の乱につながる

◆坂東の地形

・利根川は東京湾、鬼怒川は「香取の海」につながっていた

・「香取の海」は巨大な内海だった

・水系は近世の干拓や工事で様変わりすることとなる

↓

将門の本拠は当時の水系の要の地にあり、水上交通が活用された可能性が高い

古代、北陸を除く近畿以東の諸国は東国と呼ばれた。平安時代以降は箱根・足柄《あしがら》・碓氷《うすい》の三峠以東の諸国を指し、坂東ともいった。当時の貴族は北関東、東北の人を「蝦夷」、東国の人を「東《あずま》蝦《えびす》」と呼び、蔑んでいた。東国は異世界と認識されていたのだ。

坂東は8カ国（相模・武蔵・安房・上総・下総・常陸・上野・下野）から成る。朝廷は奈良時代末期に多賀《たが》城（宮城県多賀城市）を築いて蝦夷征服の拠点としたとき、坂東を兵、馬と兵糧の調達地とした。さらに弓馬に優れた有力豪族の子弟の募兵（健《こん》児《でい》）も行われ、坂東は軍事エネルギーを蓄えていく。平安中期に坂東は自立の傾向を強め、平将門の登場につながる。

坂東には高望王《たかもちおう》の流れを汲《く》む桓武平氏の一族が割拠していた。将門は高望王の孫で、下総国豊田・猿島郡（茨城県坂東市周辺）を地盤とした。叔父の国香《くにか》らとの内紛に勝ち抜いて名を上げ、天慶2年（939）に常陸国府を焼き、朝廷に反乱。そして瞬く間に坂東8カ国を制圧して、「新《しん》皇《のう》」と称し、坂東自立の姿勢を示すに至った。

しかし将門は同年に国香の

文＝吉田龍司

平将門の乱

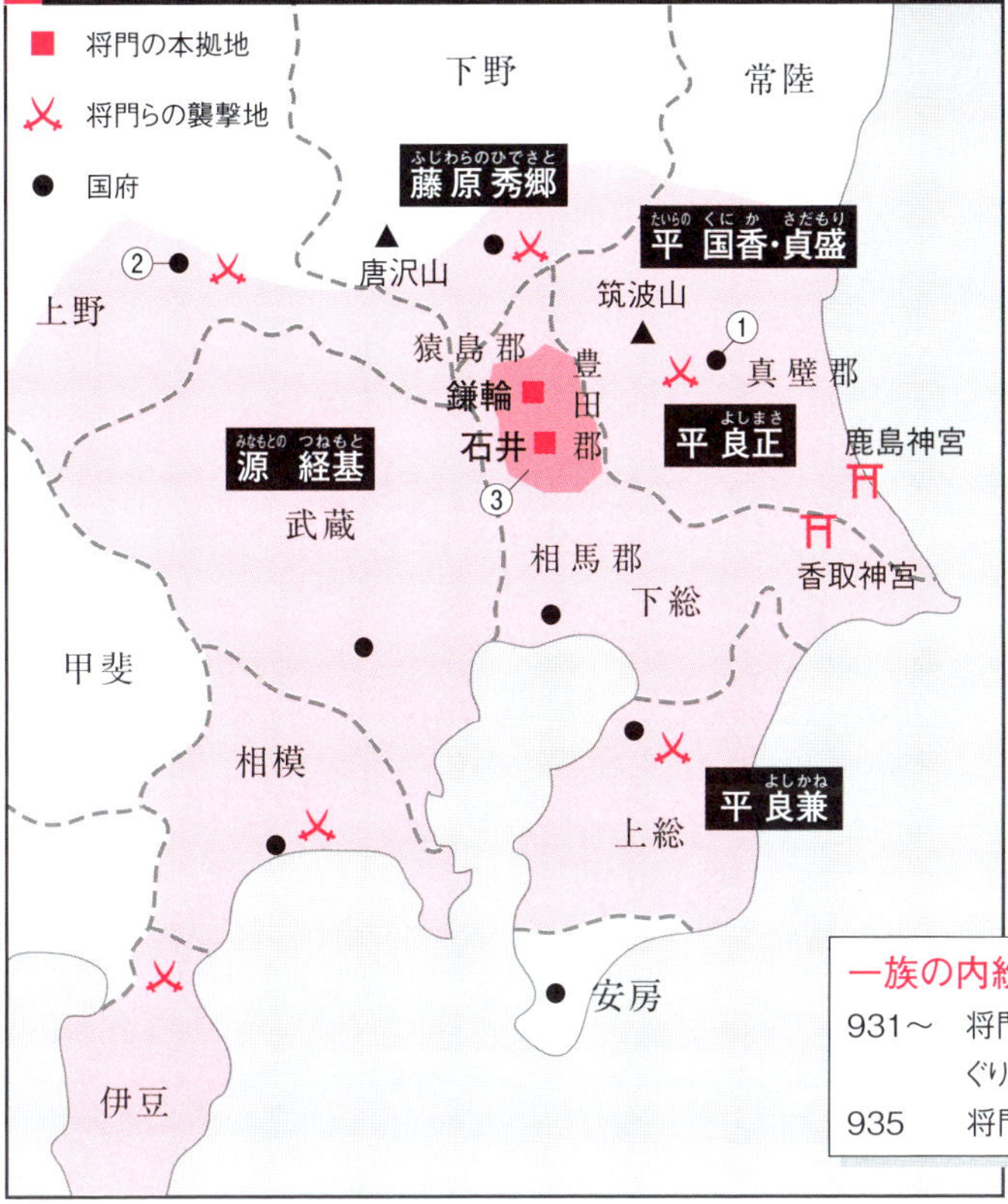

一族の内紛

931〜　将門の父・良持（良将）の遺領をめぐり、伯父の国香たちと争う

935　将門、国香を殺害

↓

① 国家への反逆

939　常陸国司の追捕を受けた藤原玄明《はるあき》を保護→常陸国府を占拠、下野・上野国府を制圧

↓

② 「東国国家」樹立へ

939　上野国府で「新皇」に即位
関東諸国の受領を任命

↓

③ 乱の鎮圧

940　下総猿島で押領使・藤原秀郷、平貞盛に敗れ、討ち死にする

石井営所跡（石井の井戸）

茨城県坂東市の石井の井戸は、平安時代の『将門記』に記述がある、将門の本拠「石井営所」といわれている。将門はここを拠点に、関東一円の制覇に乗り出した。

写真提供＝PIXTA

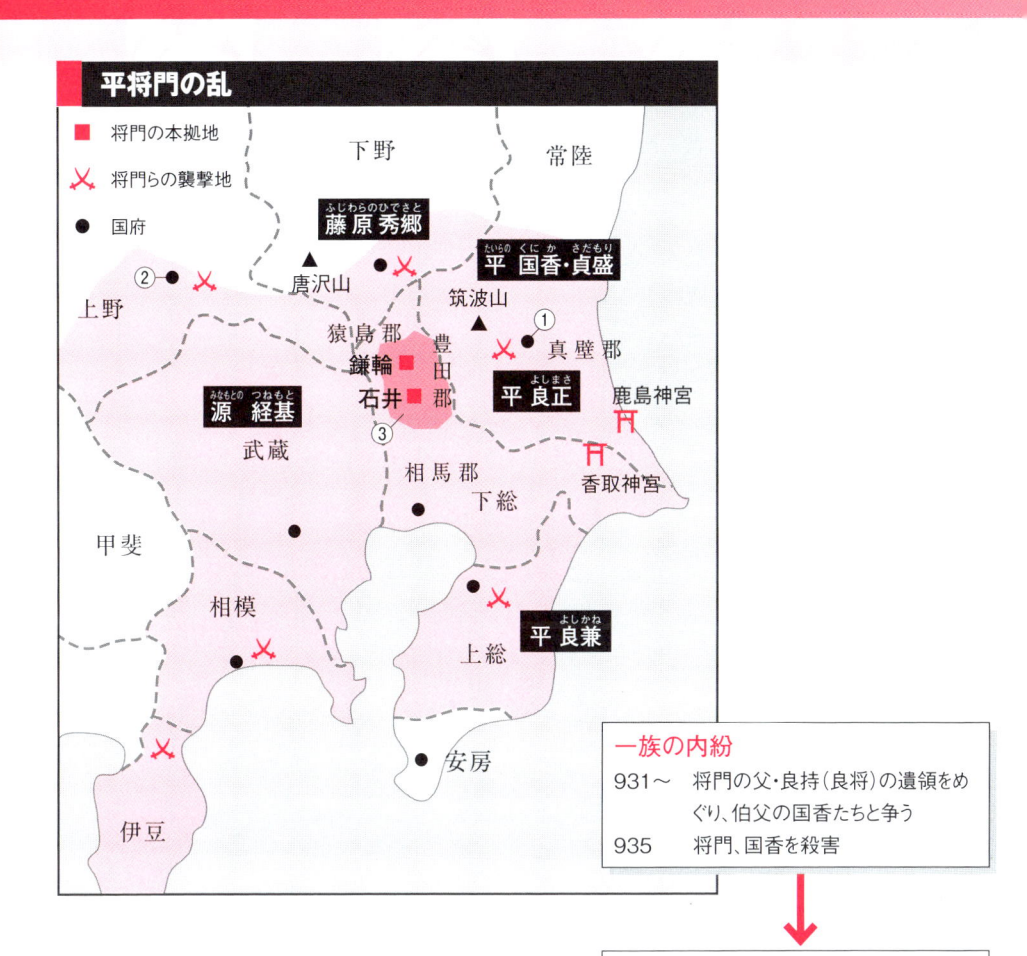

子・貞盛《さだもり》と下野豪族・藤原秀《ひで》郷《さと》に討たれ、坂東王国の夢は儚く消えた。

平将門の反乱軍は船で坂東をめぐった

将門は坂東平野を馬で駆けめぐった印象もあるが、当時の地形を見ると実像は異なる。注目は水系だ。まず、「坂東太郎」利根川は現在千葉県銚子市から太平洋に流れているが、近世までは東京湾に注いでおり、埼玉県を流れる古利根川が当時の本流だった。

さらに近世までは常陸南部から下総北部にかけて香取の海（香取の浦）という巨大な内海もあった。これは現在の霞ヶ浦、北浦、印旛沼、手賀沼をすべて包むもの。鬼怒川水系も現在と異なり、古鬼怒川は香取の海に注がれていた。

坂東の水上交通は遅くとも鎌倉時代に活発化していたことが確認できるが、香取の海周辺は丸木舟の出土も多く、将門が活躍した時代にも、香取の海、鬼怒川・利根川水系が縦横に交わる一大水上交通地域だった可能性が大きい。

将門の本拠の猿島・豊田郡は、東京湾、香取の海に注ぐ河川の要の位置にある。ゆかりの石井《いわい》（同坂東市）なども古鬼怒川の近隣にあった。国香の拠点も同様だ。将門が船を駆って各地に進軍していた可能性は小さくない。

将門と同時期に西国で反乱ののろしを上げた藤原純友《すみとも》も瀬戸内海賊の大将であった。瀬戸内海は都と西国を結ぶ租税輸送の一大幹線で、これが海賊の発生と勢力拡大につながることとなった。

最終的に純友も鎮圧されたが、一連の反乱劇の勝者となった平氏、源氏、藤原秀郷の末裔である武士団は、坂東のみならず、その後の日本を変えていくことになる。

藤原純友の乱

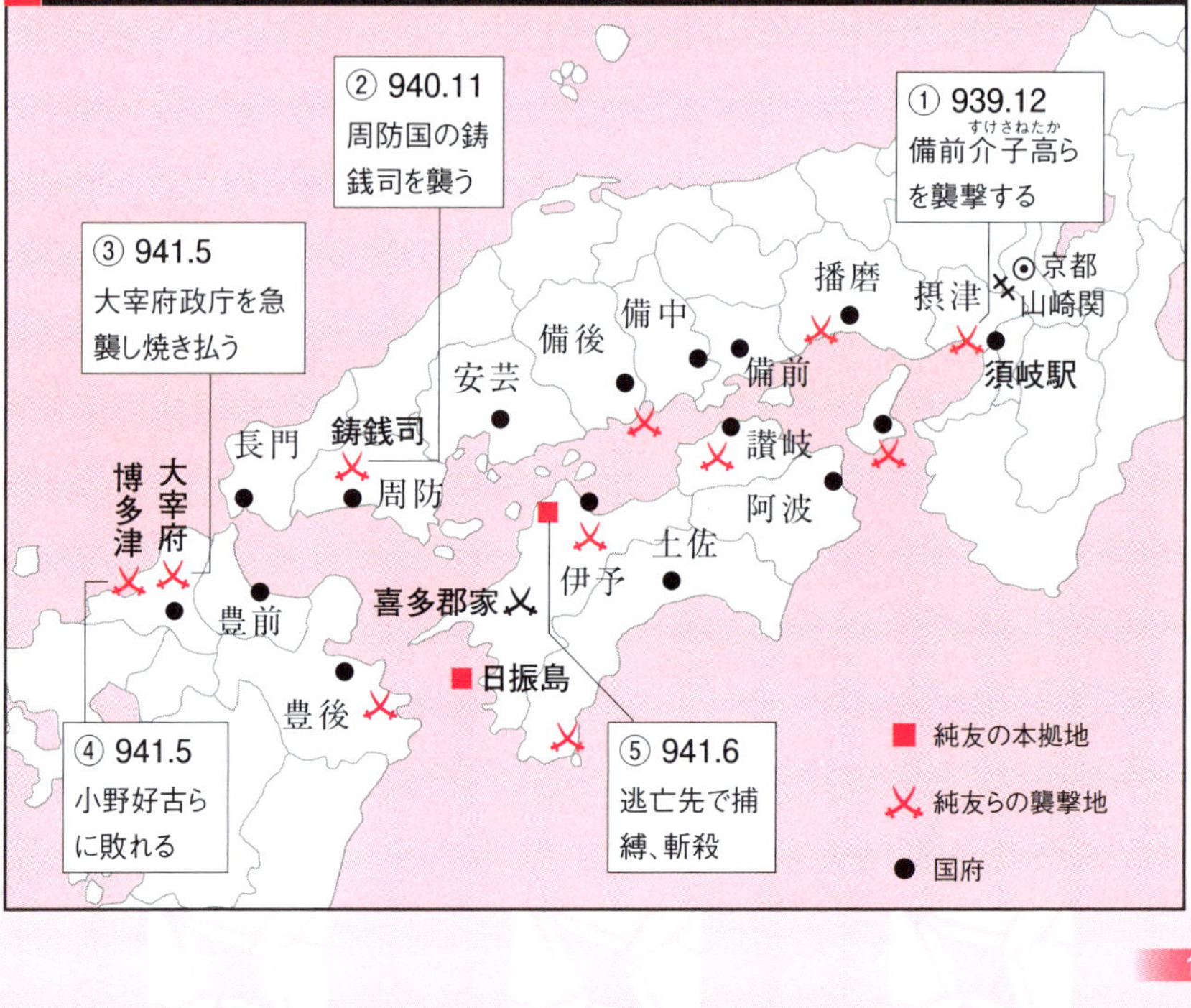

44
平安

海賊の出現で渡航が難しくなった海の道

大陸の政情不安で拡大した日朝の海賊による掠奪被害

! Point

◆東アジアの海賊隆盛の理由

9〜10世紀の唐、新羅、日本の政情不安定化が背景

↓

新羅・日本で海賊が跋扈
新羅海賊と日本人の共謀もたびたびあった

↓

対馬、九州沿岸、瀬戸内で海賊が跋扈した

↓

14世紀半ばから倭寇が活発化。中心は北九州の海賊か

平安時代は、日本と朝鮮半島を結んだ瀬戸内海・西海を中心に海賊が発生、跋扈《ばっこ》した時代でもある。寛平6年（894）、菅原道真は遣唐使を廃止しているが、理由のひとつが渡航の難しさだった。

遣唐使が廃止されたこの9世紀後半、海賊の猛威はひとつのピークに達しようとしていた。当時の朝鮮半島は統一王朝新羅の後代にあたり、王位継承の争いにより、全国的に内乱が広がっていた。

中国も五代十国時代（907〜960）直前の晩唐期にあたる。東アジアに不穏な空気が漂う一方、日本と唐・新羅の公的交渉も途絶え、海賊の台頭する条件は整っていった。

海賊の中心勢力はひとつではなく、新羅人、日本人が入り交じるものだった。ターゲットとされたのは九州沿岸と朝鮮半島の〝海の道〟の要衝・対馬である。掠奪のための拠点が欲しかったのだろう。

貞観8年（866）には海賊たちの恐るべき計画が発覚している。肥前国の一部の郡司らが新羅に入り、日本の国家機密である造《ぞう》弩《ど》法《ほう》を新羅海賊に教え、共謀して対馬を襲おうとし、事前に露見して阻

文＝吉田龍司

止されたという（『三代実録』）。弩は前九年の役でも活用された強力な古代兵器だった。

　新羅海賊の猛威はとどまらなかった。同11年（８６９）に博多に現れ、豊前の貢調船の絹綿を掠奪し、逃走したという記録があるほか、遣唐使廃止の寛平６年には対馬に来寇し、島民と戦闘を交えたあと逃走した。日本海賊も呼応するかのように、瀬戸内海を中心に暴れ回って朝廷を悩ませた。

　貞観７年（８６５）の海賊の対策書には「海賊の徒は南北に浮草のように移動し、ただその利に従って居は一定しない。追捕に向かうと鳥散し、油断をするとまた鳥のように集まってくる」とある。まさに神出鬼没の集団であった。

朝廷を震撼させた日朝の海賊たち

10世紀半ばの藤原純友の蜂起では、新羅人、渤海人、唐人が水手として合流していたという考察もある。のちの倭《わ》寇《こう》が多彩な民族で構成されていくように、海の民に国境はなかったのかもしれない。

　新羅が９３５年に滅び、高《こう》麗《らい》が半島を統一したあとは高麗海賊による日本への入寇が続いた。

　長徳３年（９９７）には対馬だけでなく、肥前、壱岐、肥後、薩摩、大隅など九州全域に高麗海賊が入寇し、多大な被害を与えている。

　中世に東アジア全海域で暴れた倭寇は『高麗史』の「倭寇金州」（高宗10年・１２２３年の記事）が初見とされるが、「倭寇」の概念が定着したのは14世紀中葉からという見方が強い。この時期の倭寇（前期倭寇）は北九州・瀬戸内の土豪や沿岸漁民ら日本海賊が主体であった。

倭寇図巻

倭寇と戦う明官兵を描いた場面。海賊のイメージが強い倭寇だが、実際には海上での戦いを想定しておらず、陸上戦法を得意としていたという。

東京大学史料編纂所蔵

倭寇の根拠地と侵略地

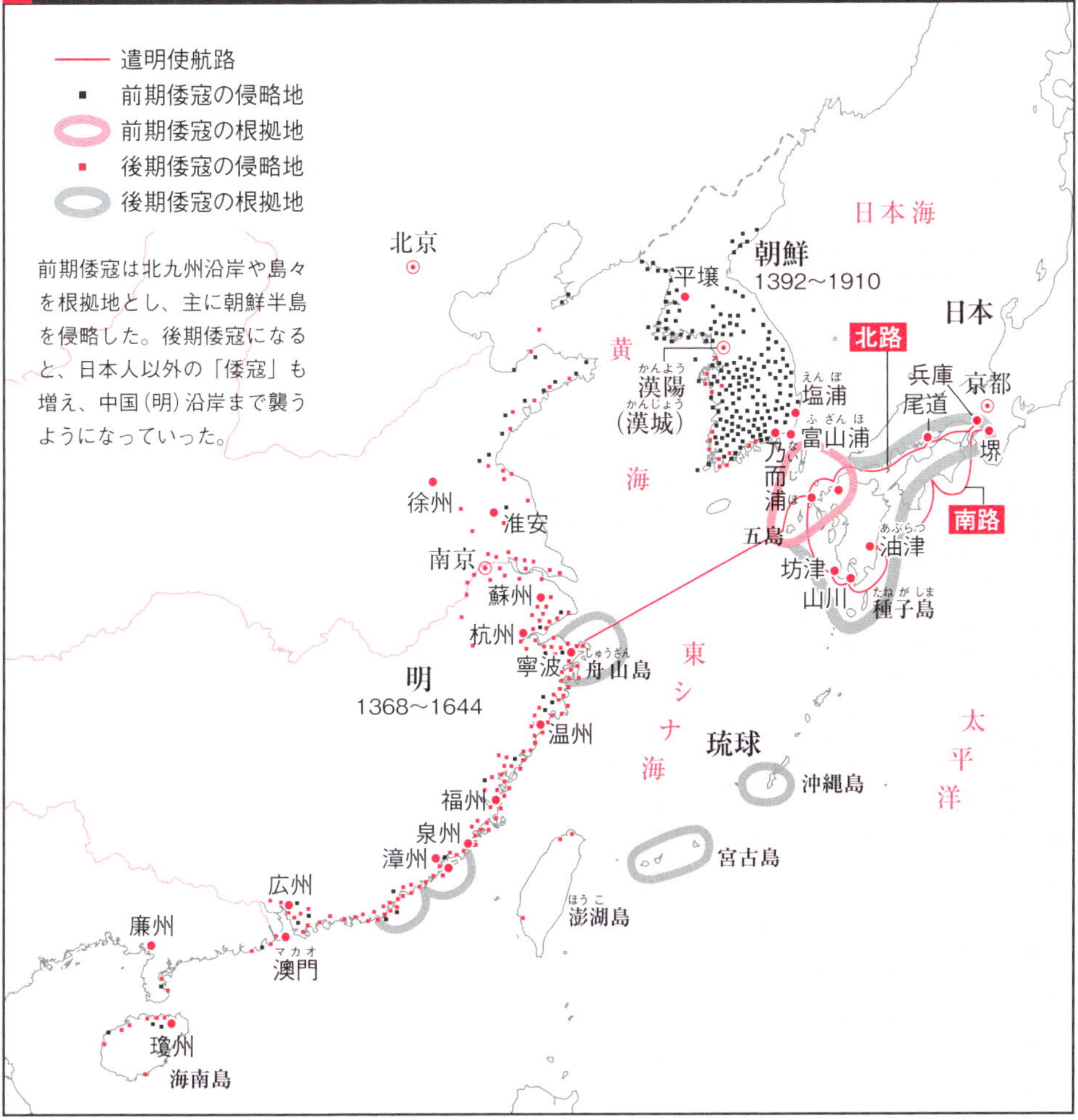

前期倭寇は北九州沿岸や島々を根拠地とし、主に朝鮮半島を侵略した。後期倭寇になると、日本人以外の「倭寇」も増え、中国(明)沿岸まで襲うようになっていった。

鎌倉時代の大型海船《うみぶね》

13世紀前半の『北野天神縁起』(承久本)を参考に復元された模型。当時は丸太を刳《く》り抜いた刳船部材を前後に継いだ船底部に、舷側板を取りつけた準構造船が主流だった。

写真提供＝船の科学館

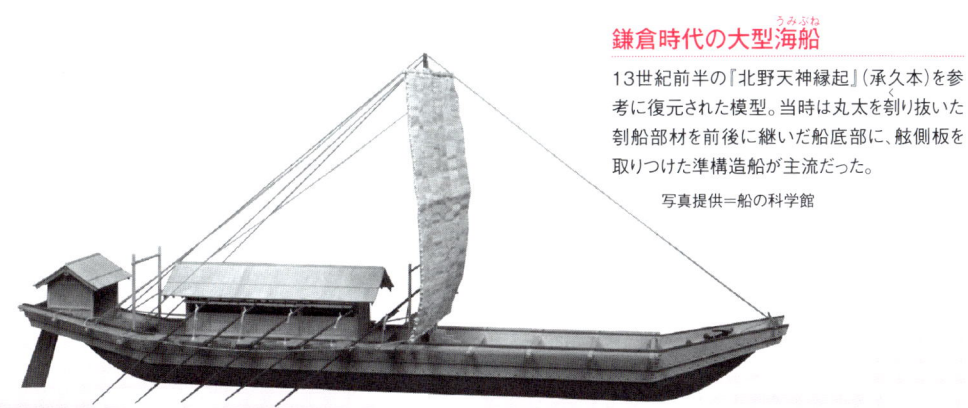

45 平安

朝廷から離れた地で武士が台頭していった背景

関東武士団の台頭と英雄・源義家の活躍

! Point

◆東国武士団の背景

・律令制の行き詰まりにともない東国・奥羽の反乱が続出

⬇

紛争地域で勝ち組が抗争・統合を繰り返し武装グループが台頭

・馬の放牧地で強い武士団が生まれる土壌があった

◆源氏の東国進出

・平氏と秀郷流藤原氏は地域内での軍事貴族にとどまる

・源氏は中央政府の中の軍事貴族として畿内に台頭

⬇

東国の受領ポストを多数獲得し、身分的に平氏、藤原氏を上回る

10世紀の律令国家の行き詰まりにより、辺境の東国、奥羽各地で反乱が続出した。鎮圧に功があった貞盛流平氏、秀郷流藤原氏らは軍事貴族化し、東国に割拠。抗争と再編・統合を繰り返し、同族的な武士団を形成していった。

武士にとって大切だったのは弓馬の鍛錬だった。蝦夷の騎馬技術が浸透し、馬を育てやすい環境にあった東国は、強い武士団が生まれる土壌があったといえる。

一方、清和《せいわ》源氏は、祖の源経基《つねもと》の子・満仲《みつなか》が摂津国多田（兵庫県川西市）に土着して多田源氏の基盤を築き、以後一族は畿内を中心に勢力を広げていた。朝廷の力を背景に軍事貴族化した源氏は、東国での受領（国司の最上席）職を獲得し、立場的に、地方軍事貴族の平氏・藤原氏を凌駕《りょうが》していく。

11世紀前半には平忠常《ただつね》の乱を河内源氏の源頼信《よりのぶ》が鎮圧し、源氏は東国での影響力を一段と深めた。これに続くのが奥羽の戦役、前九年・後三年の役である。

奥六郡の長・安倍氏を倒し覇権を握った源義家

古代の奥羽はいわゆる蝦夷

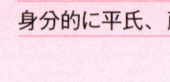

の国だ。律令国家の征夷戦争の結果、現在の岩手県奥州市から盛岡市にあたる「奥六郡」（胆沢郡など六郡）、秋田県の横手盆地に相当する「山北三郡」（仙北郡など三郡）が支配下に組み込まれた。のちに奥州藤原氏の都となる平泉（岩手県平泉町）、出羽国府があったとされる山形県庄内地方より北は、弥生・古墳文化も波及しなかった。朝廷に属した蝦夷は俘囚《ふしゅう》と呼ばれるが、11世紀の奥六郡は安倍氏、山北三郡は清原《きよはら》氏と、ともに俘囚の長が治めていた。

当時政府の統治領域外だった北奥羽・渡島（青森県と北海道渡島半島）は交易を通じ奥六郡・山北三郡とつながっていた。鷲羽、砂金、馬など蝦夷の珍重品と日本の交易に安倍・清原氏は深くかかわり、半独立的勢力を形成する。

前九年の役（1051～1062）は安倍氏が朝廷への貢租を怠ったことに端を発する戦乱で、陸奥守として下向した源頼義・義家父子と清原氏が安倍氏を鎮圧。清原氏は朝廷より奥六郡の統治を任され、奥州の覇権を握った。

続く後三年の役（1083～1087）は清原氏の内乱で、再び陸奥守として下向した源義家が清原清衡とともに清原家衡《いえひら》・武衡《たけひら》を下した戦いだ。清原氏の遺領を与えられた清衡は前姓の藤原姓に復し、奥州藤原三代の礎を築いた。

一方、義家は政府にこの戦いを「私戦」と断じられ、得るものがなかった。通説では一連の戦いで義家と、彼に協力した東国武士の主従関係が強化されたというが、多数の東国武士の参戦が確認できないため、近年は否定論もある。ただ、勝利者・義家が八幡信仰と結びつくなど、後世の東国武士に崇敬されたのは確かなようだ。

前九年合戦絵巻　　国立歴史民俗博物館蔵

この絵巻は、安倍頼時追討のため、源頼義が陸奥に向けて出発する場面から、頼時の子・宗任が敗走するところまでを描いた13世紀末期の作品。右の場面は源氏軍が行軍する様子。

各地の武士団の出現と活躍

① 刀伊《とい》の来襲

沿海州地方の刀伊（女真族《じょしんぞく》）が対馬・壱岐を襲撃、筑前博多まで侵入した。大宰権帥《だざいのごんのそち》（大宰府長官）の指揮で、九州の武士たちが撃退する。

② 多田源氏

源満仲の流れを汲む摂津源氏の一派。安和の変で源高明の謀叛を密告。摂関家の武力として、摂津に土着し武士団を形成。

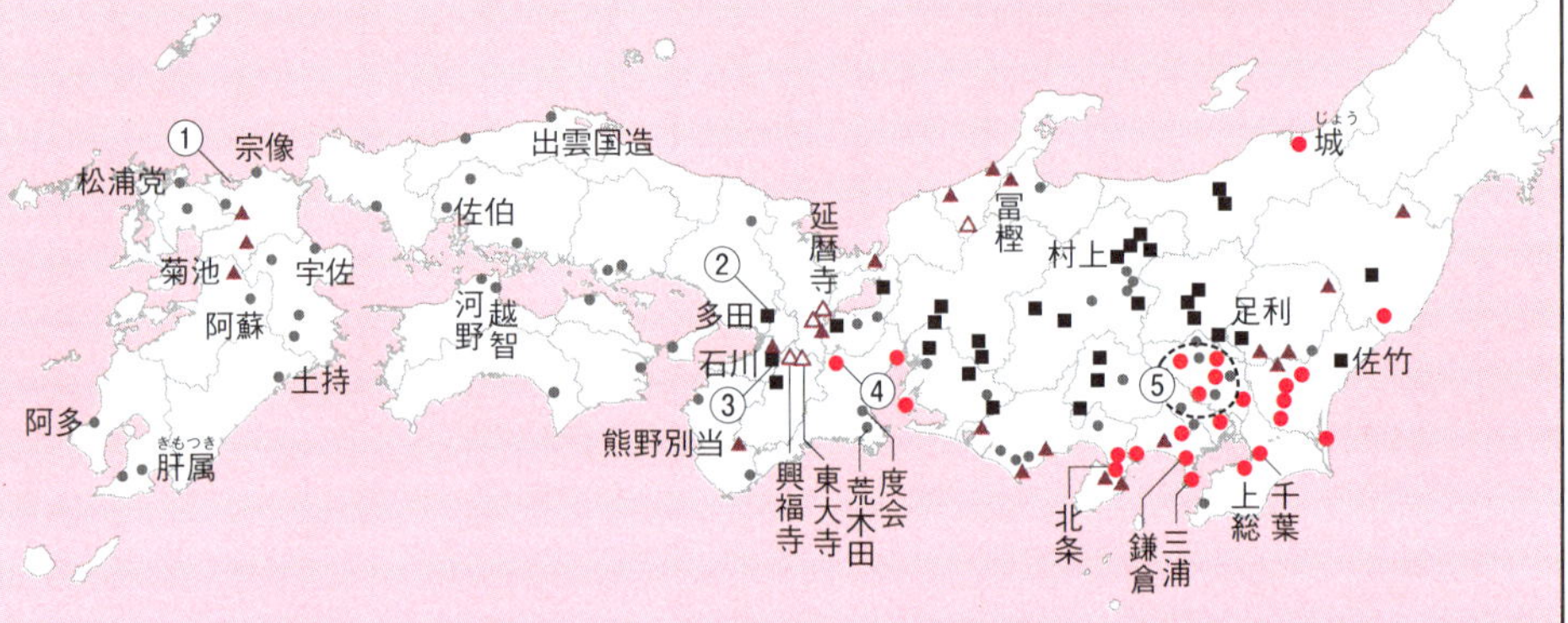

③ 河内源氏

源満仲の三男・頼信が形成した武士団。頼信・頼義・義家の3代にわたって東国の乱で功をあげ、源氏武士団の主流となる。鎌倉幕府を開いた頼朝はその子孫にあたる。

④ 伊勢平氏

平将門を倒した平貞盛の子・維衡《これひら》が形成した武士団。桓武平氏の嫡流で、もともとは関東を拠点としたが、源氏勢力の拡大で、伊勢に本拠地を移した。

⑤ 武蔵七党

横山党、児玉党、猪俣党など、平安時代末期から武蔵国を中心に勢力を伸ばした小規模の同族からなる武士団。

前九年合戦関係図

俘囚の長として奥六郡に勢力を拡大

安倍頼時

藤原経清 ＝ 女　宗任　貞任

✕

（陸奥守・鎮守府将軍）
源頼義（父）
義家（子）

↑ 加担

清原武則
（出羽の豪族）

結果

清原武則 → 鎮守府将軍に就任
陸奥・出羽両国を勢力下に置く

源　頼義
源　義家
→ 東国武士団の棟梁としての地位を確立

後三年合戦関係図

清原氏一族の内紛

真衡《さねひら》 ✕ 家衡《いえひら》・（藤原）清衡《きよひら》

↓

家衡 ✕（藤原）清衡

← 介入

陸奥守
源義家《よしいえ》
（清衡を支援）

結果

源義家 → 東国武士との主従関係を強化

藤原清衡 → 陸奥・出羽押領使に就任
平泉を拠点に東北全域を支配

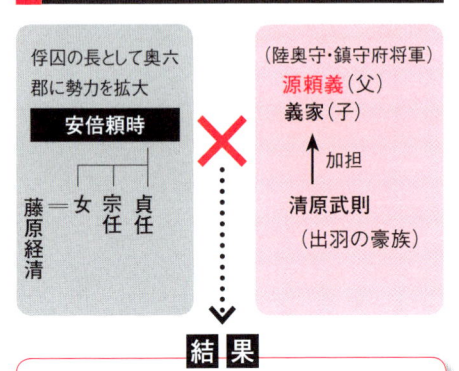

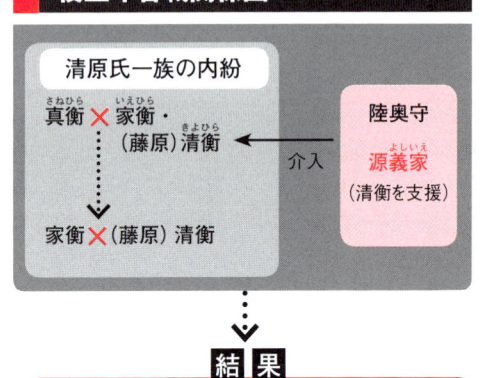

46 平安

東北で奥州藤原氏が栄えたわけ

平泉を拠点として貿易で栄えた奥州藤原氏

Point

◆胆沢鎮守府を中心とした東北統治体制

前九年の役で、胆沢を支配していた安倍氏を出羽の清原氏が破って東北を掌握

↓

後三年の役で源義家と藤原清衡が清原氏を討伐。清衡は清原氏の支配地を入手し、奥州藤原氏の基盤を固める

↓

◆奥州藤原氏の権勢を支えた大陸貿易

胆沢鎮守府の管轄領域を超えて、奥州藤原氏は十三湊を拠点に交易事業を展開

↓

奥州藤原氏の資産には、アフリカ産の宝物までも含まれていた

１０８７年に終戦した後三年の役を経て、東北地方を掌握した藤原清衡《きよひら》は、平泉を拠点とした。１１０８年には中尊寺造営に着手し、黄金の中世都市・平泉の栄華はここにスタートする。

平泉は、古来、東北統治の要とされた胆沢鎮守府《いさわちんじゅふ》の南方ほど近くにある。清衡もまた東北統治の伝統を踏襲したかたちだが、異なるのは、衣川《ころもがわ》という川の南に拠点を築いたということだった。川の南には、南下する蝦夷防衛のための関が設けられていた。つまり、川の北側は、印象として蝦夷の領域、南側は朝廷の領域なのである。

清衡はもちろんだが、その後４代１００年、基衡《もとひら》、秀衡《ひでひら》、泰衡《やすひら》と続いた奥州藤原氏は、ことごとく遠隔の地にあって朝廷に忠実であり、献上品を欠かさずに地方権勢を維持したのである。

また、平泉は、奥州の入口にあたる南の白河関、北の重要交易地・津軽のほぼ中間の立地にあった。政治と事業のバランスを取るうえでも、平泉は格好の位置にあったのである。

なにより東北が培ってきた環日本海交易が奥州藤原氏の経済を支えた。朝廷から離れ

た経済圏を、朝廷に並ぶほどの規模で確立できる場所は当時、東北以外にはなかったといえよう。

世界へ通じていた平泉という中世都市

奥州は古来、金の産出で知られた地である。聖武天皇の治世下、大仏建立に多く使われたのも奥州産の金だった。それに加えて、奥州藤原氏には、交易による事業展開があった。

奥州藤原氏は、津軽の十三湊はもちろん、北海道南部もまた掌握していたとされる。北海道および以北との交易は、朝廷や平安有力貴族への貢物の中にアザラシの皮などの、オホーツク海をはじめとする北方産の品が含まれていたことからもわかる。

そして、それ以上に重要事業となったのは、日本海の循環海流を利用する、十三湊を拠点とした大陸および朝鮮半島との環日本海交易である。

現在公園になっている柳之御所遺跡は、奥州藤原氏の政庁・平泉館の跡とされている。この遺跡の発掘調査では大陸産の白磁・青磁が発見されている。絹織物装束の高官への配布リストも出土し、大陸との頻繁な交易を物語る。これらの輸入品の決済にはおそらく、奥州産の金も使われたはずである。

1189年の奥州合戦で鎌倉政権に破れ、奥州藤原氏は滅亡する。戦乱の焼け跡を源頼朝が命じて調査させたところ、おびただしい数の金製品や絹製の奢侈品《しゃしひん》が確認されたという。それと同時に、サイや水牛の角、象牙製の笛など、アフリカや東南アジアからの渡来品も確認された。奥州藤原氏の交易事業は、いわゆるシルクロードを動脈とした世界交易の一環をなしていたのである。

武士の役割

- **中央**
  - 押領使《おうりょうし》・追捕使《ついぶし》→盗賊の追捕、内乱の鎮圧
  - 侍
    - 滝口《たきぐち》の武士（宮中の警護）
    - 貴族の身辺警護・市中の警備
- **地方**
  - 館侍《たちさむらい》（受領《ずりょう》の家子《いえのこ》・郎党からなる受領直属の武士）
  - 国侍《くにさむらい》（地方の武士を国衙の軍事力として組織）
  - 押領使・追捕使

奥州藤原氏

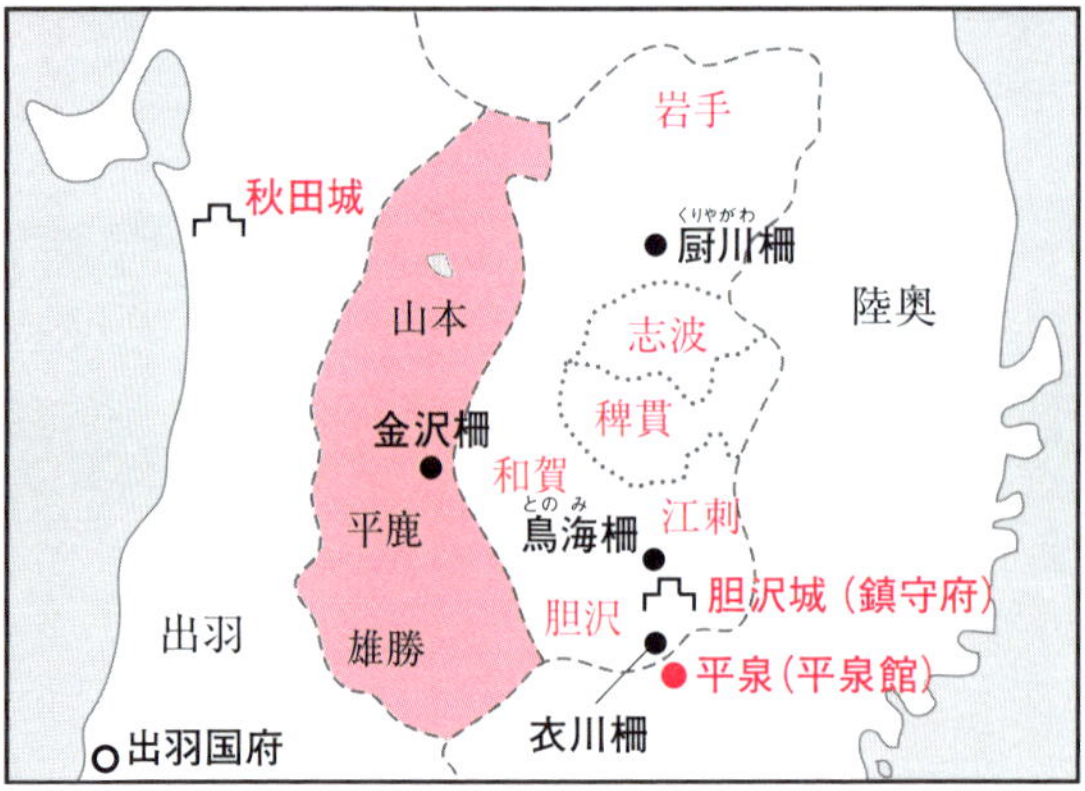

奥六郡	岩手・志波《しわ》・稗貫《ひえぬき》・和賀《わが》・江刺《えさし》・胆沢《いさわ》
山北三郡	山本・平鹿《ひらか》・雄勝《おがち》

後三年の役をきっかけに陸奥の「奥六郡」と「山北三郡」の支配権を獲得した藤原清衡（清原清衡）は、支配地の南端に位置する平泉を拠点とし、奥州藤原氏の繁栄の礎を築いた。

47 平安

西国・九州を手中にした平氏の戦略とは

平家一門の繁栄を支えた海の道と港の整備

Point

◆「平家にあらずんば人にあらず」の真意

政権の肝は人事権の掌握にあることを知っていた清盛

↓

朝廷に食い込み、朝廷の権限を掌握することで、知行国主を平家一門で固めほぼ列島の半分を配下に

↓

◆清盛の目的は貿易立国建設

宋と近畿経済圏の直接交易を機軸とする国家運営を目指し、福原に遷都した清盛

↓

知行国体制を不安定にしかねない福原遷都。平家一門からも反対の声は強まった

上級貴族の邸の警護、犯罪者の取り締まりや追討の任にあたっていたのが平安時代の武士の職である。武士は人の死に接する機会も多いことから、平安貴族に忌避されていた職でもあった。そんな武士においても、貴族同等の社会的地位を手にすることができるのを証明したのが、平清盛《きよもり》の祖父・正盛《まさもり》と父・忠《ただ》盛《もり》である。

正盛は白河法皇に接近した。所領を寄進して北面《ほくめん》の武士となり、法皇の信頼から下級貴族の職である受領《ずりょう》就任権を手に入れ、西国を治めた。後継した忠盛は鳥羽法皇近臣の地位を固め、国主に就任するに至った。特に備前国主となったことは平家の将来を決定したともいえるだろう。海賊を配下組織として瀬戸内海から九州の、いわば制海権を握ったのである。

日宋貿易は平忠盛が開始したものだから、清盛の政治観は父から受け継いだ思想そのものだったということもできよう。

保元《ほうげん》・平治《へいじ》の乱を経て対抗勢力の源氏を一掃した清盛は、北陸・近畿・西国の知行国主・国守を平家一門で固め、面積にして列島の半分ほどを治めた。領地を広げ配下の人

文＝尾崎克之

間を投入していく、のちの帝国主義的な戦略が平家の繁栄を約束し、同時にまた、没落の要因ともなる。

宋船は竜骨設計の外洋船
改築が必要だった大輪田泊

１１６７年、政権最高位の太政大臣についた清盛は翌年に出家して福原《ふくはら》（兵庫県神戸市）に隠居する。その目的は、福原の港・大輪田泊《おおわだのとまり》の整備にあった。

当時の日宋貿易において、数枚の帆と外洋航行用の竜骨《りゅうこつ》を持つ大型運搬船・宋船は、大陸の揚州・杭州・明州から発って九州に上陸し、大宰府管内で陸揚げしていた。清盛は、この宋船を瀬戸内海を経由して福原まで乗り入れさせ、近畿経済圏が直接取引できるようにするために、大輪田泊の整備にあたったのである。竜骨を持つ宋船の発着のためには、水底の深い港への改築を必要とした。宋船は３年後の１１７０年に初めて大輪田泊に陸揚げする。

１１７９年、後白河法皇を幽閉した清盛は孫の安徳《あんとく》天皇を即位させ、翌年、天皇とともに福原に入る。政権主体である高倉《たかくら》上皇も同行しており、名実ともに平安京からの遷都といえる。おそらくは父・忠盛からの理想、貿易立国日本の本格建設の開始でもあった。

遷都の要因として、福原が防衛に長けた地形だったことも指摘されている。北側には六甲山地がある。六甲は海までせり出し、規模を問わず軍勢を阻むことができた。のちの源義経の鵯越《ひよどりごえ》の奇襲は、この地形を理由としている。

しかし福原遷都は、平家一門の繁栄を約束していた旧来の知行国体制を不安定にするものでもあった。一門の不満からまず始まって、平家の世は崩壊に至るのである。

平氏政権の特徴

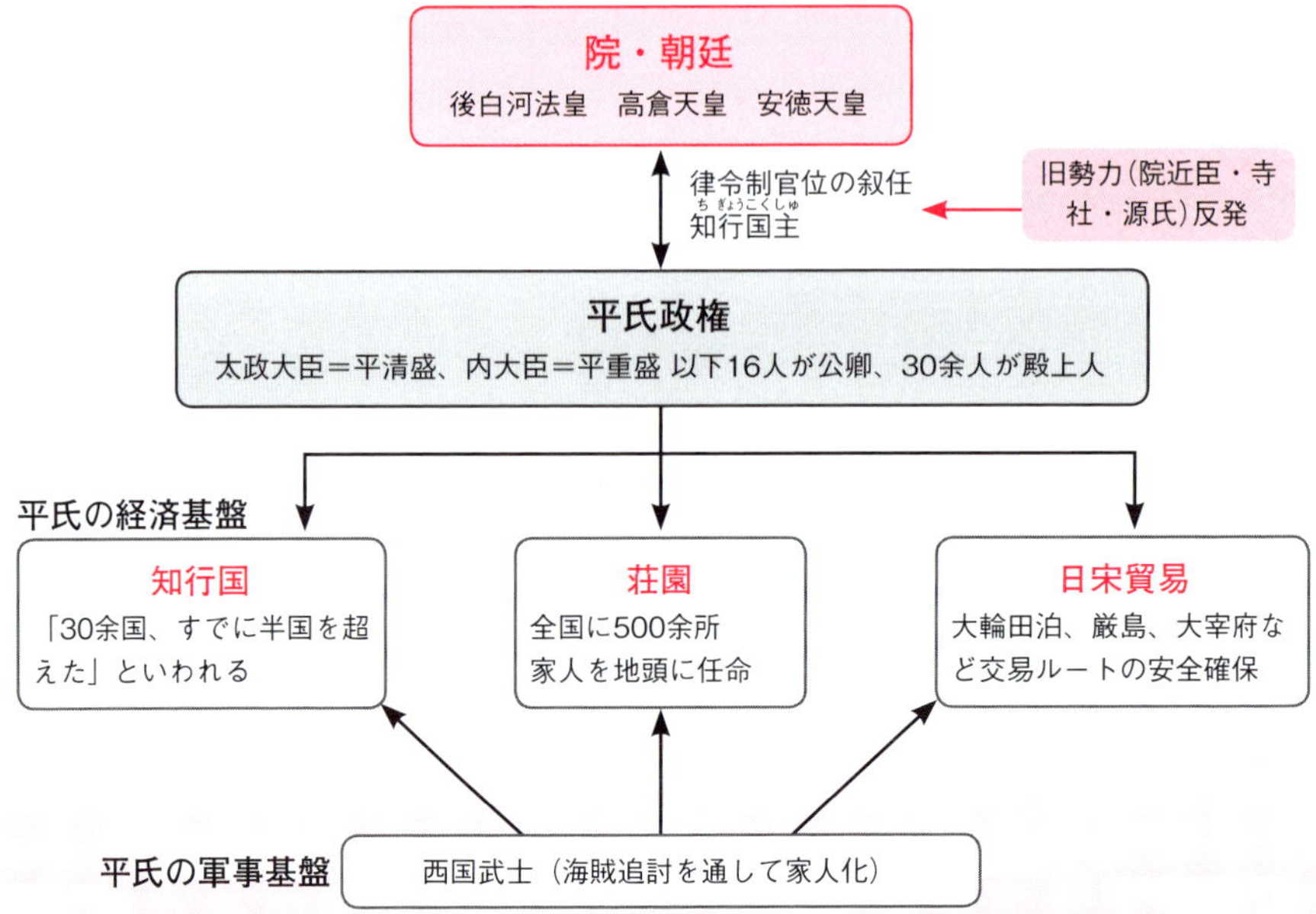

日宋貿易

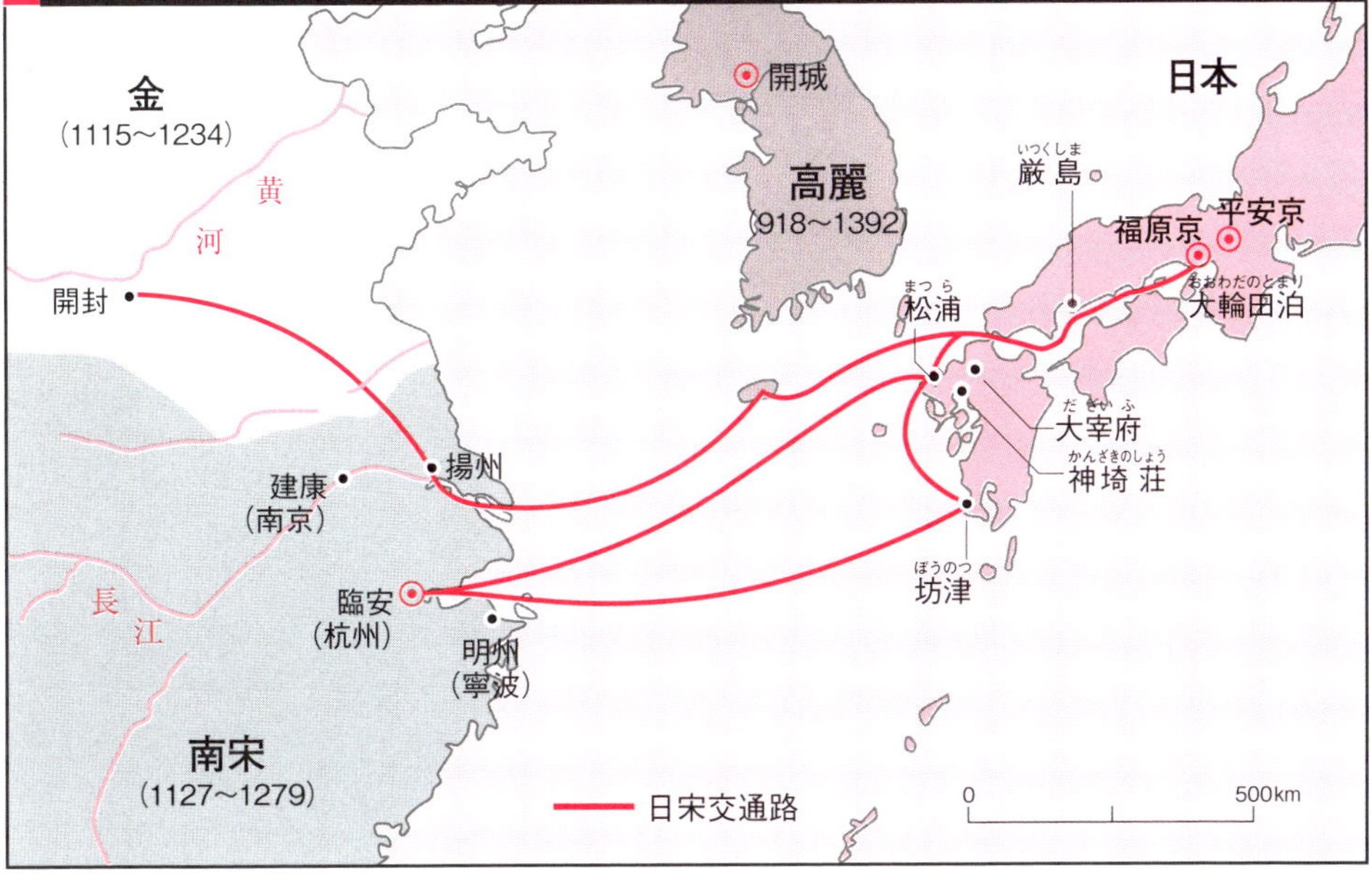

平忠盛が院領荘園・肥前国神埼荘を通じて日宋貿易を開始。外交を司る大宰府からの批判を受けたが、鳥羽院の院《いん》宣《ぜん》でこれを阻止した。清盛は、安芸守、播磨守、大宰大弐《だざいのだいに》(大宰府の次官)を務め、港を整備し貿易をますます拡大させた。

平氏知行国

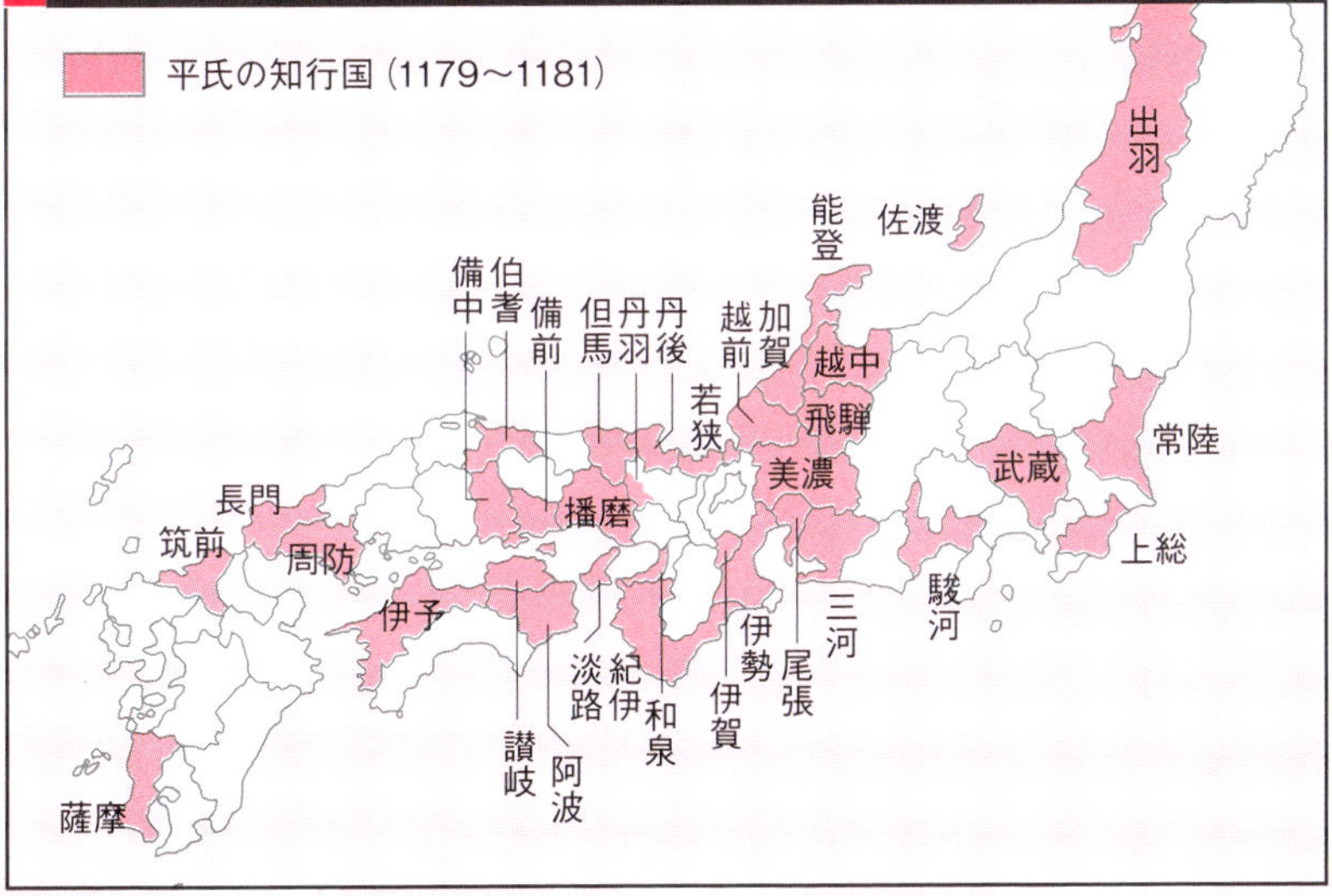

48
平安

古代から海運交易で栄えた津軽

環日本海交易と貿易港として栄えた十三湊

! Point

◆環日本海交易の拠点・津軽

縄文時代の遺跡から
交易の証拠が出土

↓

鎌倉以前から
環日本海交易が存在

↓

◆中世日本の主要港・十三湊

十三湊の海運事業を全国規模に
したのは鎌倉時代、北条家得宗御内人
安藤氏が整備した関東御免津軽船

↓

十三湊が日本の主要港として
書誌に記録されたのは戦国時代。
三津七湊のひとつとして数えられた

青森県津軽半島北西部、日本海岸に位置する十三湖の西側に、かつて日本を代表する港湾都市が存在した。その形跡として残る十三湊《とさみなと》遺跡は近年、本格的な発掘調査が進められ、鎌倉から室町時代にかけてのきわめて大規模で整備された港湾都市の実際が明らかにされてきている。

十三湊の呼称が初めて記録に現れるのは戦国時代、廻船業者の商慣習法集『廻船式《かいせんしき》目《もく》』である。主要な港・三津《さんしん》七湊《ななそう》のひとつとして博多などと並んで登場する。

ただし、日本列島をネットワークする海運事業港としての十三湊の栄光は、すでに鎌倉時代に始まっている。

鎌倉時代の禅僧・安東蓮聖《あんどうれんしょう》は、執権北条家の御内人《みうちびと》にして、事業才能に長けた人物だった。蓮聖は津軽の海運力に注目し、執権北条の庇護のもとで関東御免津軽船を整備した。御免とは、具体的には各海域、港湾の通行料が免除されることを意味する。

十三湊を出発した津軽船は、北陸、中国地方の日本海沿岸を経由して、関門海峡から瀬戸内海に入り、大阪の摂津、和泉に物資を運ぶ。そのまま熊野灘に出て、鎌倉に至る海路も航行した。１３４１年に十三湊は大津波に襲われ、その後、土砂の堆積で入港が不可能となって港としての使命を終えたとされている。

交易経済の歴史を縄文時代から受け継ぐ

もちろん、十三湊の栄光は鎌倉時代に突然始まったものではない。津軽地方の文明の歴史は深く、それは、縄文期の遺跡を代表する三内丸山遺跡、亀ヶ岡遺跡などの発掘によっても明らかだ。

三内丸山遺跡は縄文前期から中期のものとされる、発掘史上最大級の大規模集落の遺跡である。ヒスイや黒曜石の検出は、対外交易が行われていたことを示す。亀ヶ岡遺跡は縄文晩期の遺跡とされ、ゴーグルをかけたような遮光器土偶で知られる。また、弥生時代の垂柳遺跡の調査によれば、水稲文化が西日本から本州各地に伝播する以前、すでにこの地で水田が耕作されていたらしい。

これらは、津軽の地で古代から大陸との交易が行われていたことを示している。

日本海には暖流の対馬海流と寒流の千島海流、リマン海流がある。リマン海流は樺太から南下して朝鮮半島に達する。列島沿いに北上する対馬海流はリマン海流に合流して循環する。

環日本海交易の海路はおのずとできあがっており、古代人は当然それを知っていた。鉄文化の伝播も西日本と同時期、あるいは早かった可能性がある。

十三湖の西側に十三湊が港湾として整備されたのは平安時代後期だとされている。奥州藤原氏がその交易力に注目した。『東方見聞録』の黄金の国・ジパングは、奥州藤原氏による十三湊での交易事業がモデルだとする説もある。

環日本海交易圏

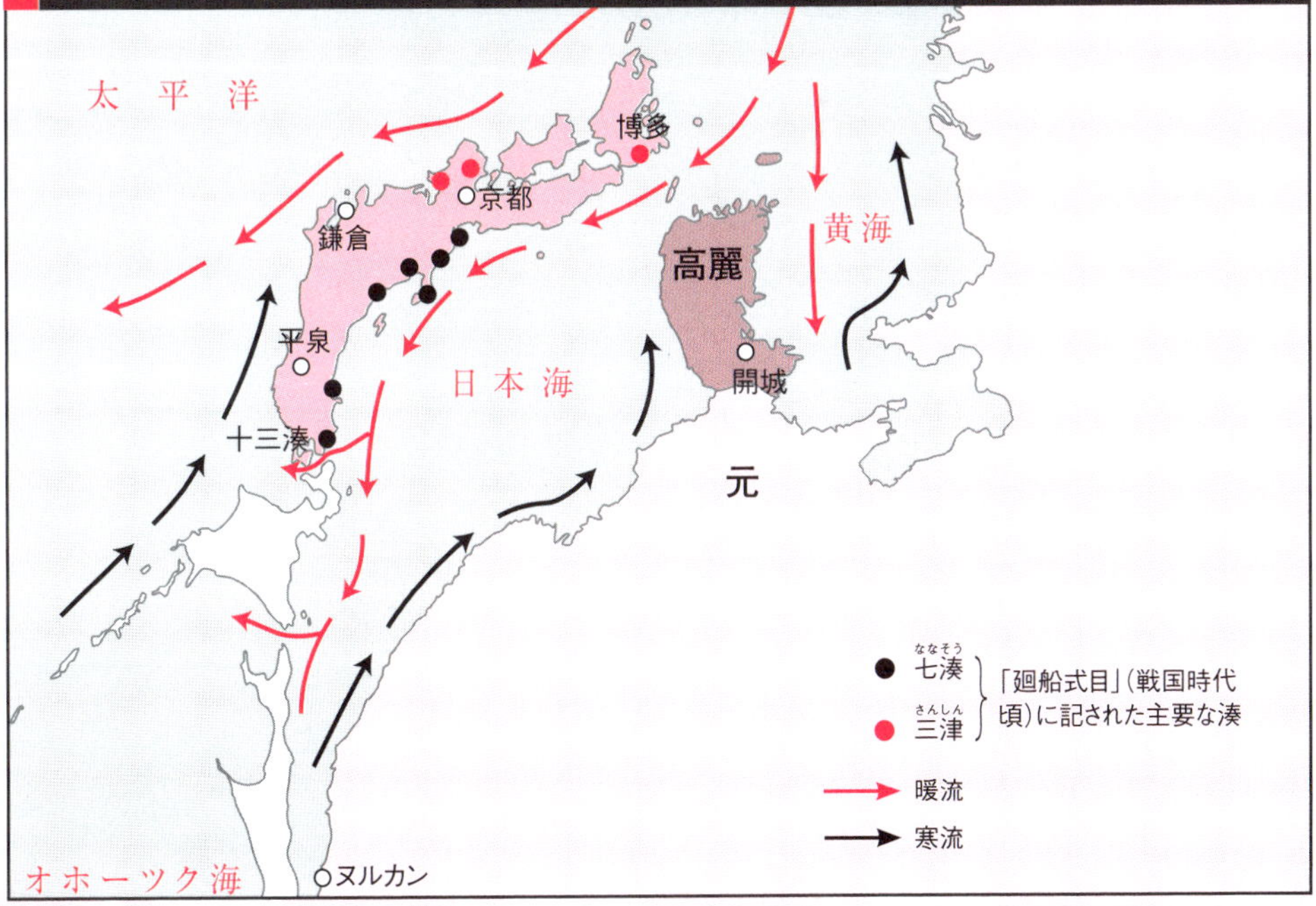

十三湊

十三湊と環日本海交易圏

青森県五所川原市の十三湊は、安東(安藤)氏が拠点を置いた場所で、一族は交易によって栄えた。その繁栄を見ると、日宋貿易は、平氏が独占した九州経由だけでなく、平泉から十三湊を経る環日本海交易圏の存在もあったかもしれない。

十三湊遺跡と出土品

鎌倉時代末期になると、安東氏は宗家と庶子家が、蝦夷管領職・十三流通圏をめぐって争うようになる。幕府に訴えたが裁決が下らず、蝦夷を巻き込む反乱に発展。最後は幕府軍によって鎮圧され、その繁栄も落日に向かう。十三湊は史料にしか登場しない、長く幻の中世都市だったが、近年の発掘でその全貌が明らかになった。遺跡の規模は南北約2km、東西最大500mで、中心の地区は空堀をともなう東西方向の大土塁により南北に二分されている。港湾施設や領主や一族の邸宅とみられる遺構も発見されたほか、奢侈品の陶磁器や東北地方では稀少な京都系のかわらけも出土している。

写真提供=すべて五所川原市教育委員会

49 平安

海の道で繁栄した平氏が海の戦いで滅亡

「道」を塞ぎあった源平合戦 富士川・壇ノ浦の敗因とは

! Point

◆源平合戦の特徴

「城郭」と呼ばれた当時の交通遮断施設が全国で多数造られた

↓

動けない敵に矢を浴びせる集団戦法

富士川の戦いの平家の敗因は、先導役だった駿河の平家方がこの戦法で殲滅させられたことにある

◆壇ノ浦、平氏敗戦の理由

・熊野・伊予水軍らの源氏軍への参加

・兵力差

・平氏方の裏切り

源平の戦いは、よくイメージされる騎馬武者の一騎打ち（馬を馳せつつ矢を射る騎射戦闘）はほとんどなく、「交通遮断」を利用した戦闘が全国で行われた。

交通遮断とは何か。当時の戦場では盛んに「城郭」が造られた。これは戦国期のような城とは違い、堀や逆茂木《さかもぎ》（トゲのある木を逆立てた垣）、楯を並べた垣楯で要路を塞ぐ施設だ。戦法としては城郭で立ち往生した敵に矢を浴びせる。

こうした集団戦は、武士のような騎射技術を持たない、多数の土豪が参戦したことが要因という。

平氏が水鳥の羽音に脅えて逃げた、と伝わる治承4年（1180）の富士川の戦いの直前、甲斐源氏と平氏方の駿河国目代《もくだい》・橘遠茂《たちばなのとおもち》との戦いがあった。甲斐源氏は間道に橘軍を引き入れ、交通を遮断し敵を殲滅した。実はこれが平氏の富士川大敗の最大の理由だった。本来、遠茂は富士川に向かっていた平氏軍の案内役で、「先導者不在だから、地理に精通した相手を恐れることになる」（元木泰雄『治承・寿永の内乱と平氏』）展開となったのだ。平氏軍は富士川到着時点で戦意喪失、

すぐに撤退を決めており、その夜の水鳥伝承は直接の敗因でない。

　元暦元年（1184）の一の谷の戦いでは平氏が摂津生田の森・夢野口・鵯越《ひよどりごえ》の3カ所に城郭を置き、源範頼軍を圧倒したが、義経軍の鵯越突破で大敗を喫している。

潮の流れが戦いを決めた？壇ノ浦の戦いの真相

　源平最後の決戦が、元暦2年（1185）の壇ノ浦の戦いである。平氏は山口県下関市南端の彦島まで逃れていたが、背後の豊後は範頼《のりより》軍に占領されていた。国内で逃れられる場所はどこにもなく、東進する義経の源氏水軍と一戦し、退勢を挽回するほか道はなかった。壇ノ浦は、関門海峡東端、下関市周辺の海岸、海域である。

　海上戦闘は平氏の得意分野であったが、義経は熊野《くまの》・伊《い》予《よ》水軍を味方につけていた。航海技術が要求される水上戦は、こうした専門集団を配下につけるかで決まる。源氏軍は840余艘、平氏軍は一門の兵船ほか、肥前の松浦《まつら》水軍、筑前の山鹿《やまが》水軍を従え、500余艘であったとされる。

　合戦は半日で終わり、敗れた平氏は滅亡した。

　勝敗の決定要因として潮流変化を重視する説がある。当初は東流を利用して西方の平氏が優位に戦い、これが西流に変化したので東方の源氏が有利になった、という考え方だ。近年は海上戦闘は相対的な対水速度のみが問題となるとする潮流無関係説もあり、見方は分かれている。

　直接的な平氏の敗因としては、やはり熊野・伊予水軍参加にともなう兵力差が決定打であろう。ほかに平氏方に裏切り者が続出したこと、陸上からも源氏方の攻撃があったことなども挙げられる。

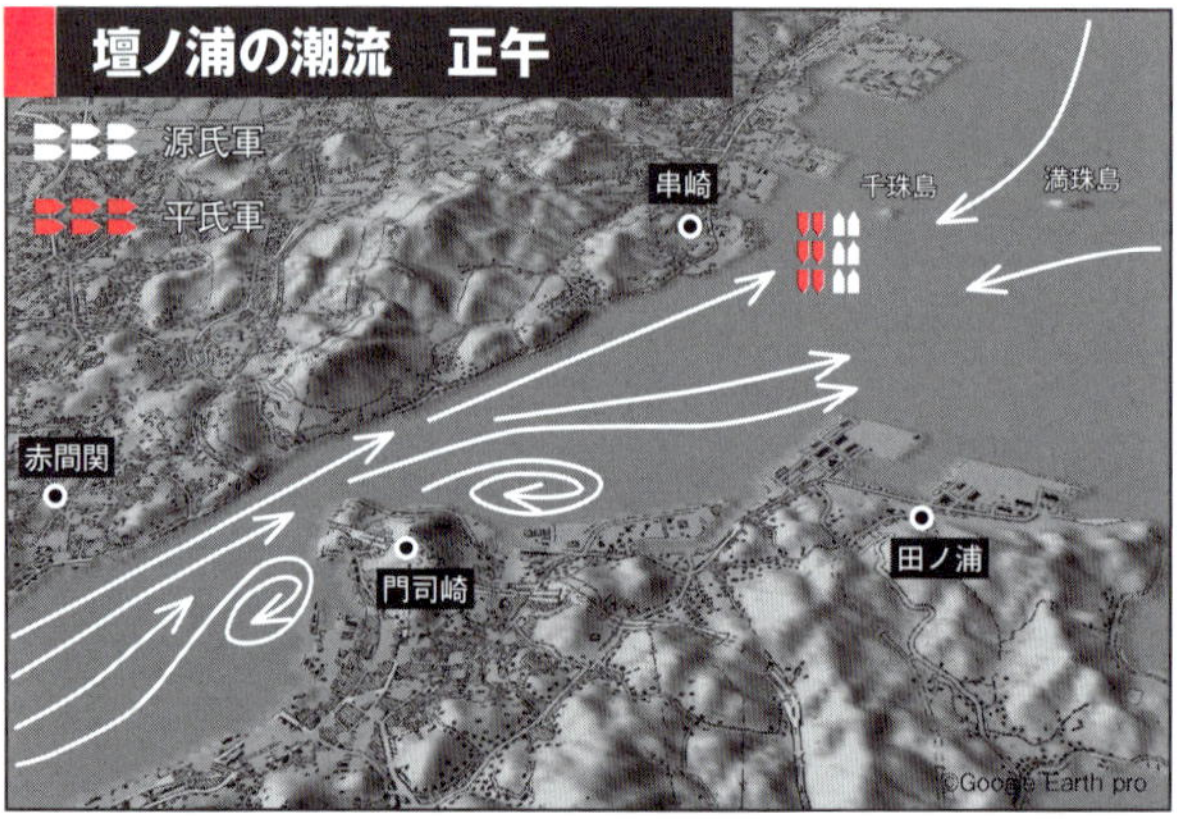

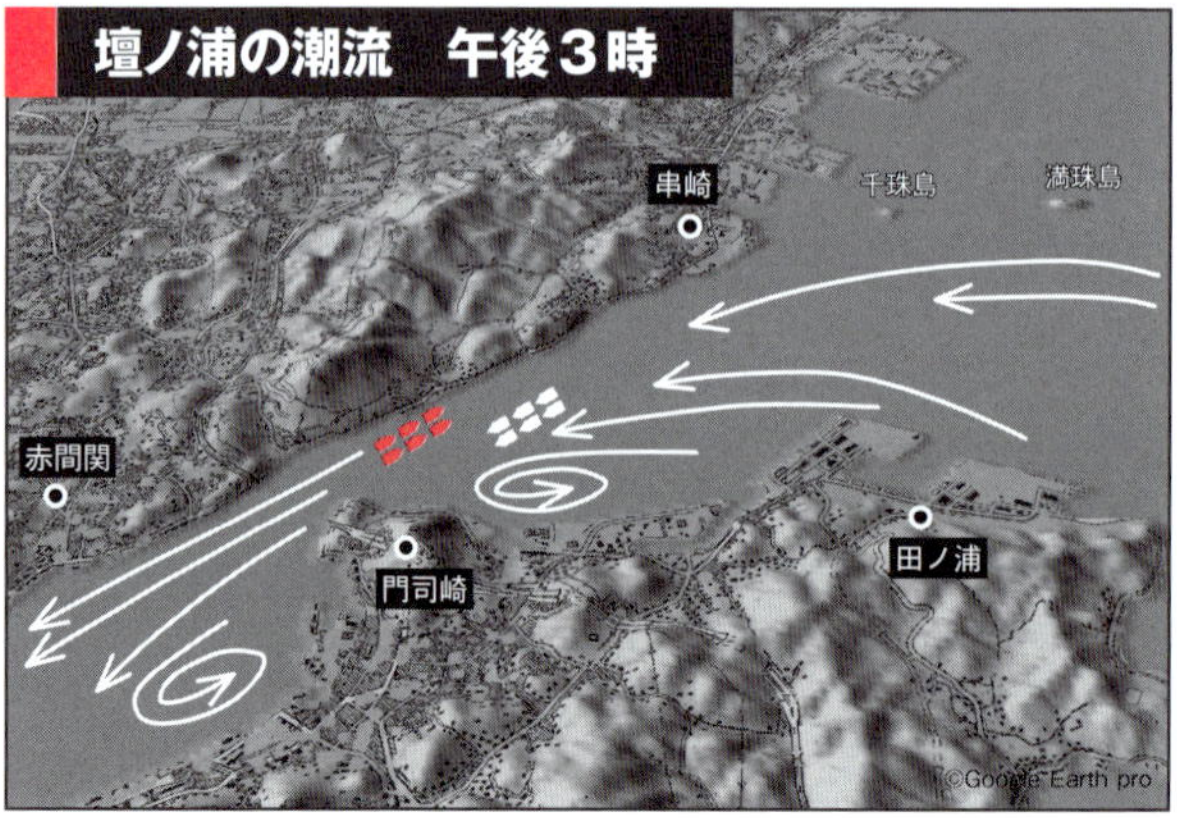

有名な「潮流説」には否定論もある

壇ノ浦の戦いでの、両軍の動きを示したが、近年は、潮流は戦いを決定した決め手でないとの考え方が台頭している。とはいえ、潮流の反転は漕ぎ手の負荷に差が出るので、まったく関係ない話ではないとの見方もある。いずれにしろ、ここでの敗戦が平氏の命運を決めたことは確かだろう。

50
平安

源頼朝が鎌倉を新都に選んだ理由とは

東国の首都・鎌倉の誕生と新たな交通網の整備

Point

◆なぜ頼朝は鎌倉に幕府を開いたか

- 先祖伝来の地
- 東国武士の後押し
- 交通の要衝で旧東海道とつながっていた
- 防衛上の優位性

◆鎌倉時代の交通革命

- 東国の首都誕生で、東海道の重要性が高まった
- 鎌倉街道の整備
- 太平洋側の海上交通が軌道に乗った

文治元年（1185）頃、源頼朝は、鎌倉（神奈川県鎌倉市）に幕府を開いた。天皇のほかに、関東にもう一人の〝王〟が生まれた瞬間であり、近代まで続く武家政権の始まりである。

しかし、頼朝はなぜ鎌倉を選んだのか。まず鎌倉は源頼《より》義《よし》・義家《よしいえ》以来、源氏の所領で、頼朝の父・義朝《よしとも》が下向して東国支配の基盤を築いていたことが大きかった。また東国武士は自分たちの権益を守る「棟梁」の存在を欲しており、古いしがらみがある京から離れた別の政権を欲していたこともある。

鎌倉は南関東の交通の要衝であるうえ、東海道の沿道上にあった。また、南に相模湾、北・東・西の三方を丘陵に囲まれた守りやすい地形である。関東新政権にうってつけの地だったのだ。

ここに主人である将軍と従者である御家人が「御恩と奉公」で結ばれる幕府が誕生したのである。

頼朝は首都としての鎌倉の整備に力を注いだ。義朝時代の鎌倉は北の大蔵郷方面、南の由比郷方面をそれぞれ東西に走る2本の道が主要道だった。頼朝は由比にあった頼義・義家ゆかりの鶴岡若宮

文＝吉田龍司

（鶴岡八幡宮）を現在の地である小林郷に移して鎌倉のシンボルとし、大倉郷に館を構えた。そこから由比ヶ浜に向け若宮大路を設け、左右に御家人の屋敷を造った。鎌倉のメインストリートの誕生だ。

東海道の宿駅を整備し太平洋側の海の道も活況

頼朝は東海道の本道の確立と宿駅の整備も急いだ。『吾妻鏡』によれば京―鎌倉間の使者の所要日数は、後白河法皇死去の連絡で3日、後鳥羽上皇挙兵の連絡で4日、通常の連絡で5〜7日だった。頼朝はよりスピーディな往来を求めていたのである。こうして中世の東海道が確立していくが、当時は国道1号線よりも東海道本線に近いルートが選択されていた。ヒト・モノの行き交いも活発化し、日本の交通の基軸は、京中心の一元的なものから、京―鎌倉を軸とした二元的な交通へ変わっていく。

東国の首都・鎌倉には御家人、商人らの往来が活発化し、各地から鎌倉に入る道（鎌倉街道）も整備された。東海道のほかは、武蔵府中・関戸などを通る上ノ道が知られる。鎌倉街道は無数にあり、碓氷峠から信濃に至る道、下野から白河に至る道、常陸を経て奥州へ向かう道などがあった。

また、この12世紀には西国だけでなく、太平洋側でも安定的な海上交通が確認できることも見逃せない。頼朝自身も伊豆から兵糧米を九州の平氏征討軍に送ったり、駿河・上総の米を海路で京に送っている。文治3年（1187）には干物や弓を積んだ土佐の船が鎌倉に着いている。鎌倉と西国を結ぶ太平洋の海の道の新展開に象徴されるように、中世は日本全土で廻船ルートが発展していく。

幕府の位置は推測も含みます。
稲村ヶ崎
和賀江島
山陵部を開削して造った鎌倉への出入り口。道幅をあえて狭くし、見通しを悪くすることで、大軍が通過するのを防いだ。
←名越の切通し
小町大路
若宮大路
今大路
1225年、源実朝の死後、北条泰時によって現在の鎌倉市小町に移転された。
宇都宮辻子幕府
1236〜1333年の鎌倉幕府滅亡まで置かれた。場所については諸説ある。
若宮幕府
鶴岡八幡宮
大倉幕府
1185〜1225年にかけて、現在の鎌倉市雪ノ下に源頼朝が置いた最初の幕府。

もともと鎌倉は源氏ゆかりの地であり、頼朝は南方を海にほかの三方を山に守られたこの地に城塞都市を築いた。鎌倉に陸路で出入りする際には、7カ所の切通しのいずれかを通過しなくてはならない。その付近には、将軍の身内でもある北条氏の有力士族が居を構え、首都防衛を担当した。

写真提供＝東阪航空サービス／アフロ

元寇まで利用した北条氏の海上独占計画

「てつはう」と蒙古軍の船

宮内庁所蔵の「蒙古襲来絵詞」の模写とみられる。上は「てつはう」が炸裂する中を、竹崎季長が突き進もうとする場面。右は蒙古軍の船に攻め込む様子を描いている。

「蒙古襲来合戦絵巻」国立国会図書館所蔵

元寇と北条氏の「海の道」支配

鎌倉の海は今はリゾートのイメージが定着している。この中、材木座海水浴場の沖の和賀江島（和賀江津《わがえつ》）という観光地をご存じだろうか。島というよりも岬から伸びる石の河原だ。満潮時には全域が隠れ、知名度はあまり高くない。だが、この河原こそが現存最古の港湾施設の跡であり、鎌倉幕府を牛耳った北条氏の野望の痕跡なのである。

鎌倉は海に向かって開かれた地だったが、遠浅だったので大船の接岸が困難だった。貞永元年（1232）、北条氏は勧進僧が主導した沖へ石積みの艀《はしけ》を築くプロジェクトを後援した。これが和賀江津だ。鎌倉の交易はますます栄え、国内は無論、南宋の船も

文＝吉田龍司

出入したとされる。その後、幕府は外港としていた六浦（横浜市金沢区。当時は内海があった）と鎌倉を結ぶ大工事も手掛けた。

水上交通は陸上交通をしのぐ中世物流の中心であり、北条氏もこれを重視した。理由は利権である。12世紀以降、各地で廻船が活発化し、津々浦々が発展する。そうした地は市が立ち、職人が集まる都市としてにぎわった。

幕府はそこに関銭《せきせん》・津料《つりょう》（積荷への賦課や停泊税）などを徴収する関所を置いた。つまり和賀江津や博多をはじめとする港湾は莫大な税収を生むドル箱だったのだ。

歴史学者の故網野善彦氏は、鎌倉前期までの関所の認可権は、東日本は幕府、西日本は天皇にあったとする。この状況が変わったのは蒙古襲来という大事件だった。

蒙古軍に圧倒された文永の役

13世紀中葉、大陸を席巻していた蒙古《もうこ》（モンゴル、元）の皇帝フビライは南宋を圧迫し、高麗《こうらい》を従属させ、大陸を席巻。１２６６年に日本へ使者を送り、朝貢させ、国交を結ぼうとする。地形面で見ると、日本への接近は南宋の首都があった杭州背後の東シナ海制圧をにらんだものともいわれる。

当初、北条氏嫡流（得宗《とくそう》＝幕府の最高権力者）の北条時宗らは外交を朝廷に一任したが、使者が再三来航するに及び、外交の主導権を掌握。一貫して「返牒せず」の姿勢で臨んだ。時宗らの大陸の情報源は、蒙古憎しに凝り固まった南宋渡来の禅僧たちだったとされ、敵を侮っていたとの指摘もある。

文永11年（１２７４）10月、蒙古・高麗連合軍約2万８０００は９００艘の軍船で対馬・壱岐を襲撃後、難なく同20日に博多湾に入り、西部の今津・百道原に上陸した。幕府も来襲は予測していたのだが、逆茂木《さかもぎ》などの防御施設（当時の城郭）もなく、迎撃したのは松浦《まつら》氏、原田氏ら鎮西御家人ばかりだった。

幕府軍は蒙古軍の集団戦法、毒矢、「てつはう」（手榴弾のようなもの）に翻弄され、博多を捨て大宰府に退却した。

蒙古軍は博多で大規模な掠奪・殺戮を行い、その夜に退却した（文永の役）。威力偵察が目的だったとされる。

蒙古軍の猛威に幕府は大きなショックを受けた。急報を受けた時宗は国難を背景に挙国一致体制を掲げるが、これが軍事の最高責任者である北条得宗が、権力を飛躍的に向上させる道へとつながる。

国難をきっかけに 西国の港湾支配を強化

幕府は博多湾沿岸の香椎《かしい》—今津間20キロに石築地を築いたが、このコストは御家人だけでなく一般の荘園、公領も負わされた。また船の調達、異邦人の出入り検査の必要から西国の港湾支配も強めた。そして関所の設定・停止の権限＝交通路の支配権も朝廷から奪った。

弘安4年（1281）、蒙古軍は再び襲来する（弘安の役）。6月6日、蒙古軍（東路軍）は博多湾に侵入したが、今度は石築地に阻まれ、上陸は阻止された。幕府軍は防戦し、蒙古軍は肥前の鷹島から平戸島付近へ後退する。7月27日に蒙古軍に新手（江南軍）が加わり、30日に鷹島沖に移動した。総勢14万、兵船4400艘という。

だがその夜、台風が襲来し、蒙古の兵船の大半が沈没した。残された兵たちも幕府軍の追撃で掃討され、蒙古軍は大敗を喫する。

戦後も幕府は異国警固番役を置き、幕府倒壊まで防衛体制を維持した。蒙古も侵攻を断念する。

北条氏とフビライの対立は続いたが、経済交流は双方とも容認し、両国間の交易はむしろ活発になる（日元貿易）。列島の海の道を支配する北条氏は一門の金沢氏に積極的に日元貿易にかかわらせ、その果実を得ていたとみられる。当時の商船には北条氏の荷物が多数確認され、北条氏自身が商船を派遣していたという見方も強いほどだ。

だが海上の独占は、延慶2年（1309）の熊野《くまの》海賊の反乱にみられるような不満を呼んだ。こうした海賊、悪党《あくとう》の蜂起の連鎖の中で北条氏は衰退する。幕府滅亡の理由は多々あるが、過剰な富の独占が一因となったことは確かだ。

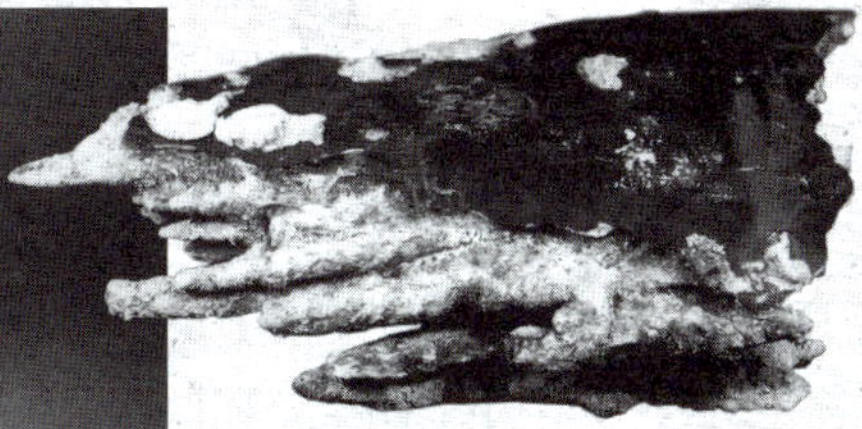

蒙古軍の沈没船の発見

志賀島（福岡県）からの上陸に失敗した蒙古軍は、玄界灘の鷹島（長崎県）から再び侵攻するが、暴風雨で沈没。その記録を知る手掛かりとして注目されているのが、鷹島周辺の海底遺跡である。調査では30〜40m級の沈没船の存在が確認され、中国製の壺や瓶、青銅印（管軍総把印）、てつはうなど数多くの遺物が発見された。写真右は弓矢の束と矢筒の漆皮袋である「胡禄《ころく》（やなぐひ）」。

写真提供＝松浦市教育委員会

グレイル

歴史や神話関連のムックや書籍を数多く手がける編集プロダクション。http://www.grail.co.jp/

制作スタッフ

編集	グレイル（石川夏子）
執筆	吉田龍司 尾崎克之 常井宏平 小田真理子
アシスタント	及川有加子
表紙イラスト	おおさわゆう
表紙デザイン	勝浦悠介
デザイン・図版製作	グレイル
制作・進行	小林智広（辰巳出版）

本書は、2017年3月に弊社より刊行された
『地形と海路から解き明かす！　あなたの知らない古代史』
をもとに再編集したものです。

歴史BESTシリーズ
地形と海路から読み解く
古代史の深層

2019年9月1日　初版第1刷発行

編　者：グレイル
発行者：廣瀬和二
発行所：辰巳出版株式会社
〒160-0022
東京都新宿区新宿2-15-14 辰巳ビル
TEL：03-5360-8064（販売部）
TEL：03-5360-8093（編集部）
ホームページ：http//www.TG-NET.co.jp
印刷・製本：図書印刷株式会社

ISBN978-4-7778-2383-3 C0021　　Printed in Japan